COLLECTION JULES VERNE

D. Woiczikowsky
Romane-Comics-Sexhefte
Tausch-Verkauf-Ankauf
Residenzstraße 34, 1000 Berlin 51
Residenzhalle — Tel. 496 20 04

**COLLECTION JULES VERNE
BAND 78**

Das zweite Vaterland

Band 1

Pawlak Taschenbuch Verlag, Berlin, Herrsching

Nachdruck mit freundlicher Genehmigung des
Verlages A. Hartleben, Inh. Dr. Walter Rob, Wien I.
Die Vorlagen für die Umschlagillustrationen der
Collection Jules Verne sind Jules Verne Bänden,
erschienen im A. Hartleben's Verlag, Wien, entnommen.
Umschlaggestaltung: Bine Cordes, Weyarn
Die Orthographie wurde der heutigen Schreibweise angeglichen.

© 1984 Pawlak Taschenbuch Verlag, Berlin, Herrsching
Alle Rechte vorbehalten,
insbesondere das Recht des Nachdrucks
in Zeitschriften und Zeitungen, des öffentlichen
Vortrags, der Verfilmung oder Dramatisierung, der
Übertragung durch Rundfunk oder Fernsehen, auch
einzelner Bild- oder Textteile.
Gesamtherstellung: Elsnerdruck GmbH, Berlin
Printed in Germany
ISBN: 3-8224-1078-0

Inhalt

Erstes Kapitel 7
Die Wiederkehr der schönen Jahreszeit. – Fritz und Jack. – Herrliches Wetter. – Die Abfahrt des Kajak. – Besuch der Haifischinsel. – Feuer aus zwei Geschützen. – Drei Kanonenschüsse auf dem Meere.

Zweites Kapitel 17
Die Rückkehr des Kajak. – Was man über den Zwischenfall dachte. – Entschlüsse. – Drei Tage lang Sturm. – Umschiffung des Kaps im Osten. – Das vor Anker liegende Schiff.

Drittes Kapitel 30
Die britische Korvette »Licorne«. – Die vernommenen Kanonenschüsse. – Ankunft der Pinasse. – Die Familie Zermatt. – Die Familie Wolston. – Trennungspläne. – Verschiedene Tauschgeschäfte. – Der Abschied. – Abfahrt der Korvette.

Viertes Kapitel 42
Die Vergangenheit der Neuen Schweiz. – Ein Rückblick auf zehn Jahre. – Die erste Ansiedlung der Familie Zermatt. – Die wichtigsten Vorkommnisse nach dem Tagebuch des älteren Zermatt. – Das Ende des zehnten Jahres.

Fünftes Kapitel 60
Rückkehr nach Felsenheim. – Fahrt der »Elisabeth« nach der Perlenbucht. – Eine Rettung. – Ein menschliches Wesen. – Jenny Montrose. – Schiffbruch des »Dorcas«. – Zwei Jahre auf dem Rauchenden Felsen. – Was Fritz berichtete.

Sechstes Kapitel 72
Nach der Abfahrt. – Was von der Neuen Schweiz bekannt war. – Die Familie Wolston. – Neue Pläne. – Herstellung eines Kanals zwischen dem Schakalbache und dem Schwanensee. – Ende des Jahres 1816.

Siebtes Kapitel 87
Der Neujahrstag. – Spaziergang nach Falkenhorst. – Vorschlag zur Erbauung einer Kapelle. – Reisepläne. – Verhandlung. – Die Pinasse segelfertig. – Abfahrt am 15. März.

Achtes Kapitel 99
Auf der Fahrt. – Die Klippe des »Landlord«. – Die »Licorne«-Bai. – Die »Elisabeth« vor Anker. – Auf der Uferhöhe. – Eine öde Gegend. – Das Land im Süden. – Weitere Pläne.

Neuntes Kapitel 112
Der Anblick der Küste. – Die Fettgänse. – Ein neuer Wasserlauf. – Unbekannte Gebiete. – Die Bergkette im Süden. – Plan für den nächsten Tag. – Der Montrosefluß.

Zehntes Kapitel 125
Bootfahrt auf dem Montrose. – Unfruchtbare Gegend. – Die Kiesel der Schlucht. – Die Barre. – Rückfahrt nach dem Ankerplatz der »Elisabeth«. – Flußabwärts. – Eine Dampfwolke im Südosten. – Heimkehr nach Felsenheim.

Elftes Kapitel 140
Vor der Regenzeit. – Besuch der Meiereien und der Eilande. – Die ersten Stürme. – Die Abende in Felsenheim. – Die Kapelle. – Ernsts Entdeckung und wie diese aufgenommen wird. – Fortdauer des schlechten Wetters. – Zwei Kanonenschüsse. – Auf der Haifischinsel.

Zwölftes Kapitel 159
In Falkenhorst. – In Waldegg. – In Zuckertop. – Auf dem Prospekt-Hill. – Das verlassene Meer. – Vorbereitungen zum Zuge nach dem Innern. – Wer abreist und wer daheim bleibt. – Begleitung bis zum Engpaß der Kluse. – Abschied.

Dreizehntes Kapitel 175
Über das Grüntal hinaus. – Das Gebiet der Ebenen. – Die Waldgegend. – Noch einmal die Affen. – Am Fuße der Bergkette. – Die Nacht in einer Grotte. – Die erste und die zweite Zone der Bergmasse. – Am Fuße des Gipfels.

Vierzehntes Kapitel 189
Die Ankunft auf dem Gipfel des Kegels. – Umschau nach allen Seiten. – Was im Norden, Osten und Westen zu sehen war. – Das Land im Süden. – Ein Schiff am Horizonte. – Die britische Flagge.

Fünfzehntes Kapitel 200
In Felsenheim. – Beunruhigende Verzögerung. – Nach der Einsiedelei Eberfurt. – Herr Wolston und Ernst. – Was geschehen war. – Bei der Verfolgung der Elefanten. – Ein Vorschlag Wolstons. – Widrige Winde. – Jack!

Sechzehntes Kapitel 211
Jacks Bericht. – Im Walde verirrt. – Die Wilden auf der Insel. – Zunehmende Beunruhigung. – Das Ausbleiben der »Licorne«. – Drei Wochen des Wartens. – Bei der kleinen Kapelle von Felsenheim.

Erster Band

Erstes Kapitel

Die Wiederkehr der schönen Jahreszeit. – Fritz und Jack. – Herrliches Wetter. – Die Abfahrt des Kajak. – Besuch der Haifischinsel. – Feuer aus zwei Geschützen. – Drei Kanonenschüsse auf dem Meere.

Die schönere Jahreszeit begann wieder in der zweiten Woche des Oktobers, des ersten Frühlingsmonats der südlichen Erdhälfte. Der Winter unter dem neunzehnten Breitengrade zwischen Äquator und Wendekreis des Steinbockes war nicht sehr rauh gewesen. Die Bewohner der »Neuen Schweiz« konnten ihre gewöhnlichen Arbeiten wieder aufnehmen.

Nach elf auf diesem Lande verlebten Jahren erschien es nicht zu frühzeitig, sich Gewißheit zu verschaffen, ob dieses zu einem der Festländer gehörte, die den Indischen Ozean begrenzen, oder ob es die Geographen einer Inselgruppe dieses Meeresteiles zurechneten.

Seit die junge Engländerin von Fritz an dem Rauchenden Felsen gerettet worden war, hatten sich Herr Zermatt, seine Gattin, seine vier Söhne und Jenny Montrose eines ungetrübten Glückes erfreut. Gewisse Befürchtungen wegen der Zukunft und die so unwahrscheinliche Aussicht, daß ihnen Rettung von außen kommen könne, die Erinnerung an die Heimat, das Verlangen, mit der übrigen Menschheit zu verkehren, machten sich wohl zuweilen fühlbar, doch das ist ja in Naturgesetzen begründet, denen sich keiner zu entziehen vermag.

Heute am frühen Morgen trat Zermatt durch die Umfriedigung von Felsenheim hinaus und ging am Ufer des Schakalbaches hin. Fritz und Jack waren, mit ihren Fischereigeräten ausgerüstet, schon vor ihm ausgegangen. Franz holte sie bald ein. Nur Ernst, der etwas träger und langschläfriger Natur war und immer gerne etwas länger unter den Decken träumte, hatte das Bett noch nicht verlassen.

Inzwischen waren Frau Zermatt und Jenny schon an die gewohnten häuslichen Beschäftigungen gegangen.

»Sieh, Vater«, begann Jack, »das scheint ein schöner Tag zu werden!«

»Ich glaub' es auch, mein Kind«, antwortete Zermatt. »Ich

hoffe auch, ihm werden noch andere folgen, die nicht weniger schön sind, da wir doch Frühlingsanfang haben.«

»Und was wollt ihr heute beginnen?« fragte Franz.

»Wir wollen fischen gehen«, erklärte Fritz, auf Netz und Schnüre zeigend.

»In der Bai?« fragte Zermatt.

»Nein«, erwiderte Fritz; »wenn wir am Schakalbache bis zur Barre hinausgehen, werden wir dort mehr Fische fangen, als wir zum Frühstücke brauchen.«

»Und nachher?...« fragte Jack weiter.

»Nachher, liebes Kind«, fiel der ältere Zermatt ein, »wird es uns auch nicht an Arbeit fehlen. Heute nachmittag denk' ich noch nach Falkenhorst zu gehen, um nachzusehen, ob unsere Sommerwohnung nicht da und dort der Ausbesserung bedarf. Außerdem werden wir die ersten schönen Tage benützen, unsere anderen Meiereianlagen, Waldegg, Zuckertop, die Einsiedelei Eberfurt und die Villa auf dem Prospekt-Hill zu besichtigen. Da haben wir auch für die Tiere zu sorgen, die Anpflanzungen zu pflegen....«

»Ganz recht, Vater«, ließ sich Fritz vernehmen. »Da wir aber heute morgen noch über eine oder zwei Stunden verfügen können ... so kommt nur mit, Jack und Franz, kommt mit!«

»Wir sind bereit«, rief Fritz, »ich fühle schon eine prächtige Forelle an meiner Angel zappeln ... Hope-la! Hope-la!«

Jack machte eine Bewegung, als ob er den mit seinem Angelhaken gefangenen imaginären Fisch schon tötete, und darauf rief er mit heller, lustiger Stimme:

»Also vorwärts!«

Franz wäre vielleicht lieber in Felsenheim zurückgeblieben, wo er die Morgenstunden meist seinen Studien zu widmen pflegte. Sein Vater drängte ihn aber mitzugehen, und so schloß er sich den Brüdern an.

Die drei jungen Leute wendeten sich schon nach dem rechten Ufer des Schakalbaches, als der ältere Zermatt sie noch einmal zum Anhalten veranlaßte.

»Euer Verlangen, fischen zu gehen, meine Kinder«, sagte er, »hat euch wohl ganz vergessen lassen...«

»Was denn?« fragte Jack.

»Was wir an den ersten Tagen der schönen Jahreszeit immer zu tun gewöhnt waren.«

Fritz kehrte noch einmal zum Vater zurück, rieb sich die

Stirne und sagte:

»Was könnte das denn sein?«

»Wie, du entsinnst dich dessen nicht, Fritz?... Und du auch nicht, Jack?« erwiderte Zermatt.

»Meinst du vielleicht, daß wir es unterlassen hätten, dich zu Ehren des Frühlings mit einer Umarmung zu begrüßen?« fragte Jack.

»Ach nein, das nicht!« ließ sich da Ernst vernehmen, der eben sich die Augen reibend und die Glieder dehnend, aus der Umfriedigung hervorgetreten war.

»Dann also wohl, weil wir ohne gefrühstückt zu haben aufgebrochen sind, du Leckermäulchen Ernst?« erwiderte Jack, der damit auf die kleine Schwäche seines Bruders anspielte, welcher immer zuerst ans Essen dachte und ein Liebhaber von guten Bissen war.

»Nein«, erklärte Ernst, »darum handelt es sich nicht. Der Vater will euch nur daran erinnern, daß es bei uns Regel ist, zu dieser Zeit des Jahres jedesmal die beiden Geschütze der Haifischbatterie abzufeuern.«

»Ganz recht«, bestätigte der ältere Zermatt.

Das war wirklich hier stets die Regel gewesen. An einem Tage der zweiten Oktoberwoche, nach Beendigung der Regenzeit, hatten Fritz und Jack die Gewohnheit, sich nach dem Holm am Eingange der Rettungsbucht zu begeben, die Flagge der Neuen Schweiz zu entfalten und sie mit zwei Kanonenschüssen, die man in Felsenheim deutlich hörte, zu begrüßen. Dann ließen die beiden, eigentlich ohne jede Hoffnung, mehr maschinenmäßig, die Blicke über die weite Meeresfläche schweifen. Vielleicht wurden die Schüsse auf einem Fahrzeuge, das diese Gegend kreuzte, doch einmal vernommen. Vielleicht wendete dies daraufhin und kam in Sicht der Bai. Vielleicht konnten auch Schiffbrüchige irgendwo hier ans Ufer geworfen worden sein, die das Land für unbewohnt hielten, und diese würden dann durch den Geschützdonner eines Besseren belehrt worden sein.

»Ja, ja, du hast recht«, sagte Fritz, »wir hätten bald unsere Pflicht versäumt. Komm, Jack, wir wollen den Kajak klarmachen; binnen einer Stunde können wir schon zurück sein.«

Da nahm Ernst noch einmal das Wort:

»Wozu nützt aber dieser Höllenlärm?... Jahr für Jahr haben wir unsere Geschütze hinausdonnern lassen, eigentlich nur, um das Echo von Falkenhorst und Felsenheim damit zu wecken. Warum aber sollen wir das Pulver in dieser Weise verschwenden?«

»Daran erkenn' ich unseren Ernst«, rief Jack. »Wenn ein Kanonenschuß so und so viel kostet, hat er auch ebensoviel einzubringen, oder das Rohr hat zu schweigen!«

»Du hast unrecht, in dieser Weise zu sprechen«, sagte Zermatt zu seinem zweiten Sohne, »ich finde diese Ausgabe gar nicht nutzlos. Eine Flagge auf der Haifischinsel zu hissen, das genügt nicht, denn sie kann auch vom Meere her nicht weit sichtbar sein, während unsere Kanonenschüsse sich noch in einer Entfernung von einer Meile vernehmbar machen. Es wäre unvernünftig, diese Möglichkeit, einem vorüberkommenden Schiffe unser Hiersein zu melden, ohne Not unbenützt zu lassen.«

»Dann wäre es aber geboten«, wendete Ernst ein, »wenigstens jeden Morgen und jeden Abend einen Signalschuß abzugeben...«

»Gewiß, wie das bei allen Kriegsflotten Gebrauch ist«, bestätigte Jack.

»Ja, bei den Kriegsflotten kommt man nur nicht in die Gefahr, sich seiner Munition zu berauben«, bemerkte Ernst, der sich nicht so leicht überzeugen ließ und bei weitem der starrsinnigste der vier Brüder war.

»Sei nur darüber ruhig, mein Sohn, an Pulver wird es uns so bald nicht fehlen«, versicherte Zermatt. »Zweimal im Jahre, vor und nach dem Winter, je zwei Kanonenschüsse, das ist ein unbedeutender Aufwand. Ich meine, daß wir auf diese Gewohnheit nicht verzichten dürfen.«

»Der Vater hat ganz recht«, stimmte Jack ein. »Sind die Echos von Felsenheim und Falkenhorst darüber unzufrieden, in ihrem Schlummer gestört zu werden, ei, so wird Ernst ihnen ein paar hübsche Verse widmen, über die sie entzückt sind. Nun vorwärts, Fritz!«

»Vorher sollten wir doch wohl der Mutter eine Mitteilung machen...«

»Und auch unserer lieben Jenny«, setzte Fritz hinzu.

»Das werd' ich schon besorgen«, erklärte Zermatt. »Sie könnten sich über die Kanonenschüsse wundern und vielleicht gar zu dem Glauben kommen, daß ein Schiff in die Rettungsbai einlaufe.«

In diesem Augenblick erschienen aber bereits Frau Zermatt und Jenny Montrose, die zufällig aus dem Hause getreten waren, am Tore der Einfriedigung.

Nachdem Fritz zuerst seine Mutter umarmt hatte, streckte er dem jungen Mädchen, das ihm zulächelte, die Hand entgegen. Und da diese Jack nach dem kleinen Einschnitte gehen sah, worin die Schaluppe und die Pinasse angebunden lagen, begann sie:

»Wollt ihr denn diesen Morgen aufs Meer hinaus?«

»Jawohl, Jenny«, antwortete Jack zurückkommend. »Fritz und ich, wir rüsten uns zu einer weiten Überfahrt aus.«

»Einer weiten Überfahrt?« wiederholte Frau Zermatt, die sich wegen solcher Ausflüge immer etwas beunruhigte, trotz des Vertrauens, das sie auf die Geschicklichkeit ihrer Söhne in der Führung des Kajaks hatte.

»Beruhige dich nur, liebe Betsie, und Sie auch, Jenny«, sagte Zermatt. »Jack scherzt ja bloß ... es handelt sich nur um eine Fahrt nach der Haifischinsel, um dort bei dem Aufziehen der Flagge zwei Kanonenschüsse zu lösen. Unsere jungen Leute kehren dann sofort zurück, nachdem sie sich überzeugt haben, daß dort alles in Ordnung ist.«

»Schön«, antwortete Jenny, »und während sich Fritz und Jack nach dem Eilande begeben, werden Ernst, Franz und ich unsere Angelschnüre auslegen, vorausgesetzt, daß Frau Betsie meiner nicht bedarf.«

»Nein, mein liebes Töchterchen«, antwortete Frau Zermatt; »ich werde inzwischen alles für unsere nächste große Wäsche zurechtmachen.«

Alle gingen noch nach dem Landeinschnitte am Bache hinunter, wohin Jack den Kajak gezogen hatte, in dem Fritz und er nun Platz nahmen. Die anderen wünschten ihnen noch glückliche Fahrt, und bald trieb das leichte Fahrzeug rasch nach der kleinen Bucht an der Mündung zu.

Das Wetter war schön, das Meer ruhig und die herrschende Ebbe für sie günstig. Einer vor dem andern und jeder in der engen, im Bootsdeck ausgesparten Öffnung sitzend, ruderten die beiden Brüder geschickt mit den Pagaien und entfernten sich schnell von der Wohnstätte in Felsenheim. Da die Strömung etwas nach Osten zu lief, mußte der Kajak sich mehr an der gegenüberliegenden Küste halten und durch den schmalen Sund fahren, der die Rettungsbucht mit dem offenen Meere verband.

Jenerzeit zählte Fritz fünfundzwanzig Jahre. Gewandt, kräftig, in allen Körperübungen erprobt, ein unermüdlicher

Fußgänger und unerschrockener Jäger, machte der Älteste der Familie dieser alle Ehre. Seine früher etwas barsche Natur hatte sich gemildert. Seine Brüder litten nicht mehr, wie vorher, von seiner an Hitze streifenden Lebhaftigkeit, die ihm von Vater und Mutter sonst manchen Vorwurf eingebracht hatte. Ferner hatte noch ein anderes Gefühl dazu geholfen, seine natürlichen Neigungen zum Besseren zu verändern.

Er konnte sich nämlich das junge Mädchen nicht aus dem Sinn schlagen, das er vom Rauchenden Felsen her ins Elternhaus gebracht hatte, und Jenny Montrose konnte es nicht vergessen, daß sie ihm Heil und Rettung verdankte. Jenny war eine liebreizende Erscheinung mit ihrem blonden, in seidenweichen Locken herabwallenden Haar, ihrer geschmeidigen Gestalt, mit ihren feinen Händen und dem frischen Teint, der ihr Gesicht schmückte. Als sie in die ehrenwerte und arbeitsame Familie gekommen war, hatte sie dieser mitgebracht, woran es bisher fehlte: die Freude des Hauses, und so wurde sie zum guten Genius des häuslichen Herdes.

Doch wenn Ernst, Jack und Franz sie nur als Schwester betrachteten, lag das bei Fritz etwas anders. Es war ein anderes Gefühl, daß sein Herz oft höher schlagen ließ. Auch Jenny empfand wohl etwas mehr als Freundschaft für den mutigen, jungen Mann, der ihr einst zu Hilfe gekommen war. Schon waren fast zwei Jahre seit dem aufregenden Vorfalle beim Rauchenden Felsen verflossen... Fritz hatte nicht in Jennys Nähe leben können, ohne sich von ihr bezaubern zu lassen. Und wie oft mochten wohl sein Vater und seine Mutter davon gesprochen haben, wie sich die Zukunft in dieser Beziehung noch gestalten möge!

Was Jack betrifft, hatte sich auch dessen Charakter ein wenig verändert, und zwar insofern, als seine an sich schon große Vorliebe für alles, was Kraft, Mut und Gewandtheit verlangte, noch weiter zunahm, und in dieser Hinsicht brauchte er seinen Bruder Fritz jetzt nicht mehr zu beneiden. Zur Zeit einundzwanzig Jahre alt, von mittlerer Größe, schlank und kräftig, war er immer der prächtige, lustige und gefällige Bursche, und auch so gut, dienstwillig und opferfreudig, daß er seinen Eltern niemals eine trübe Stunde bereitet hatte. Zuweilen trieb er wohl seinen Scherz mit Fritz, Ernst und Franz, doch diese verziehen ihm das gerne, war er doch der beste Kamerad, den sie sich wünschen konnten.

Gleich einem Pfeile schoß inzwischen der Kajak über das

glatte Wasser dahin. Das kleine Segel, das dieser bei günstigem Winde trug, hatte Fritz nicht gesetzt, weil es jetzt vom hohen Meere her wehte. Für die Rückfahrt sollte der Mast aber aufgerichtet werden, und dann bedurfte es der Pagaien nicht mehr, um die Mündung des Schakalbaches zu erreichen.

Nichts erregte bei der dreiviertel Lieue langen Überfahrt die besondere Aufmerksamkeit des Brüderpaares. Nach Osten zu wies das unfruchtbare, verödete Ufer nichts auf, als eine Reihe gelblicher Dünen. Auf der anderen Seite dehnte sich das grünende Uferland aus, das hier von der Mündung des Schakalbaches bis zu der des Flamingoflusses hin sichtbar war und sich jenseits dieses noch bis zum Kap der Getäuschten Hoffnung hin fortsetzte.

»Offenbar«, begann Fritz, »liegt unsere Neue Schweiz nicht in der Fahrstraße der Schiffe, und dieser Teil des Indischen Ozeans scheint überhaupt wenig besucht zu sein.«

»Oh«, erwiderte Jack, »mir läge gar nichts daran, daß jemand unsere Neue Schweiz entdeckte. Ein Schiff, das hier anlegte, würde sie doch sofort in Besitz nehmen wollen. Wenn es hier seine Flagge aufpflanzt, was würde dann aus der unseren? Eine schweizerische Flagge könnte jene ja nicht sein, da die der Schweiz über keinem Meere flattert, und wir würden uns dann hier nicht mehr heimisch fühlen.«

»Doch die Zukunft, Jack, bedenke die Zukunft!« warf Fritz dagegen ein.

»Die Zukunft?« wiederholte Jack. »Ja, das wird die Fortsetzung der Gegenwart sein, und wenn dir das nicht genügt...«

»Oh... uns vielleicht...« sagte Fritz. »Du vergißt aber Jenny... ihren Vater, der in dem Glauben lebt, daß sie beim Schiffbruche des ›Dorcas‹ umgekommen sei. Sollte sie nicht von ganzem Herzen wünschen, wieder bei ihm zu sein? Sie weiß, daß er weit da draußen in England lebt, und nie könnte sie zu ihm kommen, wenn hier nicht eines Tages ein Schiff auftaucht.«

»Das ist ja richtig!« antwortete Jack lächelnd, der recht wohl erriet, was in der Seele seines Bruders jetzt vorging.

Nach einer Fahrt von vierzig Minuten legte der Kajak an den niedrigen Felsen der Haifischinsel an.

Fritzens und Jacks erste Sorge war es nun, deren Inneres zu besichtigen und dann noch um sie herumzugehen. Sie mußten sich überzeugen, in welchem Zustande sich die Anpflanzungen befanden, die seit einigen Jahren rings um den Batteriehügel angelegt worden waren.

Diese Pflanzungen waren dem Nord- und dem Nordostwinde sehr ausgesetzt, und gerade diese stürmten am heftigsten gegen das Eiland an, ehe sie sich, durch den Sund der Rettungsbucht wehend, wie in einem Trichter fingen. An dieser Stelle kam es zuweilen zu ungewöhnlich starken atmosphärischen Störungen, die die Bedeckung des offenen Schuppens, worin die beiden Geschütze standen, schon wiederholt abgerissen hatten.

Dieses Jahr hatten die Anpflanzungen nicht gelitten. Nur am nördlichen Teile lagen einige Bäume am Strande, und diese konnten recht gut zerlegt werden, um die Holzvorräte in Felsenheim zu ergänzen.

Die Verhaue und Hütten, worin die Antilopen sich befanden, waren so fest hergestellt, daß Fritz und Jack daran nicht die geringste Beschädigung wahrnehmen konnten. Die Tiere fanden hier einen überreichen Graswuchs, der ihre Ernährung das ganze Jahr hindurch sicherte. Diese Herde zählte augenblicklich etwa fünfzig Köpfe, versprach aber, sich noch weiter zu vermehren.

»Was sollen wir nun mit allen diesen Tieren anfangen?« fragte Fritz, während er die graziösen Wiederkäuer betrachtete, die an der lebenden Hecke der Umfriedigung hin und her liefen.

»Oh, die verkaufen wir zuletzt«, antwortete Jack.

»Du nimmst also doch an, daß eines schönen Tages hier Schiffe erscheinen, an die wir sie verkaufen könnten?« fragte Fritz.

»Keineswegs«, versetzte Jack, »wenn wir sie einmal verkaufen, so wird das auf einem Jahrmarkte der Neuen Schweiz geschehen.«

»Auf einem Jahrmarkte, Jack! Deiner Rede nach wäre die Zeit nicht mehr fern, wo die Neue Schweiz besuchte Märkte hätte.«

»Natürlich, Fritz, ganz wie sie Dörfer, Flecke, Städte und sogar eine Hauptstadt – selbstverständlich Felsenheim – haben wird.«

»Und wann wäre das?«

»Sobald die Bezirke der Neuen Schweiz mehrere tausend Einwohner beherbergen.«

»Etwa Fremde?«

»O nein, Fritz, nein!« versicherte Jack, »Schweizer, nichts als Schweizer. Unser Heimatland ist volkreich genug, uns einige hundert Familien herzusenden.«

»Es hat aber niemals Kolonien gehabt, und ich bezweifle, daß das in Zukunft je der Fall sein wird.«

»Nun gut, Fritz, so wird es später doch eine solche besitzen.«

»Hm«, machte Fritz, »unsere Landsleute scheinen nicht viel Neigung zum Auswandern zu haben.«

»Ja, was haben wir selbst denn getan?« rief Jack. »Hat uns nicht das Verlangen getrieben, eine Kolonie zu gründen, was uns auch nicht zum Schaden gereicht hat?«

»Oh, wir ... wir sind dazu gezwungen gewesen«, erwiderte Fritz. »Wenn sich die Neue Schweiz überhaupt einmal mehr bevölkert, fürchte ich sehr, daß sie ihren Namen nicht mehr rechtfertigen wird, und daß der größte Teil seiner Bewohner angelsächsischen Stammes sein dürfte!«

Fritz hatte damit gewiß recht, und Jack verstand ihn so gut, daß er nichts anderes tun konnte, als das Gesicht zu verziehen.

Zur Zeit betrieb von allen europäischen Mächten Großbritannien mit größtem Eifer die Erweiterung seines Kolonialreiches. Allmählich ging der ganze Indische Ozean in seinen Besitz über. Kam nun überhaupt ein Schiff vor der Neuen Schweiz in Sicht, so trug es höchstwahrscheinlich die britische Flagge und sein Kapitän beeilte sich, das Land in Besitz zu nehmen, indem er sofort die Farben Großbritanniens auf der Höhe des Prospekthügels entfaltete.

Nach vollendeter Besichtigung des Eilandes stiegen die beiden Brüder die kleine Anhöhe hinauf und kamen nach dem offenen Schuppen der Batterie.

Zunächst blieben sie hier am Rande der oberen Fläche stehen und durchmusterten, das Fernrohr in der Hand, den weiten Meeresteil, der sich zwischen dem Kap der Getäuschten Hoffnung und dem andern, die Rettungsbai an der Ostseite abschließenden Kap ausdehnte.

Das Meer war verlassen wie immer. Bis zu der Linie, wo Himmel und Wasser sich berührten, konnten sie nichts entdecken, außer, etwa anderthalb Lieue im Nordwesten, dem Riffe, an dem der »Landlord« einst gescheitert war.

Ihre Blicke nach dem Kap der Getäuschten Hoffnung richtend, erkannten Fritz und Jack zwischen den Bäumen des Hügels die Terrasse und Veranda der Villa des Prospekt-Hill. Diese Sommerwohnung stand noch immer auf dem alten Flecke, gewiß zur großen Befriedigung für den Vater Zermatt, der sich immer noch mit der Befürchtung trug, daß sie von den Winterstürmen einmal ganz hinweggefegt werden könnte.

Die beiden Brüder traten unter den Schuppen, der ebenfalls unbeschädigt geblieben war, obgleich in den zweieinhalb Monaten des Winters recht oft heftige Winde und verderbliche Böen geweht hatten.

Während Jack nun die Flagge von ihrer Umhüllung befreite und ihre obere und untere Ecke an der Zugleine des Mastes befestigte, untersuchte Fritz die zwei kleinen Kanonen, deren Mündung nach dem Meere hinaus gerichtet war. Sie erwiesen sich bestens instand und brauchten also nur geladen zu werden. Um Pulver zu sparen, stopfte Fritz, wie er es immer getan hatte, einen Lehm- und Graspfropfen über dieses, wodurch der Knall des Schusses wesentlich verstärkt wurde. Dann steckte er in das Zündloch die Schnur, die die Explosion bewirken sollte, sobald die Flagge an der Mastspitze flatterte.

Es war jetzt halb acht Uhr morgens. Von den Dünsten des ersten Tagesgrauens befreit, strahlte der Himmel in voller Klarheit. Nur weit im Westen lagerten einzelne Wolken. Der Wind zeigte Neigung zum Abflauen. Die im Widerschein der Sonne glänzende Bai lag spiegelglatt vor ihnen ausgebreitet.

Als Fritz mit der Ladung fertig war, fragte er seinen Bruder, ob er bereit sei.

»Sobald du willst, Fritz«, antwortete Jack, der nur noch nachsah, daß sich die Zugleine nicht an einem Dachvorsprunge fangen könnte.

»Erstes Geschütz... Feuer!... Zweites Geschütz... Feuer!« rief Fritz, der seine Rolle als Artillerist immer sehr ernst nahm.

Kurz nacheinander krachten die beiden Schüsse hinaus, während die rot und weiße Flagge emporstieg und sich in dem schwachen Winde entfaltete.

Fritz machte sich schon daran, die beiden Rohre wieder zu laden, doch kaum hatte er die Kartusche ein Stück weit in das zweite Geschütz hineingeschoben, als er sich plötzlich aufrichtete.

Ein entfernter Knall hatte sein Ohr getroffen.

Sofort bogen sich Jack und er über die Schuppen hinaus.

»Ein Kanonenschuß!« rief Jack.

»Nein«, meinte Fritz, »das ist nicht möglich! Wir müssen uns getäuscht haben!«

»Horch!« fuhr Jack fort, der kaum zu atmen wagte.

Da erschütterte die Luft ein zweiter dumpfer Knall, dem nach etwa einer Minute ein dritter folgte.

»Ja... ja... das waren Kanonenschüsse!« wiederholte Jack.

»Die von Osten her kamen«, setzte Fritz hinzu.

Hatte wirklich ein Schiff, das in der Nähe der Neuen Schweiz dahinsegelte, auf die zwei Signalschüsse von der Haifischinsel geantwortet und würde es nun wohl seinen Kurs nach der Rettungsbai einschlagen?...

Zweites Kapitel

Die Rückkehr des Kajak. – Was man über den Zwischenfall dachte. – Entschlüsse. – Drei Tage lang Sturm. – Umschiffung des Kaps im Osten. – Das vor Anker liegende Schiff.

Nach der doppelten Detonation auf der Haifischinsel gaben die Echos von Felsenheim sie von Fels zu Fels wieder. Herr und Frau Zermatt, Jenny, Ernst und Franz konnten noch, als sie nach dem Strande eilten, den weißen Dampf von den beiden Geschützen sehen, der langsam nach Falkenhorst hin zog. Ihre Taschentücher schwenkend, antworteten sie mit einem Hurra, das zwar weniger laut ausfiel, doch gewiß tief aus dem Herzen kam.

Darauf gingen alle schon wieder daran, ihre Beschäftigung aufzunehmen, während Jenny noch einmal durch ein Fernrohr nach dem Eiland hinaussah.

»Da draußen kommen Fritz und Jack zurück«, sagte sie.

»Schon jetzt?« meinte Ernst. »Sie haben doch kaum Zeit gehabt, die Kanonen wieder zu laden, und müssen einen besonderen Grund haben, so schnell heimzukehren.«

»Ja wirklich, sie scheinen es eilig zu haben«, bestätigte der ältere Zermatt, der ebenfalls zu erkennen glaubte, daß das Boot sich von der Insel bereits entfernt hatte.

Entschieden konnte der sich bewegende Punkt, den man durch das Fernrohr etwas rechts von der Haifischinsel erblickte, nichts anderes sein, als das leichte Fahrzeug, das, von den Pagaien getrieben, offenbar rasch durch das Wasser glitt.

»Das ist mindestens auffallend«, bemerkte Frau Zermatt. »Sollten sie uns eine Neuigkeit, vielleicht gar eine wichtige Neuigkeit mitzuteilen haben?«

»Das glaub' ich fast«, antwortete Jenny.

Ob diese Neuigkeit eine gute oder schlechte wäre, das fragte sich wohl ein jeder, doch freilich, ohne es beantworten zu können.

Alle Blicke waren nach dem Kajak gerichtet, der von Minute zu Minute größer erschien. Nach einer Viertelstunde befand er sich halbwegs zwischen der Haifischinsel und der Mündung des Schakalbaches. Wenn Fritz das kleine Segel nicht beigesetzt hatte, lag das nur daran, daß sich der Wind zu sehr abgeschwächt hatte, und ihre Pagaien tüchtig handhabend, kamen die beiden Brüder auf der kaum sich kräuselnden Wasserfläche schneller als der Wind selbst vorwärts.

Da fiel es dem älteren Zermatt ein, darauf zu achten, ob diese überstürzte Rückkehr nicht vielleicht eine Flucht wäre, ob nicht eine Piroge mit Wilden, die den Kajak verfolgten, um die Ecke der Insel käme oder ob gar ein Seeräuberboot vom offenen Meere her auftauchen sollte. Diesen beunruhigenden Gedanken behielt er jedoch für sich. In Begleitung Betsies, Jennys, Ernsts und Franzens begab er sich nach der Bachmündung hinaus, um von Fritz und Jack sogleich, wenn sie ans Land stießen, Aufklärung zu erhalten.

Eine Viertelstunde später hielt der Kajak in der kleinen Bucht an der ersten Felsenbank an, die gewöhnlich als Landungsstelle diente.

»Was ist denn geschehen?« fragte der ältere Zermatt.

Jack und Fritz sprangen ans Ufer. Fast außer Atem, das Gesicht von Schweiß bedeckt, die Arme von Ermüdung halb gelähmt, konnten sie anfänglich nur durch eine Bewegung antworten, indem sie nach dem Uferlande im Osten der Rettungsbai hinwiesen.

»Was war denn nur los?« fragte jetzt Franz, der Fritzens Arm ergriff.

»Ihr habt also nichts gehört?« erwiderte dieser endlich, nachdem er die Sprache wieder etwas gewonnen hatte.

»O doch, die zwei Kanonenschüsse, die ihr von der Haifischinsel abgefeuert habt«, sagte Ernst.

»Nein«, entgegnete Jack, »die unseren mein' ich nicht, doch die, die uns geantwortet haben.«

»Wie? Andere Kanonenschüsse?« rief der ältere Zermatt erstaunt.

»Wär' es möglich?... Wär' es möglich?« wiederholte Frau Zermatt.

Jenny war bleich vor Erregung an Fritz herangetreten.

»Ihr habt von jener Seite her Kanonendonner gehört?« erkundigte sie sich.

»Ja, Jenny«, bestätigte Fritz, »drei Schüsse in regelmäßigen Zwischenräumen.«

Fritz sprach mit so zuversichtlichem Tone, daß an einen Irrtum seinerseits kaum zu denken war. Übrigens bekräftigte auch Jack noch die Aussage seines Bruders.

»Es ist ganz unzweifelhaft«, fügte er ferner hinzu, »daß sich ein Schiff in der Nähe der Neuen Schweiz befindet, und daß seine Aufmerksamkeit durch die Entladung unserer zwei kleinen Geschütze erregt worden ist.«

»Ein Schiff... ein Schiff!...« murmelte Jenny.

»Und ihr hörtet, daß der Knall von Osten her schallte?« fragte der ältere Zermatt noch einmal.

»Ja gewiß... von Osten her, und ich schließe daraus, daß die Rettungsbai höchstens um eine oder zwei Lieues vom offenen Meere entfernt sein kann.«

Das konnte wohl zutreffen; wir haben indes schon erwähnt, daß die entlegeneren Uferstrecken der Rettungsbai noch niemals besucht und besichtigt worden waren.

Man wird sich leicht vorstellen können, welchen Empfindungen, nach einem Augenblick der Überraschung – der Verblüffung könnte man sagen – sich die Insassen der Neuen Schweiz hingaben. Ein Schiff... ohne Zweifel war ein solches in der Nähe, ein Schiff, von dem aus der Geschützdonner vom Winde bis nach der Haifischinsel getragen worden war!... War das nicht etwas wie ein Band, das dieses unbekannte Fleckchen Erde, worauf die Schiffbrüchigen des »Landlord« seit elf Jahren lebten, mit der bewohnten Welt verknüpfte? Die Kanone ist die Stimme der Seeschiffe... durch sie sprechen sie auf weite Entfernungen hin und diese Stimme hatte sich jetzt zum erstenmal vernehmen lassen, seit die Batterie der Haifischinsel den Anfang und das Ende der schönen Jahreszeit begrüßte. Es schien, als ob dieser Vorfall, auf den sie kaum je noch gerechnet hatten, den Vater Zermatt und die Seinen ganz unglaublich überrascht, als ob jenes Schiff eine Sprache gesprochen hätte, die sie verlernt hatten.

Sie beruhigten sich jedoch und dachten nur an die guten Seiten der neuen Sachlage. Dieses von fernher bis zu ihnen gedrungene Geräusch gehörte nicht zu den Geräuschen der Natur, an die sie gewöhnt waren, nicht zu dem Ächzen und Knarren der Bäume, wenn der Sturm sie rüttelte, nicht zum Rauschen und Brüllen des Meeres bei entfesseltem Orkane oder zu dem Donnergrollen bei den heftigen Gewittern dieser Tropengegend. Nein, es war sozusagen ein Werk von Menschenhand! Der Kapitän, die Mannschaft des Fahrzeugs, das hier das Meer kreuzte, mußten nun wissen, daß dieses Land nicht unbewohnt war. Ankerten sie in der Bai, so begrüßte voraussichtlich ihre Flagge noch die der Neuen Schweiz.

Alle sahen in dem Zwischenfalle nichts anderes, als die Gewißheit einer baldigen Erlösung, Frau Zermatt fühlte ihre Befürchtungen vor der Zukunft schon verschwinden, Jenny gedachte ihres Vaters, den wiederzusehen sie kaum noch gehofft hatte, der ältere Zermatt und seine Söhne erwarteten wieder mit ihresgleichen zu verkehren, und vor Freude fielen sie einander in die Arme.

Der erste Eindruck, den die hier verlassen lebende Familie empfing, war also derselbe, den etwa die Erfüllung der innigsten Wünsche hervorbringt. Die Augen nur auf das gerichtet, was dieses Ereignis ihr Gutes versprach, schwelgte sie in frohester Hoffnung und war voller aufrichtiger Dankbarkeit gegen den Himmel.

»Wir haben zuerst Gott zu danken für den Schutz, den er uns immer gewährt hat«, begann Franz. »Er ist es, dem wir unsere Erkenntlichkeit darzubringen, an den wir unsere Gebete zu richten haben!«

Es war ganz natürlich, daß sich Franz in dieser Weise ausdrückte. Von jeher erfüllte ihn schon eine tiefe Religiosität, und diese hatte, je mehr er heranreifte, nur noch zugenommen. Ein offener, ehrlicher Charakter, hegte er die wärmste Zuneigung für die Seinigen, d. h. für alles, was bis jetzt für ihn die Menschheit gewesen war. Der jüngste der Brüder, spielte er doch etwa die Rolle eines Vermittlers und Beraters gelegentlich der seltenen Reibungen, die zwischen den Gliedern dieser so herzensinnigen Familie vorkamen. Was wäre wohl sein Beruf gewesen, wenn er in seinem Mutterlande gelebt hätte? Er würde sich in der Medizin, in der Rechtskunde und in der Gottesgelehrtheit unterrichtet haben, um dem tief in ihm schlummernden Bedürfnisse, für alle opferfreudig einzutreten, genugtun zu können, einem Bedürfnisse, das mit ihm ebenso eng verwachsen war, wie das zu körperlicher Tätigkeit bei Fritz und das zu geistiger bei Ernst. Er richtete an die Vorsehung also ein inbrünstiges Gebet, dem sich sein Vater, seine Mutter, Jenny und seine Brüder anschlossen.

Unter den gegebenen Verhältnissen galt es nun, keine Stunde zu verlieren. Die wahrscheinlichste Annahme ging dahin, daß jenes Schiff, dessen Anwesenheit man nicht bezweifeln konnte, in einem der Ufereinschnitte verankert läge, nicht aber, daß es etwa auf offenem Meere an der Neuen Schweiz vorübersegelte. Vielleicht veranlaßten es die Kanonenschüsse, worauf es geantwortet hatte, eine nähere Besichtigung der Umgegend vorzunehmen; vielleicht versuchte es sogar nach Umschiffung des Kaps, das diese an der Ostseite begrenzte, in die Rettungsbai einzudringen.

Diese Ansichten äußerte Fritz und er schloß seinen Gedankengang mit den Worten:

»Unsere nächste Aufgabe ist es nun, dieses Schiff aufzusuchen, indem wir der östlichen, jedenfalls von Norden nach Süden verlaufenden Küste nachgehen.«

»Und wer weiß, ob wir damit nicht schon zu lange gezögert haben«, sagte Jenny.

»Das glaub' ich nicht«, meinte Ernst. »Es ist gar nicht anzunehmen, daß der Kapitän jenes Schiffes, was für eines es auch sein mag, nicht versucht hätte, Aufklärung zu erhalten...«

»Macht keine unnützen Worte!« fiel Jack ein. »Vorwärts, wir wollen aufbrechen...«

»Dazu muß erst die Schaluppe zurechtgemacht werden«, bemerkte der ältere Zermatt.

»Das dauert zu lange«, entgegnete Fritz. »Der Kajak tut's auch.«

»Meinetwegen!« stimmte der ältere Zermatt ein.

Dann setzte er aber hinzu:

»Von Wichtigkeit ist es jedenfalls, recht vorsichtig zu Werke zu gehen. Daß malaiische oder australische Eingeborene gelandet wären, glaube ich zwar nicht; auf dem Indischen Ozean treiben aber Seeräuber ihr Unwesen, und von solchen hätten wir das Schlimmste zu befürchten...«

»Ja freilich«, ließ sich Frau Zermatt vernehmen, »und besser, wir lassen das Schiff wieder davonsegeln, wenn es...«

»Nun, ich werde mich selbst aufmachen«, erklärte der ältere Zermatt, »und ehe ich mich mit den Fremdlingen in Verbindung setze, werd' ich mich schon zu vergewissern suchen, mit wem wir es zu tun haben.«

Dieser Plan war ja vernünftig, es galt nur noch, ihn auszuführen. Zum Unglücke schien noch in den ersten Vormittagsstunden das Wetter umzuschlagen. Der Wind, der sich vorher fast ganz gelegt hatte, war nach Westen umgelaufen und wurde zusehends frischer. Mit dem Kajak hätte man sich kaum auf die Bai hinaus, nicht einmal nach der Haifischinsel zu, wagen dürfen. Der Himmel hatte sich mit Wolken bedeckt, die von der Abendseite her aufstiegen, mit den charakteristischen Sturmwolken, von denen der Seemann sich nichts Gutes versieht.

Konnte jetzt aber vom Kajak nicht mehr die Rede sein, und mußte man eine oder zwei Stunden mit dem Zurechtmachen verlieren, so fragte es sich nun, ob überhaupt auch die Schaluppe zu verwenden wäre, da jenseits der Einfahrt zur Bai voraussichtlich ein ziemlich schwerer Seegang herrschte.

Zu seinem lebhaften Bedauern mußte der ältere Zermatt auch auf dieses Fahrzeug verzichten. Noch vor der Mittagsstunde wühlte ein starker Sturm das Gewässer der Bai derartig auf, daß an die Benützung der Schaluppe nicht mehr zu denken war. War zur jetzigen Jahreszeit auch nicht ein längeres Anhalten des so plötzlichen Witterungsumschlages zu befürchten, so vereitelte dieser doch alle kaum entworfenen Pläne, und wenn der heftige Wind etwa vierundzwanzig Stunden lang andauerte, war es voraussichtlich zu spät, das vermutete Schiff noch aufzusuchen. Bot diesem sein Ankerplatz keinen sicheren Schutz, so hatte es ihn jedenfalls verlassen müssen, und bei dem herrschenden Westwinde verlor es die Küsten der Neuen Schweiz gewiß bald aus dem Gesicht.

Andererseits – Ernst wies auf diese Möglichkeit hin – versuchte das Schiff vielleicht, in die Rettungsbai selbst einzulaufen, wenn es ihm gelang, das Kap im Osten zu umsegeln.

»Das ist tatsächlich möglich«, antwortete der ältere Zermatt, »und wäre sogar zu wünschen, vorausgesetzt, daß wir es nicht mit Seeräubern zu tun haben...«

»Wir werden aufpassen, Vater«, sagte Franz. »Wir bleiben den ganzen Tag auf dem Ausguck... auch die ganze Nacht hindurch.«

»Doch wenn wir uns nur nach dem Prospekthügel oder wenigstens nach Falkenhorst begeben könnten«, setzte Jack hinzu; »von da aus läßt sich das Meer besser übersehen.«

Das war wohl richtig, blieb aber vorläufig ausgeschlossen. Im Laufe des Nachmittags wurde das Wetter noch schlimmer; die Kraft des Sturmes verdoppelte sich. Dazu stürzte ein so massenhafter Regen herab, daß der Schakalbach aus den Ufern trat und die kleine, darüberführende Brücke entfernt werden mußte. Zermatt und seine Söhne blieben immer auf der Wacht und sie hatten arg zu tun, die Überschwemmung von der Einfriedigung Felsenheims abzuhalten. Betsie und Jenny konnten keinen Schritt nach außen tun. Noch wie war ein Tag hier so traurig verstrichen, und es erschien nur zu gewiß, daß das Schiff, wenn es einmal weitergesegelt war, in diese Gegend kaum je zurückkehren werde.

Mit Einbruch der Nacht wuchs die Gewalt des Sturmes noch weiter. Auf den Rat des älteren Zermatt hin, den seine Kinder nötigten, sich einige Ruhe zu gönnen, lösten Fritz, Ernst, Jack und Franz einander bis zum Tagesanbruche von der Wache ab. Von der Galerie des Hauses, die sie nie verließen, konnten sie das Meer bis zur Haifischinsel hin übersehen. Wäre ein Schiffslicht in der Einfahrt zur Bai aufgetaucht, so hätten sie es bemerkt und den etwaigen Donner einer Kanone hätten sie gehört, trotz es Gebrauses der Wellen, die sich mit furchtbarer Gewalt am Felsenufer des Landeinschnittes an der Bachmündung brachen. Als der wütende Wind sich einmal mäßigte, gingen alle vier, den Wachstuchmantel auf den Schultern, nach der Mündung des Schakalbaches, konnten sich hier aber zum Glück überzeugen, daß die Schaluppe und die Pinasse noch sicher an ihrem Platze lagen.

Das schlimme Wetter hielt volle vierundzwanzig Stunden an. Kaum vermochten in diesem Zeitraume Zermatt und seine Söhne bis halb nach Falkenhorst vorzudringen, um das Meer im weiteren Umfange übersehen zu können. Die weite Wasserfläche mit hochgehenden, schaumgekrönten Wogen zeigte sich verödet. Es hätte sich bei diesem Sturme übrigens auch kein Schiff so nahe ans Land heranwagen dürfen.

Zermatt und seine Gattin hatten alle kaum aufgetauchten Hoffnungen schon wieder aufgegeben. Ernst, Jack und Franz, die von ganz jungen Jahren her das Leben hier gewohnt waren, bedauerten vielleicht gar nicht, daß jene Gelegenheit, es zu ändern, verlorengegangen schien. Fritz beklagte es freilich um seiner Brüder oder auch mehr um Jennys willen.

War jenes Schiff wirklich abgesegelt und sollte es in diese Meeresgegend nicht wiederkehren, wie hart enttäuscht mußte sich die Tochter des Obersten Montrose dann fühlen! Die Möglichkeit, wieder zu ihrem Vater zu kommen, war ihr damit ja abgeschnitten. Wie lange Zeit würde wohl vergehen, ehe sich eine Gelegenheit, nach Europa zurückzugelangen, wieder darbot, wenn dieser Fall überhaupt noch einmal eintrat.

»Lassen wir die Hoffnung nicht sinken!« redete Fritz dem jungen Mädchen zu, dessen Schmerz auch ihm so naheging. »Jenes Schiff oder irgendein anderes wird wieder hierherkommen, da jetzt das Vorhandensein der Neuen Schweiz bekannt geworden ist!«

In der Nacht vom 11. zum 12. Oktober hatte sich der Wind mehr nach Norden gedreht und das schlechte Wetter nahm damit ein Ende. Im Inneren der Rettungsbai beruhigte sich das Meer sehr bald und mit Sonnenaufgang schäumten die Wellen am Ufer von Felsenheim schon nicht mehr empor.

Die ganze Familie trat ins Freie und ließ die Blicke in der Richtung nach dem offenen Meere hinausschweifen.

»Nun wollen wir sofort nach der Haifischinsel fahren«, schlug Jack den anderen vor, »selbst mit dem Kajak ist keine Gefahr mehr dabei.«

»Und was tätet ihr dort?« fragte Frau Zermatt.

»Vielleicht liegt jenes Schiff dort im Schutze des Ufers noch vor Anker . . . und selbst wenn der Sturm es genötigt hätte, die hohe See zu gewinnen, könnte es ja wieder zurückgekehrt sein. Wir geben dort einige Kanonenschüsse ab, und wenn darauf eine Antwort erfolgt . . .«

»Ah ja, Fritz, ja!« rief Jenny, die gern auf dem Eiland selbst mit gewesen wäre.

»Fritz hat recht«, erklärte der Vater Zermatt, »wir dürfen nichts außer acht lassen. Ist das Schiff noch da, so wird es uns hören und sich ebenfalls bemerkbar machen.«

Der Kajak war schon in wenigen Minuten zur Abreise fertig; als aber Fritz darin Platz nehmen wollte, riet ihm sein Vater, mit seiner Mutter, seinen Brüdern und Jenny in Felsenheim zu bleiben. Ihn sollte jetzt Jack begleiten. Er werde eine Flagge mitnehmen, um damit zu melden, ob sie gute Nachricht mit heimbringen würden oder ob ihnen irgendwelche Gefahr drohe. Im zweiten Falle werde er die Flagge, nachdem er sie geschwenkt hätte, ins Meer schleudern und Fritz sollte dann die ganze Familie nach Falkenhorst überführen. Er selbst und Jack würden auch schleunigst dahin kommen und im Falle der Not wollten sie sich entweder nach den Meiereien von Waldegg oder Zuckertop, oder sogar nach der Einsiedelei Eberfurt zurückziehen. Schwenkte er die Flagge dagegen nur zweimal und pflanzte er sie darauf neben der Batterie auf, so länge nichts Beunruhigendes vor und Fritz sollte seine Rückkehr in Felsenheim abwarten.

Natürlich waren die erwähnten Signale von der Mündung des Schakalbaches aus, wenigstens mit Hilfe eines Fernrohres, ganz deutlich zu erkennen.

Jack zog den Kajak an den felsigen Uferrand heran. Sein Vater und er stiegen hinein. Wenige Kabellängen vor dem Landeinschnitte der Bachmündung verminderte sich der Wellenschlag schon zu einem friedlichen Plätschern. Von den Pagaien getrieben, flog das leichte Boot schnell auf die Haifischinsel zu.

Dem älteren Zermatt klopfte das Herz recht fühlbar, als sie an dem Eiland landeten und dann eiligst den Hügel hinanliefen.

Beim Schuppen oben angelangt, machten sie halt. Von hier aus konnten sie die Wasserfläche von dem Vorlande im Osten bis zum Kap der Getäuschten Hoffnung übersehen. Kein Segel war zu erblicken auf dem öden Meere, das draußen noch immer einen starken Wellenschlag zeigte.

Als dann beide unter den Schuppen zurücktraten, fragte der ältere Zermatt noch einmal:

»Dein Bruder und du, ihr seid also sicher, gestern gehört zu haben...«

»Vollkommen sicher!« antwortete Jack. »Es waren unzweifelhaft Kanonenschüsse dort von Osten her...«

»Gott gebe, daß es so ist!« sagte der ältere Zermatt.

Da die beiden kleinen Geschütze von Fritz gleich wieder geladen worden waren, brauchten sie jetzt nur abgefeuert zu werden.

»Jack«, sagte dessen Vater, »du wirst zwei Schüsse im Zwischenraume von zwei Minuten abgeben und nach der Wiederladung des ersten Rohres noch ein drittes Mal feuern.«

»Wie du willst, Vater«, antwortete Jack. »Und du?...«

»Ich werde mich an den nach Osten zugewendeten Rand der Hügelfläche stelle und wenn eine Detonation von dieser Seite her käme, müßte ich sie da ja deutlich hören.«

Da überdies der Wind nach Norden umgesprungen war, doch nur sehr schwach wehte, erschienen alle Nebenumstände so günstig wie möglich. Der Donner von Geschützen, ob er nun von Westen oder von Osten her kam, mußte, wenn die Entfernung ein und eine halbe Lieue nicht übertraf, leicht vernehmbar sein.

Der ältere Zermatt nahm also an der Seite des offenen Schuppens Platz.

Unter Einhaltung der verabredeten Zwischenräume gab Jack jetzt dreimal Feuer. Dann eilte er neben seinen Vater hin und beide blieben, das Ohr nach Osten gewendet, regungslos stehen.

Da schallte eine Detonation deutlich bis zur Haifischinsel herüber.

»Vater... Vater...« rief Jack, »das Schiff ist noch da!«

»Hören wir erst weiter!« antwortete Zermatt.

Sechs andere Schüsse folgten in regelmäßigen Zwischenräumen dem ersten. Das noch unsichtbare Schiff gab also nicht nur Antwort, sondern schien auch sagen zu wollen, daß es damit nicht sein Bewenden haben solle.

Nach zweimaligem Schwenken der Flagge, stellte der ältere Zermatt diese nun neben der Batterie auf.

War das Krachen der Geschütze auch nicht bis Felsenheim hörbar gewesen, so wußte man dort jetzt, daß keine Gefahr zu befürchten sei.

Übrigens rief Jack, eine halbe Stunde nach der Rückkehr in die kleine Bucht, plötzlich:

»Ein siebenter Schuß!... Sie haben siebenmal gefeuert!«

»Und der Himmel sei siebenmal dafür gesegnet!« setzte Franz hinzu.

Eine Beute der lebhaftesten Erregung, ergriff Jenny Fritzens Hand. Dann warf sie sich der Frau Zermatt in die Arme, die ihre Tränen durch innige Küsse trocknete.

An der Gegenwart eines Schiffes konnte also kein Zweifel mehr sein, da dieses der Batterie der Haifischinsel geantwortet hatte. Aus einem oder dem anderen Grunde mußte es in einer der Buchten an der Küste im Osten vor Anker gegangen sein und war vielleicht sogar während des Sturmes, nicht genötigt gewesen, diese zu verlassen. Jetzt aber segelte es gewiß nicht ab, ohne mit den Bewohnern dieses unbekannten Landes in Verbindung getreten zu sein. Erschien es da nicht ratsamer, nicht erst darauf zu warten, daß es von der Bai aus in Sicht kam?

»Nein... nicht warten! Vorwärts! Fahren wir sofort dahin!« drängte Jack.

Der alles überlegende Ernst machte hierzu indes noch einige Bemerkungen, die auch der ältere Zermatt als richtig anerkannte. Niemand wußte ja, welcher Nationalität jenes Schiff angehörte, ebensowenig, ob es nicht vielleicht gar Seeräuber trug, die zur Zeit in diesen Teilen des Indischen Ozeans sehr zahlreich waren. Das Schiff konnte ja selbst solchen Verbrechern in die Hände gefallen sein, und damit wären Zermatt und seine Familie den schlimmsten Gefahren ausgesetzt gewesen.

Alle diese Gedanken tauchten ja ganz ungesucht auf.

»Nun gut«, erklärte Fritz, »was wir noch nicht wissen, müssen wir in kürzester Frist zu erfahren suchen...«

»Ach ja... schnell... recht schnell!« wiederholte Jenny, die ihre Ungeduld nicht bemeistern konnte.

»Ich werde mich des Kajaks bedienen«, setzte Fritz hinzu, »und da der Zustand des Meeres es erlaubt, werde ich das Kap im Osten umfahren...«

»Tu' es, mein Sohn«, antwortete Zermatt, »denn wir können nicht in dieser Ungewißheit bleiben. Vor dem Anlegen an dem Schiffe aber muß es klar sein, welcher... Nun, Fritz, ich werde gleich mit dir fahren.«

Jack wollte das nicht zugeben.

»Nein, Vater«, sagte er, schon eine Pagaie holend, »ich bin an so etwas gewöhnt. Nur bis zum Kap zu gelangen, dürften schon zwei Stunden vergehen, und von da aus bis zum Ankerplatze des Fahrzeugs könnte es auch noch eine größere Strecke sein. Ich bitte dich, laß mich jetzt Fritz begleiten...«

»Ja, das ist wohl richtiger«, stimmte dieser ein.

Der ältere Zermatt zögerte noch. Ihm erschien es unerläßlich, an dieser Fahrt teilzunehmen, die mit größter Vorsicht ausgeführt werden mußte.

»Ja ja, Fritz und Jack mögen hinausfahren«, mischte sich noch Frau Zermatt ein. »Auf sie können wir uns ja verlassen!«

Der ältere Zermatt fügte sich, und den beiden Brüdern wurden die eindringlichsten Ratschläge mitgegeben. Nach Umschiffung des Kaps sollten sie sich ganz nahe dem Lande halten, zwischen den Klippen jenes Teils der Küste hingleiten, sie sollten sehen, ohne selbst bemerkt zu werden, sollten sich nur von der Lage, womöglich auch von der Nationalität des Schiffes überzeugen, dieses aber nicht etwa betreten, sondern nach Erreichung ihrer Absichten sofort nach Felsenheim zurückkehren. Der ältere Zermatt wollte dann sehen, was weiter zu tun sei. Könnten es Fritz und Jack umgehen, selbst bemerkt zu werden, so wäre das um so besser.

Vielleicht empfehle es sich auch – dieser Gedanke ging von Ernst aus – daß Fritz und Jack selbst für Wilde gehalten würden. Sie könnten sich ja, neben Anlegung eines entsprechenden Kostüms, Gesicht, Arme und Hände schwärzen, ein Mittel, dessen sich Fritz schon bedient hatte, als er Jenny bei der Perlenbucht rettete. Die Besatzung des fremden Schiffes würde jedenfalls weniger verwundert sein, bei diesem Lande im Indischen Ozean Schwarze anzutreffen.

Ernsts Vorschlag erschien recht zweckmäßig. Die beiden Brüder verkleideten sich als Eingeborene der Nicobaren und schwärzten sich dann Gesicht und Arme mit Ruß. Hierauf stiegen sie in den Kajak und eine halbe Stunde später war dieser schon außerhalb der engen Einfahrt verschwunden.

Selbstverständlich verfolgten ihn Herr und Frau Zermatt, Jenny, Ernst und Franz mit den Blicken, so lange er sichtbar war, und kehrten nach Felsenheim erst zurück, als sie das Boot aus der Rettungsbucht hatten hinausgleiten sehen.

Auf der Höhe der Haifischinsel angelangt, steuerte Fritz in der Weise, daß sie sich dem gegenüberliegenden Ufer näherten. Im Falle, daß eine von dem Fahrzeuge abgestoßene Schaluppe die äußerste Landspitze bereits passiert hätte, konnte der Kajak sich dann hinter den Uferfelsen verbergen und seine Insassen waren immer noch in der Lage, weitere Umschau zu halten.

Es bedurfte voller zwei Stunden, das Kap zu erreichen, das von hier noch über zwei Lieues entfernt lag. Bei der herrschenden Brise aus Norden hätte das kleine Segel nichts nützen können. Die inzwischen eingetretene Ebbeströmung begünstigte indes das Vorwärtskommen des leichten Fahrzeuges.

Das war das erstemal, daß das Kap umschifft werden sollte, seit die Familie Zermatt in der Rettungsbucht Zuflucht gefunden hatte. Welch ein Unterschied gegenüber dem Kap der Getäuschten Hoffnung, das sich in nordwestlicher Richtung vier Lieues von hier erhob! Wie dürr und unfruchtbar zeigte sich der östliche Teil der Neuen Schweiz! An der Küste hier zogen sich sandige, von schwärzlichem Gestein durchsetzte Dünen hin, vor denen sich bis auf mehrere hundert Toisen jenseits des Vorgebirges ein Klippenkranz ausdehnte, gegen den das offene Meer selbst bei schönem Wetter heftig anbrandete.

Als der Kajak um die letzten Felsen herumgekommen war, konnten Fritz und Jack das östliche Ufer weithin übersehen. Es verlief, die Neue Schweiz an dieser Seite begrenzend, ziemlich genau von Norden nach Süden. Wenn jene also keine Insel war, konnte sie wenigstens nur im Süden mit einem Festlande zusammenhängen. Der Kajak glitt längs des Ufers hin, und da er sich immer innerhalb des Klippengürtels hielt, konnte er sicherlich nur schwer entdeckt werden.

Eine Lieue von hier und in einer engen Bucht zeigte sich ein dreimastiges Schiff mit halbgerefftem Bramsegeln, das hier offenbar nur wegen notwendiger Ausbesserungen ankerte, und auf dem benachbarten Ufer waren mehrere Zelte errichtet.

Der Kajak näherte sich dem Schiffe bis auf sechs Kabellängen. Sobald er von jenem aus bemerkt worden war, konnten Fritz und Jack die Freundschaftszeichen gar nicht mißverstehen, die man ihnen von Bord her machte. Einige englische Worte, die sie gerade noch verstehen konnten, belehrten sie auch, daß man sie für Eingeborene ansah.

Sie selbst konnten sich nicht täuschen, welcher Nationalität das Schiff angehörte, denn vom Top seines Besanmastes wehte die britische Flagge. Es war eine englische Korvette mit zehn Geschützen.

Es lag also eigentlich gar kein Hindernis vor, sich mit dem Kapitän der Korvette in Verbindung zu setzen.

Jack wollte das auch tun, doch Fritz widersprach ihm entschieden. Da sie einmal versprochen hätten, sogleich nach Feststellung der Lage und der Nationalität des gesuchten Schiffes nach Felsenheim zurückzukehren, bestand er darauf, Wort zu halten. Der Kajak drehte also wieder nach Norden bei und glitt nach zweieinhalbstündiger Fahrt durch die enge Wasserstraße der Einfahrt in die Rettungsbucht hinein.

Drittes Kapitel

Die britische Korvette »Licorne«. – Die vernommenen Kanonenschüsse. – Ankunft der Pinasse. – Die Familie Zermatt. – Die Familie Wolston. – Trennungspläne. – Verschiedene Tauschgeschäfte. – Der Abschied. – Abfahrt der Korvette.

Die »Licorne«, eine kleine Korvette mit zehn Geschützen, die die britische Flagge führte, befand sich auf einer Art Rundfahrt und war jetzt auf dem Wege von Sydney (Australien) nach dem Kap der Guten Hoffnung. Der Befehlshaber, Lieutenant Littlestone, hatte eine Besatzung von sechzig Mann unter sich. Gewöhnlich nimmt ja ein Kriegsschiff keine Passagiere auf, die »Licorne« hatte aber Erlaubnis erhalten, eine englische Familie an Bord zu nehmen, deren Haupt aus Gesundheitsrücksichten nach Europa zurückkehren mußte. Die Familie bestand aus einem Herrn Wolston, Maschinen-Ingenieur, seiner Gattin, Merry Wolston, und aus seinen zwei Töchtern, Annah und Doll, von denen die eine siebzehn, die andere vierzehn Jahre zählte. Zu ihr gehörte außerdem noch ein Sohn, James Wolston, der mit seiner Frau und seinem Kinde gegenwärtig in Kapstadt wohnte.

Im Juli 1816 hatte die »Licorne« den Hafen von Sydney verlassen und sich, nach einer Fahrt längs der Südküste von Australien, nach den nordöstlichen Teilen des Indischen Ozeans gewendet.

Bei dieser Fahrt sollte der Lieutenant Littlestone auf Befehl der Admiralität unter diesen Breiten kreuzen und ebenso an der Westküste Australiens wie auf den benachbarten Inseln nachforschen, ob es noch Überlebende von dem »Dorcas« gäbe, der seit dreißig Monaten verschollen war. Wo dieser gescheitert war, wußte niemand, obgleich an dem Unfalle kein Zweifel sein konnte, da der zweite Offizier und drei Matrosen des Schiffes – die einzigen von denen, die dessen große Schaluppe besetzt gehabt hatten, aus dem Meere aufgefischt und nach Sydney zurückgebracht worden waren. Was den Kapitän Greenfield, die Matrosen und die Passagiere – darunter die Tochter des Obersten Montrose – betraf, konnte man nach dem Berichte, den der zweite Offizier über den Schiffbruch erstattet hatte, kaum noch die Hoffnung hegen, sie wiederzufinden. Die Regierung von Großbritannien hatte aber dennoch weitere Nachforschungen veranlaßt, die sich über den östlichen Teil des Indischen Ozeans bis in die Nähe des Meeres von Timor erstrecken sollten. Hier gab es zahlreiche, von Handelsschiffen nur selten angelaufene Inseln, und es empfahl sich, davon alle zu besuchen, die in der Nachbarschaft des Meeresteiles lagen, wo der »Dorcas« jedenfalls gescheitert war.

Infolgedessen hatte die »Licorne« sich nach Umschiffung des Kaps Leuwin nach Norden zu gewendet und nach vergeblichem Aufenthalte an einigen Sundainseln den Weg nach dem Kap wieder eingeschlagen. Da wurde sie von heftigen Stürmen überrascht, gegen die sie eine volle Woche, nicht ohne mehrfache Beschädigung zu erleiden, ankämpfen mußte, und daraufhin war sie genötigt gewesen, eine geschützte Stelle aufzusuchen, um ihre Havarien auszubessern.

Am 8. Oktober meldeten die Wachen Land im Süden, wahrscheinlich eine Insel, die aber auch auf den neuesten Seekarten noch nicht eingezeichnet war. Der Lieutenant Littlestone ließ auf das unbekannte Land zusteuern und fand auch glücklicherweise eine Zufluchtsstätte in einem Landeinschnitte an dessen östlicher Küste, der nicht nur gegen schlimme Winde Schutz gewährte, sondern auch einen vortrefflichen Ankergrund bot.

Die Mannschaft ging hier sofort ans Werk. Am Strande und am Fuße des felsigen Steinufers wurden einige Zelte aufgeschlagen. Man richtete ein förmliches Lager ein, immer unter Berücksichtigung der Maßnahmen, die die Klugheit erheischte. Dieser Küstenstrich konnte ja von Wilden bewohnt sein oder von solchen heimgesucht werden, und man weiß doch, daß die Eingeborenen im Indischen Ozean sich eines, leider gerechtfertigten, sehr üblen Rufes erfreuen.

Die »Licorne« lag nun hier erst seit zwei Tagen in Sicherheit, als die Aufmerksamkeit des Befehlhabers am Morgen des 10. Oktober durch einen zweimaligen, von Westen her schallenden Kanonendonner erregt wurde.

Diese zweifache Detonation verdiente eine Antwort, und die »Licorne« gab diese durch eine Salve aus drei Geschützen, die in der Batterie an Backbord gelöst wurden.

Der Lieutenant Littlestone hat nun alles weitere einfach abzuwarten. Sein in Reparatur befindliches Schiff hätte nicht die Anker lichten können, um aus der engen Bucht zu steuern und das im Nordosten sichtbare Kap zu umschiffen. Mindestens bedurfte es noch einiger Tage, ehe es wieder in See stechen konnte. Jedenfalls zweifelte der Befehlshaber indes nicht daran, daß auch die Schüsse der Korvette vernommen worden wären, da gerade Seewind wehte, und er hielt das demnächstige Erscheinen eines Schiffes in Sicht der Bai für mehr als wahrscheinlich.

Es wurden deshalb mehrere Leute in die Takelage zum Ausguck befohlen. Am Abend hatte sich noch kein Schiff gezeigt. Das Meer blieb im Norden verlassen, ebenso verlassen der Teil des Ufers, der an die Bogenlinie der Bai grenzte. Von der Landung einer Abteilung seiner Mannschaft und der Aussendung auf Kundschaft hatte der Lieutenant Littlestone abgesehen, da er seine Leute keinem gefährlichen Zusammentreffen aussetzen wollte. Die Umstände verlangten das ja auch so gebieterisch nicht. Sobald die »Licorne« in der Lage wäre, ihren Ankerplatz zu verlassen, sollte sie der Linie des Landes folgen, dessen Lage – 19 Grad 30 Minuten südlicher Breite und 114 Grad 5 Minuten östlicher Länge von Ferro, jener im Atlantischen Ozean zur Gruppe der Kanarien gehörigen Insel – mit größter Sorgfalt ermittelt worden war. Es unterlag keinem Zweifel, daß das Land eine Insel sei, denn in diesem Teile des Indischen Ozeans gibt es kein Festland.

Drei Tage verstrichen ohne Änderung der Sachlage. Freilich war ein heftiger Sturm losgebrochen, der Meer und Luft furchtbar aufwühlte, während die »Licorne« in Sicherheit unter dem Schutze der Uferwand lang.

Da ertönten am 13. Oktober mehrere Kanonenschüsse, und zwar von derselben Richtung her wie die früheren.

Auf diese Salve, deren Schüsse durch einen Zeitraum von je zwei Minuten getrennt waren, antwortete die »Licorne« durch sieben Schüsse mit denselben Zwischenräumen. Daraus, daß die neuen Detonationen offenbar nicht aus geringerer Entfernung wie die ersten herkamen, schloß der Kommendant, daß das Fahrzeug, von dem sie herrührten, seine Lage nicht verändert haben werde.

An diesem Tage gegen vier Uhr nachmittags beobachtete der Lieutenant Littlestone, als er sich auf dem Verdeck erging, durch das Fernrohr ein leichtes Boot, das, mit zwei Männern darin, vom Vorgebirge aus zwischen den Klippen hinfuhr. Die Männer, die eine tiefdunkle Hautfarbe hatten, konnten nur Eingeborene von malaiischer oder australischer Rasse sein. Ihr Erscheinen bewies also, daß dieser Teil der Küste bewohnt war. Daraufhin wurden die nötigen Maßregeln zur Abwehr eines etwaigen Überfalles getroffen, der in diesen Gebieten des Indischen Ozeans immer zu befürchten war. Inzwischen näherte sich das Kanu, eine Art Kajak. Man ließ es herankommen. Als es dann aber nur noch sechs Kabellängen von der Korvette entfernt war, hörte man ziemlich deutlich, daß sich die Männer einer völlig unverständlichen Sprache bedienten.

Der Lieutenant Littlestone und seine Offiziere schwenkten ihre Taschentücher und streckten die Arme empor, zum Zeichen, daß sie keine Waffen führten. Der Kajak schien aber nicht geneigt, noch weiter heranzukommen. Schon im nächsten Augenblicke flog er, von den Pagaien kräftig angetrieben, davon und verschwand bald hinter dem Vorgebirge.

Die Nacht war schon angebrochen, als Lieutenant Littlestone sich mit seinen Offizieren noch beriet, ob es ratsam sei, die große Schaluppe zur Besichtigung der östlichen Küste auszusenden. Die Sachlage verlangte doch Aufklärung. Die Leute, die heute morgen die Kanonenschüsse abgegeben hatten, waren doch sicherlich keine Wilden. Dagegen konnte man wohl annehmen, daß ein im Westen der Insel in Seenot befindliches Schiff Hilfe verlangte.

Daraufhin wurde denn beschlossen, am nächsten Tag eine Auskundschaftung in jener Richtung vorzunehmen, und die Schaluppe sollte um neun Uhr morgens eben niedergelassen werden, als Lieutenant Littlestone dieses Manöver unterbrach.

Dicht vor dem Cap erschien jetzt – nicht ein Kajak oder eine Prigoge, wie sie die Eingeborenen benutzen, sondern – ein leichtes Fahrzeug von neuerer Bauart, eine Pinasse von etwa fünfzehn Tonnen. Sobald sie in die Nähe der »Licorne« gekommen war, hißte sie eine rot und weiße Flagge.

Wie erstaunten da der Lieutenant, seine Offiziere und die Mannschaft der Korvette, als sie von der Pinasse ein Boot abstoßen sahen, das am Achter als Friedenszeichen eine weiße Flagge führte und auf die Korvette zusteuerte.

Zwei Männer kamen daraus an Bord der »Licorne« und stellten sich hier vor.

Es waren Schweizer, Johann Zermatt und sein ältester Sohn Fritz, Schiffbrüchige von dem Segler »Landlord«, von dem man seit reichlich zehn Jahren nichts gehört hatte.

Die Engländer geizten nicht mit herzlichen Begrüßungen des Vaters und des Sohnes. Auf ihre an den Lieutenant Littlestone gerichtee Einladung, mit an Bord der Pinasse zu kommen, ging dieser freudig ein.

Es kann wohl nicht auffallen, daß der ältere Zermatt einen gewissen Stolz darein setzte, dem Befehlshaber der »Licorne« erst seine blühend gesunde Lebensgefährtin und dann seine anderen drei Söhne vorzustellen. Jedermann mußte den entschlossenen Ausdruck ihres intelligenten Gesichtes und ihre strotzende Gesundheit bewundern. Es war in der Tat ein Vergnügen, diese prächtige Familie zu sehen. Darauf wurde auch Jenny dem Lieutenant Littlestone vorgestellt.

»Welches Land ist das aber, das sie seit mehr als zehn Jahren bewohnen, Herr Zermatt?« fragte dieser.

»Wir haben es die Neue Schweiz genannt«, antwortete Zermatt, »ein Name, der ihm hoffentlich bleiben wird.«

»Ist es eine Insel, Herr Kommandant?« fragte Fritz.

»Ja, eine Insel im Indischen Ozean, die die Karten noch nicht enthalten.«

»Wir wußten bis jetzt noch nicht, daß es eine Insel sei, denn aus Besorgnis vor einer gefährlichen Begegnung haben wir diesen Teil der Küste niemals verlassen.«

»Daran haben Sie recht getan, denn wir haben wirklich Eingeborene bemerkt«, erwiderte der Lieutenant Littlestone.

»Eingeborene?« rief Fritz, der sein Erstaunen nicht verhehlte.

»Gewiß«, versicherte der Kommandant. »Gestern ... in einer Art Piroge, oder richtiger, in einem Kajak.«

»Diese Eingeborenen waren niemand anders als mein Bruder und ich«, fiel Jack lachend ein. »Wir hatten uns Gesicht und Arme geschwärzt, um für Wilde gehalten zu werden.«

»Wozu aber diese Verkleidung?«

»Weil wir nicht wußten, mit wem wir es zu tun haben könnten, Herr Kommandant! Ihr Schiff konnte ja auch ein Seeräuberschiff sein.«

»Oho!« rief der Lieutenant Littlestone. »Ein Schiff Seiner Majestät des Königs Georg des Dritten! ...«

»Ja, ja, ich bekenne unseren Irrtum«, lenkte Fritz ein. »Es erschien uns aber dennoch ratsamer, erst noch nach unserer Wohnstätte Felsenheim zurückzukehren, um dann alle zusammen wiederzukommen.«

»Ich füge hinzu«, fuhr der ältere Zermatt fort, »daß wir uns das gleich für den nächsten Morgen vorgenommen hatten. Fritz und Jack hatten bemerkt, daß Ihr Schiff in Reparatur war, und wir nahmen daher an, daß wir es in der kleinen Bucht hier antreffen würden.«

Wie glücklich fühlte sich aber Jenny, als der Lieutenant Littlestone ihr sagte, daß ihm der Name des Obersten Montrose nicht unbekannt sei. Vor der Abfahrt der »Licorne« nach dem Indischen Meere hatten die Zeitungen überdies das Eintreffen des Obersten in Portsmouth und darauf in London gemeldet. Seit jener Zeit aber, und nachdem sich die Nachricht verbreitet hatte, daß die Passagiere und die Mannschaft des »Dorcas«, mit Ausnahme des in Sydney gelandeten zweiten Offiziers und dreier Matrosen, umgekommen wären, wurde der unglückliche Vater eine Beute der Verzweiflung, da er annehmen mußte, daß bei jener Katastrophe auch seine Tochter das Leben eingebüßt hätte. Das konnte für ihn nur ausgeglichen werden durch seine Freude, wenn er vernahm, daß Jenny aus dem Schiffbruche des »Dorcas« gerettet worden war.

Inzwischen wurde die Pinasse zurecht gemacht, um nach der Rettungsbucht heimzukehren. Herr und Frau Zermatt wollten dem Lieutenant Littlestone in ihrem Heim Unterkunft bieten, dieser aber wollte sie wieder wenigstens bis zum Ende des Tages bei sich behalten. Da sie darauf eingingen, die Nacht über hier in der kleinen Bucht zu bleiben, wurden am Fuße der Felsen noch drei Zelte aufgeschlagen, eines für die vier Söhne das zweite für Herrn und Frau Zermatt und das dritte für Jenny Montrose.

Nun konnte die Geschichte der Familie Zermatt seit deren erstem Betreten der Neuen Schweiz eingehend erzählt werden. Es war ja erklärlich, daß der Kommandant und seine Offiziere daraufhin den Wunsch äußerten, die Anlagen der kleinen Kolonie und die bequemen Wohneinrichtungen von Felsenheim und Falkenhorst kennenzulernen.

Nach einer vortrefflichen Mahlzeit, die an Bord der »Licorne« bereitet worden war, verabschiedeten sich Zermatt und seine Gattin, deren vier Söhne und Jenny vom Lieutenant Littlestone und begaben sich in ihre Zelte am Lande zur Ruhe.

Als sie allein waren, unterhielt sich der ältere Zermatt noch eine Zeitlang mit seiner Gattin.

»Meine liebe Betsie«, begann er, »da wäre uns nun Gelegenheit geboten, nach Europa heimzukehren und unsere Landsleute, unsere Freunde wiederzusehen. Wir müssen aber bedenken, daß unsere Lage sich jetzt wesentlich verändert hat. Die Neue Schweiz ist keine unbekannt Insel mehr; andere Schiffe werden bald genug hier eintreffen...«

»Was willst du mit dem allen sagen?« fragte Frau Zermatt.

»Nun, wir werden uns entscheiden müssen, ob wir diese Gelegenheit benützen wollen...«

»Darüber, lieber Mann«, antwortete Betsie, »hab' ich schon seit einigen Tagen nachgedacht und bin zu folgendem Ergebnisse gekommen: Warum sollten wir von hier weggehen, wo wir uns so glücklich gefühlt haben? Warum sollten wir versuchen, Verbindungen wieder anzuknüpfen, die die Zeit und unser Fernsein ja völlig zerrissen haben? Wir sind doch allmählich in die Jahre gekommen, wo man sich nach Ruhe und Frieden sehnt und kaum noch Lust hat, weite Reisen zu wagen.«

»Ah, mein Herz«, rief Zermatt, Betsie umarmend, »du hast in meinem Innern gelesen. Wahrlich, es wäre eine Undankbarkeit gegen die Vorsehung, unsere Neue Schweiz zu verlassen! Es handelt sich hierbei freilich nicht um uns allein... unsere Kinder...«

»Unsere Kinder?« fiel Betsie ein. »Oh, ich begreife recht wohl, daß sie das Verlangen haben, in ihr Vaterland zurückzukehren, sie sind ja jung, ihnen winkt noch eine Zukunft... und wenn auch ihr Fortgehen uns schwer genug ankommen wird, dürfen wir sie doch wohl nicht zurückhalten.«

»Du hast recht, Betsie; hierin stimme ich mit dir ganz überein.«

»Unsere Söhne mögen sich getrost an Bord der »Licorne« einschiffen. Wenn sie fortgehen, werden sie ja auch einmal wiederkommen.«

»Wir dürfen indes auch Jenny nicht vergessen«, fuhr Zermatt fort, »jetzt, wo wir wissen, daß ihr Vater seit zwei Jahren nach England zurückgekehrt ist, daß er sie seit zwei Jahren beweint! Es ist doch nur natürlich, daß sie zu ihrem Vater heimzukehren wünscht.«

»Es wird uns freilich sehr schmerzlich berühren, sie von hier scheiden zu sehen, wo sie so gut wie unsere Tochter geworden ist«, antwortete Betsie; »Fritz empfindet für sie eine tiefe Zuneigung, die von ihr offenbar erwidert wird. Immerhin haben wir Jenny ihren freien Willen zu lassen!«

Die beiden Gatten plauderten über diese Angelegenheit noch eine Zeitlang weiter. Sie waren sich völlig klar über die

Folgen, die die unerwartete Veränderung ihrer Lage mit sich führen konnte, und erst in später Nachtstunde fanden sie infolge ihrer Gemütserregung eine Stunde unruhigen Schlummers.

Am folgenden Tage setzte die Pinasse, nachdem sie durch die Bai und um das Kap im Osten gesegelt war, den Lieutenant Littlestone, zwei seiner Offiziere, die Familie Zermatt und die Familie Wolston an der Mündung des Schakalbaches ans Land.

Der Engländer bemächtigte sich dasselbe Gefühl der Bewunderung und des Erstaunens, wie vor Jahren Jenny Montroses, als sie zum ersten Male nach Felsenheim kam. Der ältere Zermatt empfing seine Gäste in der Winterwohnung und wollte sie später nach dem »Schloß« Falkenhorst, nach dem Landhause des Prospekt-Hill, den Meiereien von Waldegg und Zuckertop und nach der Einsiedelei Eberfurt geleiten.

Der Lieutenant Littlestone und seine Offiziere bewunderten rückhaltlos das fröhliche Gedeihen dieses Gelobten Landes, das es der Tatkraft, der Einsicht und der herzlichen Einigkeit einer Familie von Schiffbrüchigen verdankte, die nun schon fast elf Jahre auf dieser menschenleeren Insel weilte. Bei Beendigung des bescheidenen Gastmahles, das ihnen im größten Zimmer von Felsenheim dargeboten worden war, unterließen es die Gäste auch nicht, zu Ehren der Kolonisten der Neuen Schweiz zu trinken.

Im Laufe des Tages hatten Wolston, seine Frau und seine Töchter Gelegenheit, mit Herrn und Frau Zermatt näher bekannt zu werden. So erscheint es nicht auffallend, daß gegen Abend vor der Abfahrt Wolston, der seiner Gesundheit wegen recht gut einen mehrwöchigen Aufenthalt auf dem Lande brauchen konnte, sich noch einmal an den älteren Zermatt wendete.

»Herr Zermatt«, begann er, »darf ich mit vollem Vertrauen und ganz aufrichtig zu Ihnen reden?«

»Oh, natürlich!«

»Das Leben, das Sie hier auf der Insel führen, könnte mir ausnehmend gefallen«, fuhr Wolston fort. »Mir kommt es vor, als befände ich mich in dieser herrlichen Natur gleich besser, und ich würde mich glücklich schätzen, irgendwo in Ihrem Gelobten Lande eine Zeitlang verweilen zu dürfen ... selbstverständlich, wenn Sie dagegen nichts einzuwenden haben.«

»Nicht das geringste, Herr Wolston«, beeilte sich Zermatt zu antworten. »Meine Frau und ich werden hoch erfreut sein, Sie in unsere kleine Kolonie aufzunehmen, und vielleicht etwas zu Ihrem Besten beitragen zu können. Was übrigens uns beide betrifft, haben wir beschlossen, unsere Tage in der Neuen Schweiz zu beschließen ... sie ist uns ja zum zweiten Vaterlande geworden, darum wollen wir sie auch nie mehr verlassen.«

»Ein Hurra der Neuen Schweiz!« riefen die Tischgäste in freudiger Begeisterung.

Dabei leerten sie ihre Gläser mit dem köstlichen Kanarienwein, den Frau Zermatt anstelle des hiesigen Gewächses bei besonderen Gelegenheiten vorzusetzen pflegte.

»Und ein Hoch auch auf die, die auf jeden Fall hier bleiben wollen!« riefen Jack und Ernst dazu.

Fritz hatte kein Wort geäußert und Jenny senkte schweigend den Kopf.

Als die Gäste darauf weggefahren waren, um auf die »Licorne« zurückzukehren, und Fritz sich mit seiner Mutter allein sah, umarmte er diese, doch ohne eine Silbe zu sprechen. Als er sie aber so betrübt sah bei dem Gedanken, daß ihr ältester Sohn sie verlassen könne, rief er, vor ihr niedersinkend:

»Nein, Mutterherz! Eher als sie niemals! ... Nein, eher gehe ich nicht fort!«

Auch Jenny, die inzwischen herangetreten war, schluchzte, während sie sich Frau Zermatt in die Arme warf:

»Verzeihung! Verzeihung, wenn ich Ihnen Kummer bereite, ich, die Sie wie die eigene Mutter liebt und verehrt! Fern von hier weilt aber mein armer Vater ... darf ich da zaudern?«

Frau Zermatt und Jenny blieben noch beisammen und nachdem sie sich gründlich ausgesprochen hatten, schien sich Betsie mit dem Gedanken an eine Trennung vertraut gemacht zu haben.

Da trat der ältere Zermatt mit Fritz herein, und Jenny wandte sich an den ersteren:

»Mein liebster Vater« – es war das erste Mal, daß sie ihm diesen Namen gab – »segnen auch Sie mich, wie meine zweite Mutter mich gesegnet hat! Lassen Sie uns gehen ... Lassen Sie uns nach Europa reisen ... Ihre Kinder kehren bestimmt hierher zurück, und fürchten Sie nicht, daß irgend etwas sie jemals von Ihnen scheiden könnte! Der Oberst Montrose ist ein

Mann, der das Herz auf dem rechten Fleck hat, er wird für alles, was seine Tochter Ihnen schuldet, aufkommen!... Fritz muß ihn in England mit aufsuchen! Vertrauen Sie uns einen dem anderen an!... Ihr Sohn wird für mich einstehen, wie ich für ihn!«

Mit Zustimmung des Befehlshabers der »Licorne« kam es nun zu folgender Abmachung: Durch die Ausschiffung der Familie Wolston wurden auf der Korvette mehrere Plätze frei. Fritz, Franz und Jenny sollten diese einnehmen, und auch Doll, die jüngste Tochter Wolstons, die sich zu ihrem Bruder nach Kapstadt begeben und mit ihm, seiner Gattin und seinem Kinde, nach der Neuen Schweiz zurückkehren sollte. Ernst und Jack gedachten dagegen bei den Eltern zu bleiben.

Was den Lieutenant Littlestone betraf, war die ihm übertragene Aufgabe ja erledigt, erstens, weil er Jenny Montrose, die einzige Überlebende vom »Dorcas«, gefunden hatte, und zweitens, weil diese Insel, die Neue Schweiz, einen vorzüglichen Zufluchtshafen im Indischen Ozean darbot. Da der ältere Zermatt, der sie jetzt, als der erste, der sie betreten hatte, tatsächlich besaß, sie Großbritannien anzubieten wünschte, versprach Lieutenant Littlestone die hierbei nötigen Schritte zu tun und ihm seiner Zeit die Einwilligung der britischen Regierung zu melden.

Es war hiernach anzunehmen, daß die »Licorne« zum Zwecke der Besitzergreifung hierher zurückkehren werde. Die Korvette sollte dann auch Fritz, Franz und Jenny Montrose wieder mitbringen und in Kapstadt James Wolston, dessen Schwester Doll und dessen Frau und Kind an Bord nehmen. Was Fritz betraf, sollte dieser mit Zustimmung seiner Eltern die für seine Verheiratung – eine Ehe, die Oberst Montrose sicherlich mit Freude begrüßen würde – nötigen Papiere gleich mitnehmen, und man gab sich sogar der Hoffnung hin, daß der Oberst die jungen Ehegatten nach der Neuen Schweiz begleiten werde.

In dieser Weise war also alles besprochen. Immerhin würde es eine schmerzliche, herzbrechende Trennung werden, wenn die Mitglieder der Familie Zermatt sich für eine, doch nicht gar so kurze Zeit trennen mußten. Mit der Rückkehr Fritzens, Franzens, Jennys, ihres Vaters und vielleicht gar einiger Kolonisten, die sich diesen zu folgen entschlossen hätten, zog dann das Glück wieder hier ein, ein Glück, das nichts mehr stören sollte und das das weitere Aufblühen der Kolonie jedenfalls fördern mußte.

Jetzt wurden sofort die nötigen Vorbereitungen in Angriff genommen. Noch wenige Tage, und die »Licorne« würde bereit sein, die Einbuchtung der östlichen Küste zu verlassen, die nach ihr getauft worden war. Sofort nach vollendeter Auftakelung sollte die englische Korvette auslaufen und nach dem Kap der Guten Hoffnung segeln.

Jenny wollte natürlich einige Sachen, die sie eigenhändig auf dem Rauchenden Felsen angefertigt hatte, mitnehmen oder vielmehr dem Oberst Montrose mitbringen. Jeder Gegenstand erinnerte sie ja an das Leben, das sie in mehr als zweijähriger Verwaistheit so mutig ertragen hatte. Fritz bekümmerte sich auch um diese Gegenstände, die er gleich einem Schatz behüten wollte.

Der ältere Zermatt übergab seinen Söhnen allerlei, was einen Handelswert hatte und auf den Märkten Englands voraussichtlich verkauft werden konnte, darunter Perlen, die in großer Menge aufgefischt worden waren und einen hohen Wert repräsentierten, Korallen, die man an den Eilanden und längs der Nautilusbai gesammelt hatte, und Vanilleschoten, mit denen mehrere Säcke gefüllt wurden.

Mit dem durch den Verkauf dieser verschiedenen Dinge erlangten Gelde sollte Fritz allerlei einkaufen, was für die Kolonie gebraucht würde, einen Vorrat, der auf dem ersten Schiffe verfrachtet werden sollte, das die Kolonisten für ihre Rückfahrt gewählt hätten. Diese Waren bildeten übrigens eine so bedeutende Ladung, daß sie ein Fahrzeug von mehreren hundert Tonnen zu ihrer Überführung beanspruchte.

Andererseits schloß Zermatt mit dem Lieutenant Littlestone auch verschiedene Tauschgeschäfte ab. Er verschaffte sich dadurch mehrere Fäßchen Wein und Branntwein, Kleidungsstücke, Wäsche und Schießbedarf, darunter ein Dutzend Tönnchen Pulver nebst Gewehrkugeln, Blei und Geschosse. Konnte die Neue Schweiz auch die gewöhnlichen Bedürfnisse ihrer Bewohner befriedigen, so war es doch rätlich, mit allem wohlversorgt zu sein, was die Benützung der Feuerwaffen sicherte. Das machte sich nicht allein wegen der Jagd nötig, sondern auch in Hinblick auf die Verteidigung für den – wenn auch wenig wahrscheinlichen – Fall eines Überfalles der Kolonisten durch Seeräuber oder durch wilde Eingeborene, wenn es solche in der noch unbekannten Berggegend im südlichen Teile der Insel gab. Gleichzeitig übernahm es der Kommandant der »Licorne«, den Angehörigen der früher umgekommenen Passagiere die Wertsachen zuzustellen, die von dem gescheiterten »Landlord« noch geborgen worden waren. Neben barem Gelde im Betrage von mehreren tausend Piastern befanden sich darunter Halsbänder, Spangen, Ringe, goldene und silberne Uhren, kurz, eine ganze Sammlung kostbarer, wenn auch oft unnützer Dinge. Abgesehen von ihrem Goldwerte, mußten diese Gegenstände für die Verwandten der Verunglückten doch auch als Andenken von hohem Werte sein.

Ein Tagebuch, das der ältere Zermatt seit der ersten Zeit seines Aufenthaltes hier sorgsam geführt hatte, sollte Fritz nach England mitnehmen, um der Neuen Schweiz ihren Platz in der geographischen Nomenklatur zu sichern.*

Am Tage vor der Abfahrt waren diese Vorbereitungen beendigt. Alle Stunden, über die er frei verfügen konnte, hatte der Lieutenant Littlestone im angenehmsten Verkehr mit der Familie Zermatt verbracht. Man gab sich hier der sichern Erwartung hin, daß er vor Ablauf eines Jahres, nach dem Anlaufen des Kaplandes und nachdem er in London die Befehle der Admiralität bezüglich der Kolonie erhalten hätte, zurückkehren werde, um von dieser offiziell im Namen Großbritanniens Besitz zu ergreifen. Mit dem Wiedereintreffen der »Licorne« würde die ganze Familie Zermatt wieder beisammen sein und sich in Zukunft niemals mehr trennen.

Schließlich kam der 19. Oktober heran.

Seit dem Tage vorher hatte die Korvette die »Licorne«-Bucht verlassen und eine Kabellänge von der Haifischinsel entfernt Anker geworfen.

Ein trauriger Tag für das Zermattsche Ehepaar und für Ernst und Jack, von denen Fritz, Franz und Jenny am folgenden Morgen scheiden sollten, ebenso wie für Herrn und Frau Wolston, da ja deren Töchterchen Doll auch mit abfuhr. Wer hätte jetzt von all diesen mutigen Herzen eine ihre Kräfte übersteigende Festigkeit fordern können, und wie hätten sie vermocht, ihre Tränen zurückzuhalten?

Der ältere Zermatt bemühte sich zwar, seinen Schmerz zu verhehlen, doch gelang ihm das nur wenig. Betsie und Jenny lagen einander weinend in den Armen. Mit Tagesanbruch entführte die kleine Schaluppe die Abreisenden nach der Haifischinsel. Zermatt und seine Gattin, Ernst, Jack und Herr

*Dieses Tagebuch erschien später unter dem Titel »Der Schweizer Robinson«.

und Frau Wolstone nebst deren älterer Tochter gaben ihnen das Geleit.

Hier auf der kleinen Insel, nahe der Einfahrt zur Rettungsbucht wurde zum letzten Male Abschied genommen, während die Schaluppe das gesamte Gepäck nach der Korvette beförderte. Alle preßten einander lang und innig in die Arme. Schriftlich in Verbindung zu bleiben, davon konnte keine Rede sein, denn zwischen England und der Neuen Schweiz war kein Briefverkehr möglich. So sprachen alle nur von dem ersehnten Wiedersehen, von der möglichst schnellen Heimkehr und von der Wiederaufnahme des gemeinschaftlichen Lebens. Dann nahm das große Boot der »Licorne« Jenny Montrose, Doll Wolston, sowie Fritz und Franz auf und brachte sie an Bord des Kriegsschiffes.

Eine halbe Stunde später lichtete dieses die Anker und steuerte bei recht günstigem Nordostwind auf die hohe See hinaus, nachdem es mit drei Kanonenschüssen die Flagge der Neuen Schweiz salutiert hatte.

Diesen drei Schüssen antworteten die jetzt von Ernst und Jack bedienten Geschütze der Haifischinsel. Nach einer weiteren Stunde waren auch die obersten Segel der »Licorne« hinter den äußersten Felsen des Kaps der Getäuschten Hoffnung verschwunden.

Viertes Kapitel

Die Vergangenheit der Neuen Schweiz. – Ein Rückblick auf zehn Jahre. – Die erste Ansiedlung der Familie Zermatt. – Die wichtigsten Vorkommnisse nach dem Tagebuche des älteren Zermatt. – Das Ende des zehnten Jahres.

Zum besseren Verständnis für den Leser folge nun hier eine gedrängte Übersicht über die ersten Jahre, die die Schiffbrüchigen vom »Landlord« in der Neuen Schweiz zugebracht hatten.

Am 7. Oktober 1806 wurde eine ganze Familie an ein unbekanntes Land im Osten des Indischen Ozeans geworfen.

Das Haupt der aus der Schweiz stammenden Familie nannte sich Johann Zermatt; seine Gattin hieß Betsie. Der erstere zählte damals sechsunddreißig, die zweite dreiunddreißig Jahre. Sie hatten vier Kinder, vier Söhne, dem Alter nach geordnet: Fritz von fünfzehn, Ernst von zwölf, Jack von zehn und Franz von fünf Jahren.

Am siebenten Tag eines furchtbaren Sturmes war der »Landlord«, auf dem sich Zermatt mit den Seinen befand, inmitten dieses ausgedehnten Meeres aus seinem Kurs verschlagen worden. Wahrscheinlich weiter nach Süden, als die Linie seiner Fahrt, getrieben, war das Schiff an seinem Bestimmungsorte Batavia, ohne diesen gesehen zu haben, vorübergekommen und auf einer Felsenbank, etwa zwei Lieues von der Küste, gescheitert.

Zermatt war ein intelligenter und wohlunterrichteter Mann, Betsie eine mutige und opferwillige Frau. Ihre Kinder zeigten voneinander abweichende Charakterzüge. Fritz war unerschrocken und körperlich sehr gewandt, Ernst der lernbegierigste, dabei aber etwas egoistisch, Jack war ziemlich unüberlegt und recht mutwillig, und Franz jenerzeit ja noch ein Kind. Im übrigen hielt die Familie aber fest zusammen und war sicherlich fähig, sich in jeder Lage zu helfen, selbst unter den höchst traurigen Verhältnissen, in die ein unglückliches Geschick sie gestürzt hatte. Daneben hegten alle ein tiefes, religiöses Gefühl. Sie hatten den einfachen und aufrichtigen Glauben des Christen, der an den Lehren der Kirche nicht mäkelt und dessen Freudigkeit auch abweichende Anschauungen nicht zu trüben vermögen.

Zermatt hatte nach Veräußerung des Besitztums der Familie jenerzeit die Heimat verlassen, um sich in einer der überseeischen holländischen Kolonien anzusiedeln, die gerade in verlockendster Blüte standen und einem unternehmenden, fleißigen Manne die günstigsten Aussichten boten.

Nach einer glücklichen Fahrt über den Atlantischen Ozean und einen großen Teil des Indischen Meeres sollte aber der »Landlord«, auf dem er sich mit seiner Familie eingeschifft hatte, zugrunde gehen. Von der ganzen Besatzung und den Passagieren des Fahrzeuges blieben er selbst, seine Gattin und seine Kinder als die einzigen übrig, die sich aus dem Schiffbruche retten konnten. Dazu war es aber nötig gewesen, das zwischen den Riffen auf und ab schwankende Wrack so schnell wie möglich zu verlassen. Dessen Rumpf war schon geborsten, die Masten geknickt, der Kiel fast durchgebrochen, und es lag die Gefahr nahe, daß es bei seiner gegen den Wogenschlag ungeschützten Lage durch den nächsten heftigen Windstoß vollends zertrümmert und versenkt werden könnte.

Durch die Vereinigung eines halben Dutzends leerer Tonnen mittels tüchtiger Taue und starker Planken war es Zermatt mit Unterstützung seiner Söhne gelungen, noch vor Ablauf des Tages eine Art Boot oder Floß herzustellen, das alle die Seinen aufnehmen konnte. Das Meer hatte sich inzwischen so weit beruhigt, daß es nur noch eine mäßige Dünung zeigte, und die steigende Flut trieb das Wasser dem Strande zu. Nachdem das Notfahrzeug an einem ausgedehnten, an der Steuerbordseite liegenden Vorgebirge vorübergekommen war, stieß es bei einem kleinen Einschnitte, durch den ein Bach ausmündete, ans Land.

Während noch die verschiedensten vom Schiffe mitgenommenen Gegenstände ans Ufer geschafft wurden, errichtete man schon ein Zelt an dieser Stelle, die später den Namen Zeltheim erhielt. Nach und nach wurde das Lager hier vollständiger ausgestattet mit vielen Frachtstücken, die Zermatt und seine Söhne an den nächsten Tagen noch aus dem Laderaume des »Landlord« bargen. Darunter befanden sich Geräte und Werkzeuge aller Art, Leibwäsche, konserviertes Fleisch, Sämereien, Pflanzen, Gewehre, Fässer mit Wein und Likören, Kistchen mit Bisquit, Käse und Schinken, Kleidungsstücke, Bettzeug – kurz alles, was ein Fahrzeug von vierhundert Tonnen an Bedürfnissen für eine neue Niederlassung mitzuführen pflegt.

Außerdem erwies sich die Küste sehr reich an Haar- und Federwild. Gruppenweise zogen Agutis, eine Art Hasen mit Eberkopf, Ondatras, eine Art Moschusratten, Büffel, Enten, Flamingos, Trappen, Auerhähne, Wasserschweine und Antilopen vorüber. Im Gewässer einer Bai, die sich vor der Bucht ausbreitete, wimmelte es von Lachsen, Stören, Heringen und vielerlei anderen Fischen; von Mollusken gab es da Miesmuscheln und Austern, von Krustentieren Hummern, Langusten (Heuschreckenkrebse) und Krabben. Das benachbarte Land erzeugte Cassava und Bataten und war von Baumwollstauden, Kakaobäumen, Magnolien, Palmen und anderen Gewächsen der Tropenzone bedeckt.

Auf diesem Lande, von dessen Lage sie keine Ahnung hatten, schien das Leben der Schiffbrüchigen reichlich gesichert zu sein.

Wir erwähnen nebenbei, daß auch einige Haustiere nach

und nach bei Zeltheim ans Ufer gesetzt werden konnten: Türk, eine englische Dogge, Bill, eine dänische Hündin, zwei Ziegen, sechs Schafe, eine tragende Zuchtsau, ein Esel, eine Kuh, eine Menge Federvieh, wie Hähne, Hühner, Kapaune, Gänse, Enten und Tauben, die sich voraussichtlich an den Wasserlachen, Sümpfen und auf den Wiesenstrecken in der Nähe der Küste halten und vermehren würden.

Die letzten Fahrten nach dem Schiffe entleerten dieses vollständig von allem, was es an wertvollen und nützlichen Dingen noch enthielt. Mehrere kurze Vierpfünder wurden ans Land geschafft, um im Notfalle zur Verteidigung des Lagers zu dienen, ebenso wie eine Pinasse, ein leichtes Fahrzeug, dessen sorgsam numerierte Stücke ohne große Mühe zusammengestellt werden konnten, und das man zu Ehren Betsies auf den Namen »Elisabeth« taufte. Zermatt verfügte damit über ein als Brigantine getakeltes Fahrzeug von fünfzehn Tonnen mit viereckigem Heck und mit Verdeck über dem Hinterteile. Mit diesm war es nun leicht, die Gewässer nach Osten und nach Westen hin zu befahren und die naheliegenden Vorgebirge, das eine, das sich scharf zugespitzt im Norden erhob, und das zweite, das sich Zeltheim gegenüber auftürmte, bei Gelegenheit zu umschiffen.

Da die Mündung des Rio von hohen, schwer zugänglichen Felsen umschlossen war, mußte es leicht sein, sich hier, wenigstens gegen Raubtiere, zu verteidigen. Ungelöst blieb aber die Frage, ob Zermatt und die Seinigen sich jetzt auf der Küste einer Insel oder eines Festlandes befanden, das die Gewässer des Indischen Ozeans begrenzten.

Vor dem Schiffbruche war in dieser Beziehung von dem Kapitän des »Landlord« nur folgendes zu erfahren gewesen:

Das Schiff näherte sich bereits Batavia, als es von einem Sturme überfallen wurde. Im Laufe von sechs Tagen war es jedenfalls weit aus seinem Kurse verschlagen und nach Südosten zu getrieben worden. Am letzten Tage vorher lautete das Besteck (die Ortsbestimmung) des Kapitäns: 13 Grad 40 Minuten südlicher Breite und 114 Grad 5 Minuten östlicher Länge von Ferro (Kanarien). Da der Wind beständig aus Norden geweht hatte, war anzunehmen, daß bezüglich des Längengrades keine bedeutende Änderung eingetreten sei. Hielt er an dem hundertvierzehnten Längengrade als annähernd richtig fest, so konnte Zermatt bei einer Breitenbestimmung mittels Sextanten schließen, daß der »Landlord« etwa um sechs Grade (667 Kilometer) nach Süden verschlagen worden sei, und daß die Küste bei Zeltheim zwischen dem neunzehnten und dem zwanzigstens Parallelkreise liegen werde.

Das Land hier war in runder Zahl also gegen dreihundert Seemeilen westlich von Australien oder Neuholland entfernt. Obwohl sich Zermatt jetzt im Besitze einer Pinasse sah, würde er sich, trotz des Verlangens nach einer Heimkehr ins Vaterland, nie entschlossen haben, seine Familie auf diesem gebrechlichen Fahrzeuge der Wut der in den hiesigen Meeresteilen so häufigen Zyklone und Tornados auszusetzen.

Unter den Verhältnissen, in denen die Schiffbrüchigen sich befanden, konnten sie weitere Hilfe nur von der Vorsehung erwarten. Jenerzeit kamen die Segelschiffe, die nach den holländischen Kolonien steuerten, wenn sie durch diesen Teil des Indischen Ozeans fuhren, stets sehr weit von hier vorüber. Die damals noch so gut wie unbekannte und übrigens auch schwer zugängliche Westküste Australiens hatte für den Handel wie für die Geographie keinerlei Bedeutung.

Zu Anfang begnügte sich die Familie damit, unter dem Zelte in Zeltheim zu wohnen, das am rechten Ufer des Wasserlaufes lag, der infolge eines Angriffes durch Raubtiere nach diesen der Schakalbach genannt wurde. Inmitten der hohen Felsen wurde die von keinem Seewinde gemäßigte Hitze aber nahezu erstickend.

Zermatt beschloß deshalb, sich auf dem nordsüdlich verlaufenden Teile der Küste anzusiedeln, und zwar etwas jenseits der Rettungsbucht, welch bezeichnenden Namen die Bai erhalten hatte.

Bei Gelegenheit eines Ausfluges nach dem Ende eines prächtigen Waldes, nicht fern vom Meere, gelangte Zermatt zu einem ungeheueren Magnolienbaume, der zu der Abart der Bergmagnolien gehörte und dessen niedrigste Äste sich gegen sechzig Fuß oberhalb des Erdbodens ausbreiteten. Auf mehreren dieser starken Äste gelang es dann dem Vater und seinen Söhnen, aus verschiedenen, vom Schiffe herrührenden Planken eine Plattform zusammenzuzimmern. Darauf wurde eine Wohnung »in der Luft« erbaut und mit einem festen Dache versehen, die man in mehrere Räume oder Zimmer teilte und ihrer Lage wegen »Falkenhorst« nannte. Bald zeigte sich hier, wie bei gewissen Weiden, die sozusagen nur noch von ihrer Rinde leben, daß diese Magnolie ihr Kernholz zum größten Teile verloren hatte. In dem Hohlraume, worin sich übrigens viele Bienenschwärme angesiedelt hatten, ließ sich bequem eine Wendeltreppe errichten zum Ersatze der Strickleiter, die zuerst den Zutritt nach Falkenhorst vermittelt hatte.

Inzwischen waren mehrfache Auskundschaftungen über eine Strecke von drei Lieues unternommen und bis zum Kap der Getäuschten Hoffnung ausgedehnt worden, bis zu dem Kap, das diesen Namen davon erhielt, daß Zermatt hier die Hoffnung aufgegeben hatte, noch einzelne Matrosen oder Passagiere vom »Landlord« wiederzufinden.

Am Eingange zur Rettungsbai und Falkenhorst gegenüber lag ein Eiland von einer halben Lieue Umfang, das man Haifischinsel nannte, weil hier am Tage, wo das Tonnenfloß die Haustiere nach Zeltheim brachte, ein solcher Raubfisch gestrandet war.

Hatte hier ein Hai die Veranlassung gegeben, diese Insel nach ihm zu benennen, so war es einige Tage später ein Walfisch, nach dem ein, nur eine Viertellieue umfassendes Eiland vor der kleinen Flamingobucht, nördlich von Falkenhorst, getauft wurde. Der Verkehr zwischen dieser Wohnung und dem etwa eine Lieue davon entfernten Zeltheim wurde durch die Erbauung der Familienbrücke erleichtert, die man später durch eine über den Schakalbach geschlagene Drehbrücke ersetzte.

Die ersten Wochen hindurch wohnte die Familie unter dem Zelte. Da aber die bessere Jahreszeit noch anhielt, als Falkenhorst schon fertig war, siedelte Zermatt mit den Haustieren nach dahin über. Die riesigen Bodenwurzeln des Magnolienbaumes wurden mit geteerter Leinwand überdeckt und dienten nun als Ställe.

Inzwischen rüstete man sich gegen die Wiederkehr der Wintersaison, die, wenn sie auch keine eigentliche Kälte brachte, doch mit den heftigen Stürmen der Tropenzone drohte, mit Stürmen, die neun bis zehn Wochen lang sehr häufig auftraten. In Zeltheim wohnen zu bleiben, nachdem dort alles Frachtgut vom »Landlord« untergebracht wäre, das hieß, die ganze wertvolle Ladung, die aus dem Schiffbruche geborgen worden war, wieder aufs Spiel setzen. Dieses einfache Lager versprach keine hinreichende Sicherheit. Die Regenfälle mußten den Bach stärker füllen, ihn zum reißenden Bergstrome verwandeln, und wenn er dabei aus den Ufern trat, wären alle leichten Anlagen von Zeltheim mit weggerissen worden.

Der ältere Zermatt bemühte sich, mit gutem Grunde, eine sichere Zufluchtsstätte zu finden; da kam ihm der Zufall unter folgenden Umständen zu Hilfe:

Nahe dem rechten Ufer des Schakalbaches, ein wenig hinter Zeltheim, erhob sich eine dicke Felswand, in der sich mit Spitzaxt und Hammer, wenn nötig durch Sprengung mit Pulver, eine Grotte aushöhlen ließ. Fritz, Ernst und Jack machten sich an die Arbeit; diese schritt aber nur sehr langsam vorwärts, als eines Morgens die Spitzhaue Jacks plötzlich die Felsenwand durchschlug.

»Ich habe den Berg durchbrochen!« rief der junge Mann.

Und siehe da, in der Steinmasse bestand schon eine geräumige Höhle. Ehe sie jemand betrat, wurden zum Reinigen der Luft brennende, trockene Grasbüschel und nachher noch einige Granaten hineingeworfen, die aus den Vorräten des Feuerwerkers vom »Landlord« herrührten. Bei loderndem Fackelscheine betraten der Vater, die Mutter und deren Söhne die Höhle und staunten voller Bewunderung über die von der Decke herabhängenden Stalaktiten, über die Kristallisationen aus Steinsalz, womit sie geschmückt war, und über den Teppich aus feinem Sande, der den Boden bedeckte.

Die Grotte wurde sofort als Wohnstätte eingerichtet. Man versah sie mit Fenstern von der früheren Galerie des Schiffes und mit Schloten zum Abzuge des Rauches aus den Öfen. Nach links hin folgten sich dann ein Arbeitszimmer, die Ställe für das größere Vieh und für die Haustiere, und nach rückwärts lagen mehrere, durch Plankenwände getrennte Schuppen. Nach rechts hin wurden drei Zimmer angelegt, das erste für die Eltern der Familie, das zweite als Eßzimmer und das dritte für die vier Kinder, deren Hängematten an der Decke befestigt waren. Noch einige Wochen, und diese Wohnung ließ gewiß nichts mehr zu wünschen übrig.

Daneben wurden auf den Wiesenflächen und in den Gehölzen an der Westseite des Uferlandes, das sich zwischen Falkenhorst und dem Kap der Getäuschten Hoffnung auf drei Lieues hin ausdehnte, noch weitere Anlagen geschaffen. So legte man z. B. die Meierei von Waldegg in der Nähe eines kleinen Sees an, der der Schwanensee genannt worden war; ferner etwas weiter im Innern die Meierei von Zuckertop, auf einem Hügel, nahe dem Kap, die Villa des Prospekt-Hill, und endlich die sogenannte Einsiedelei von Eberfurt bei dem Engpasse der Kluse, der diesen Teil des Gelobten Landes nach

Westen zu abschloß.

Das Gelobte Land, so hieß diese überraschend fruchtbare Gegend, die im Süden und Westen eine vom Schakalbache bis zum Ufer einer anderen Bai, der Nautilusbai, reichende Felsenwand schützte. Nach Osten zu dehnte sich die Küste zwischen Felsenheim und dem Kap der Getäuschten Hoffnung aus. Im Norden lag das offene Meer. Dieser Landstrich von vier Lieues Länge und drei Lieues Breite genügte allein schon für alle Bedürfnisse der Familie. Hier lagen die Gehege und Weideplätze für die Haustiere und für die, die man später teils gezähmt, teils nur eingefangen hatte, wie für einen Onagra (wilden Esel), zwei Büffel, einen Strauß, einen Schakal, einen Affen und einen Adler. Hier blühten und wuchsen neben den einheimischen Bäumen die Obstbäume, von denen der »Landlord« allerlei Arten mitgeführt hatte, wie Orangenbäume, Pflaumen-, Äpfel-, Aprikosen-, Maronen-, Kirsch- und Birnbäume, und dazu Weinreben, die unter der heißen Sonne des Landes einen Wein zu liefern versprachen, der den gewöhnlichen Palmenwein der Tropenzone jedenfalls bei weitem übertraf.

Gewiß unterstützte die Natur sehr wesentlich die beklagenswerten Schiffbrüchigen, immerhin blieb diesen noch genug Arbeit übrig, die ebensoviel Tatkraft wie Intelligenz erforderte. Sie bedingte erst das Gedeihen dieses Landes, das jene zur Erinnerung an ihre Heimat die Neue Schweiz getauft hatten.

Ehe noch das erste Jahr verging, war von dem auf der Klippenbank gescheiterten Schiffe nichts mehr übrig. Eine von Fritz vorbereitete Explosion hatte davon die letzten Trümmer zerstreut, die dann nach und nach am Strande aufgelesen wurden. Natürlich war vorher noch alles, was es an Wertgegenständen enthielt, daraus entfernt worden, die Waren, die zum Handel mit den Pflanzern von Port-Jackson oder mit den Wilden Ozeaniens hätten dienen sollen, ebenso wie das kostbarere Eigentum der anderen Passagiere, z. B. Uhren, silberne Schnupftabakdosen, Ringe, Halsbänder und an Gold- und Silbermünzen eine recht ansehnliche Summe in Piastern, die freilich in diesem unbekannten, im Indischen Ozean verlorenen Lande zunächst keinen Wert hatten. Weit nützlicher waren dagegen andere, aus dem »Landlord« geborgene Dinge, wie Eisenstangen, Bleibarren, Wagenräder, die zum Ansetzen fertig waren, Wetzsteine, Spitzhauen, Sägen, Hacken, Schaufeln, Pflugscharen, Eisendrahtrollen, Werkbänke, Schraubstöcke, Werkzeuge für Tischler, Schlosser und Schmiede, Handmühlen, Sägemühlenzubehör und dazu allerlei Sämereien von Nutzpflanzen, von Mais, Hafer, Erbsen, Wicken und anderen Hülsenfrüchten, die der Neuen Schweiz von großem Nutzen zu sein versprachen.

Es sei hier noch nebenbei hervorgehoben, daß die Familie die erste Regenzeit unter recht günstigen Verhältnissen verlebte. In der Hauptsache waren alle beschäftigt, die Grottenwohnung so gut wie möglich herzurichten. Die Mutter der Familie leitete diese Arbeiten, die vom besten Erfolge gekrönt wurden. Die vom Schiffe herübergeholten Möbel, Stühle und Bänke, Schränke und Wandgestelle, Sofas, Betten – alles wurde in die verschiedenen Räumlichkeiten der Wohnung verteilt, und da diese jetzt nicht mehr aus dem Zelte bestand, gab man ihr anstelle der früheren der Namen Felsenheim.

Mehrere Jahre verstrichen. Kein Fahrzeug war in dieser entlegenen Gegend erschienen, obwohl nichts unterlassen worden war, den Aufenthaltsort der Überlebenden vom »Landlord« auch von weither erkennen, wenigstens vermuten zu lassen. Von einer auf der Haifischinsel errichteten Batterie, die aus zwei kurzen Vierpfündern bestand und von einer Flagge überragt war, gaben Fritz und Jack von Zeit zu Zeit einige Kanonenschüsse ab, freilich ohne je eine Antwort vom offenem Meere her zu erhalten.

Es schien übrigens nicht so, als ob die Neue Schweiz in der Nachbarschaft des von hier aus übersehbaren Landesteils bewohnt wäre. Sie mußte offenbar ziemlich groß sein, denn eines Tages bei einem Ausflug nach Süden und bis zu der Felsenwand, die der Engpaß der Kluse unterbrach, erreichten Zermatt und seine Söhne eine von üppiger Vegetation erfüllte Talmulde, die sie Grüntal nannten. Oben von der jenseitigen Talwand aus bot sich ein umfassender Fernblick bis zu dem von einer Bergkette abgeschlossenen Horizonte, eine Entfernung die gegen zehn Lieues betragen mochte. Ob auf diesem gänzlich unbekannten Gebiete wilde Volksstämme hausten, war eine gewiß ernstzunehmende Frage. In der Umgebung des Gelobten Landes hatte sich davon allerdings noch keine Andeutung gezeigt. Hier bildeten die einzige Gefahr etwaige Überfälle von Raubtieren, die sich außerhalb des eigentlichen Ansiedlungsbezirks aufhielten, z. B. von Bären, Tigern, Löwen oder Schlangen, unter anderen einer ungeheuren Boa

(Riesenschlange), der schon der Esel zum Opfer gefallen war, als sie sich einmal bis in die Nähe von Felsenheim herangeschlichen hatte.

Wir zählen hier die einheimischen Naturerzeugnisse auf, die der ältere Zermatt, dank seinen gründlichen Kenntnissen in der Naturgeschichte, der Botanik und der Geologie, recht vorteilhaft zu verwerten wußte. Zunächst wäre da ein Baum zu nennen, der einem wilden Feigenbaume ähnelte, und aus dessen gefurchter Rinde ein harzartiger Stoff ausschwitzte, der ihm Kautschuk lieferte, das, außer zu mancherlei Gegenständen, vorzüglich zur Anfertigung wasserdichter Stiefel Verwendung fand. Aus gewissen, in Dickichten zusammenstehenden Büschen der »*Myrica cerifera*« gewann man eine Art Wachs, das sich zu Kerzen eignete. Die Schalen der Kokosnüsse, ohne von deren wohlschmeckendem Inhalt zu reden, verwandelten sich in Becher und Tassen, die jedem Stoße widerstanden. Aus den Schößlingen der Palmen gewann man ein erfrischendes Getränk, den sogenannten Palmenwein, aus Kakaoschoten eine freilich etwas bittere Schokolade, aus dem Mark der Sagopalme, das erst angefeuchtet und dann gedörrt wurde, ein sehr nahrhaftes Mehl, das Betsie häufig bei der Speisebereitung verwendete. Auch an Süßstoffen fehlte es niemals, dank den zahlreichen Bienenvölkern, die Honig in Überfluß erzeugten. Flachs erhielt man aus den lanzettförmigen Blättern des *Phormium tenax*, die zu kardätschen und zu verspinnen allerdings einige Mühe verursachte. Eine Art Gips gewann man durch das Ausglühen und Pulverisieren der Felsabfälle von den Wänden in Felsenheim; selbst Baumwolle, dieses so begehrte Material, fand sich in dichtgefüllten Kapseln des hier wild wachsenden Strauches. Aus dem zarten Mehle von Walkerde, die sich in einer anderen Grotte fand, ließ sich eine ganz brauchbare Seife erzeugen. Ferner gab es hier die unter dem Namen *Cachiman* bekannten, überaus saftigen Zimtäpfel. Die Rinde der *Ravensara* lieferte ein Gewürz, worin der Wohlgeruch der Muskate und der Würznägelein sich vereinigte. In einer kleinen Höhle der Nachbarschaft wurde mit Amiantfäden überkreuzter Glimmer entdeckt, der sich recht gut zu Fensterscheiben verarbeiten ließ. Pelzwerk lieferten die zahlreich vorkommenden Moschusratten und Angorakaninchen. Außerdem fand sich Euphorbiumharz für mancherlei medizinischen Gebrauch, Porzellanerde und gab es Honigwein (Met) als Erquickungsgetränk und sogar eine

Art vortrefflicher Konfitüren aus Meeralgen, die an der Walfischinsel gewonnen wurden, und die Frau Zermatt ganz ähnlich denen des Kaps der Guten Hoffnung zuzubereiten verstand.

Diesen Bodenerzeugnissen sind noch die Hilfsquellen hinzuzurechnen, die die Tierwelt der Neuen Schweiz den mutigen Jägern darbot. Unter den Raubtieren, gegen die sie sich, wenn auch selten, zu verteidigen hatten, gab es hier Tapire, Löwen, Bären, Schakale, Tiger und Tigerkatzen, Krokodile, Panther, Elefanten und auch große Mengen von Affen, die wegen der Verwüstungen, die sie anrichteten, vor allem abgeschossen werden mußten. Von Vierfüßlern, von denen einzelne gezähmt werden konnten, wären zu nennen: wilde Esel und Büffel, sowie von Vögeln: ein Adler, den sich Fritz zum Jagdgehilfen abrichtete, und ein Strauß, den Jack mit Vorliebe als Reittier benutzte.

Feder- und Haarwild gab es in den Wäldern von Waldegg und der Einsiedelei Eberfurt in Überfluß. Der Schakalbach lieferte vorzügliche Krebse. Zwischen den Uferklippen wimmelte es von Schal- und Krustentieren, und endlich war auch das Meer noch reich an Heringen, Stören, Lachsen und verschiedenen anderen Fischen.

Die Ausflüge der Ansiedler dehnten sich, trotz ihres langen Aufenthaltes hier, nach der einen Seite doch niemals weiter aus, als von der Nautilusbai bis zur Rettungsbucht, auf der anderen, jenseits des Kaps der Getäuschten Hoffnung, wurde die Küste dagegen auf eine Strecke von zehn Lieues genauer besichtigt. Zermatt besaß jetzt ja, außer der Pinasse, eine unter seiner Leitung gebaute Schaluppe. Außerdem wurde auf Verlangen Fritzens eines jener Boote, wie sie die Grönländer benützen, ein sogenannter Kajak, hergestellt, zu dessen Rippen man Knochen eines am Eingange der Flamingobai gestrandeten Walfisches verwendete, während Seehundhäute als Wandbekleidung dienten. Dieses tragbare und infolge seiner Kalfaterung mit Pech und Moos völlig wasserdichte Kanu hatte oben nur zwei Öffnungen für zwei Ruderer, doch konnte die zweite auch hermetisch verschlossen werden, wenn das Fahrzeug nur von einer Person gebraucht werden sollte. Es wurde zuerst auf den Schakalbach gesetzt, der es nach der Rettungsbucht hinaustrug, wobei es sich ganz nach Wunsch bewährte.

Zehn Jahre verliefen so ohne ernstere Unfälle. Der nun

fünfundvierzig Jahre alte Zermatt erfreute sich einer unerschütterlichen Gesundheit, einer geistigen und körperlichen Ausdauer, die die Anforderungen einer so außergewöhnlichen Existenz nur noch verstärkt hatten. Betsie, seine mutige Gattin, die energische Mutter von vier Söhnen, trat jetzt in das dreiundvierzigste Jahr ein. Körperlich kräftig und frischen Herzens, hatte weder die Liebe zu ihrem Gatten, noch die zärtliche Zuneigung für ihre Kinder bei der wackeren Frau abgenommen.

Der jetzt fünfundzwanzigjährige Fritz zeigte eine bemerkenswerte Kraft, Geschmeidigkeit und Geschicklichkeit; er hatte ein hübsches Gesicht, offene Züge, ein sehr scharfes Auge und zeichnete sich durch hohe Charakterfestigkeit aus.

Ernst, der für seine zweiundzwanzig Jahre mehr als gesetzt erschien und mehr nach geistiger als nach körperlicher Ausbildung strebte, unterschied sich hierdurch von Fritz und hatte sich durch fleißige Benützung der aus dem »Landlord« geretteten Büchersammlung recht umfassende Kenntnisse angeeignet.

An Jack erkannte man seine zwanzig Jahre. Er war die Lebhaftigkeit selbst, immer in Bewegung, unternehmungslustig wie Fritz und ein Freund der fröhlichen Jagd wie dieser.

Obgleich der kleine Franz nun schon ein großer Knabe von sechzehn Jahren geworden war, behandelte und liebkoste ihn seine Mutter doch ganz so, als ob er noch ein zehnjähriges Kind wäre.

Das Leben dieser Familie verlief also so glücklich wie möglich, und wiederholt äußerte sich Frau Zermatt darüber gegen ihren Gatten.

»Ach, lieber Mann«, sagte sie dann, »wäre es nicht ein rechtes Glück, wenn wir mit unseren Kindern immer vereint bleiben könnten, wenn wir, auch hier in unserer Einsamkeit, nicht auch einer nach dem anderen dahingehen und unsere Nachkommen in Trauer um die Verlorenen zurücklassen müßten! Oh, wie würd' ich den Himmel segnen für das Paradies, das er uns hier geschaffen hat! . . . Doch, ach! . . . es wird auch der Tag kommen, wo wir die Augen schließen!«

Das war der größte Kummer, der immer an Betsies Seele nagte. Wiederholt tauschten Zermatt und sie die Sorgen aus, die sie in dieser Hinsicht drückten. Da trat in diesem Jahre ein Ereignis ein, das ihre gegenwärtige Lage, vielleicht die ganze Zukunft der Ansiedlung, ändern konnte.

Als Zermatt mit Ernst, Jack und Franz am 9. April um sieben Uhr früh aus der Wohnung trat, suchte er vergeblich nach seinem ältesten Sohne, den er draußen mit irgendeiner Arbeit beschäftigt glaubte.

Fritz pflegte sich ja häufiger allein zu entfernen, was seine Eltern nicht weiter beunruhigte, obwohl seine Mutter sich immer etwas sorgte, wenn ihr Sohn sich über die Rettungsbucht hinausbegab.

Es unterlag auch jetzt keinem Zweifel, daß der abenteuerlustige junge Mann sich auf dem Meere befand, denn der Kajak fehlte an seinem Anlegeplatze.

Als es schon etwas später am Nachmittage war, begaben sich Zermatt, Ernst und Jack auf der Schaluppe nach der Haifischinsel, um dort die Rückkehr des ältesten Sohnes abzuwarten. Um Betsie nicht in Ungewißheit zu lassen, hatte ihr Gatte versprochen, einen Kanonenschuß abzufeuern, wenn seine Heimkehr sich verzögern sollte.

Das wurde indes nicht nötig. Kaum hatte er mit seinen beiden Söhnen den Fuß auf das Eiland gesetzt, als Fritz schon um das Kap der Getäuschten Hoffnung gefahren kam. Sobald sie ihn bemerkten, begaben sich Zermatt, Ernst und Jack in ihr Boot zurück und trafen in der Bucht bei Felsenheim gerade ein, als auch Fritz ans Ufer sprang.

Dieser mußte nun über seine Fahrt, die gegen zwanzig Stunden gedauert hatte, Bericht erstatten. Seit einiger Zeit hatte er sich schon mit dem Gedanken getragen, die westliche Küste einmal näher in Augenschein zu nehmen. An dem betreffenden Morgen hatte er denn den Kajak bestiegen und seinen Adler Blitz mitgenommen. Außerdem hatte er sich mit einigem Mundvorrate versehen und mit einer Axt, einer Harpune, einem Fischhaken, Netzen, einer Flinte nebst einem Paar Pistolen, auch mit einer Jagdtasche und einer Flasche mit Met ausgerüstet. Der vom Lande her wehende Wind führte ihn bald über das Kap hinaus, und unter Mithilfe der Ebbeströmung war er der Küste gefolgt, die sich weiter draußen wieder mehr nach Südwesten wendete.

Hinter dem Kap und einer Reihe riesiger Felsentrümmer, die hier durch eine mächtige geologische Umwälzung in tollstem Durcheinander verstreut worden sein mochten, dehnte sich wieder eine geräumige Bucht aus, die an der gegenüberliegenden Seite durch ein ganz steil abfallendes Vorgebirge begrenzt war. Diese Bai bildete den Sammelplatz aller Arten von Seevögeln, deren Gekreisch hier die Luft erfüllte. Auf ihrem Strande sonnten sich gewaltige Amphibien, Seewölfe, Robben, Walrosse und andere, während sich auf der Wasserfläche zahllose Völker eleganter Nautilen (sogenannte Perlenoder Schiffsboote – eine Weichtiergattung) umhertummelten.

Fritz hütete sich weislich, jene furchtbaren Säugetiere aufzuscheuchen, noch mehr aber, ihrem Angriffe in seinem gebrechlichen Fahrzeuge zu begegnen; er ruderte deshalb am Außenrande der Bai immer nach Westen weiter.

Nachdem er eine Landspitze von seltsamer Gestalt umschifft hatte, der er den Namen eines Kap Camus gab, drang Fritz unter ein natürliches Bogengewölbe ein, an dessen Pfeilerfüßen das Meer heftig brandete. Hier hielten sich Tausende von Schwalben auf, deren Nester an allen Furchen der Wand und der Deckenwölbung angeheftet oder richtiger angeklebt waren. Fritz löste einige von diesen, recht merkwürdig gebauten Nestern ab und steckte sie in seine Jagdtasche.

»Diese Schwalbennester«, damit unterbrach der ältere Zermatt den Bericht seines Sohnes, »haben auf den Märkten des Himmlischen Reiches einen hohen Handelswert.«

Jenseits des Bogengewölbes fand Fritz den Eingang zu einer zweiten Bucht, die zwischen zwei, etwa anderthalb Lieue voneinander entfernten Landvorsprüngen lag. Diese waren wieder durch eine Klippenkette sozusagen verbunden und hatten zwischen einander nur eine sehr enge Wasserstraße, die nicht einmal einem Schiffe von drei- bis vierhundert Tonnen die Einfahrt ermöglicht hätte.

Hinter der Bucht lagen bis über Sehweite hinausreichende Savannen (Grasflächen), die von klaren Wasserläufen durchzogen waren, ferner Gehölze, sumpfige Niederungen und überhaupt eine Lndschaft von vielfach wechselndem Aussehen. Die Bucht selbst hätte Fischern aus Asien, Amerika und Europa unerschöpfliche Schätze von Perlenmuscheln geboten, und Fritz brachte auch einige Prachtstücke von solchen mit heim.

Nachdem er längs des Innenrandes der Bucht hingefahren und dabei auch an der mit Wasserpflanzen dicht bedeckten Mündung eines Flusses vorübergekommen war, erreichte der Kajak das Vorgebirge gegenüber dem Bogengewölbe.

Noch weiter wollte Fritz seinen Ausflug nicht fortsetzen. Da schon viel Zeit verstrichen war, schlug er wieder einen Kurs nach Osten ein, nach dem Kap der Getäuschten Hoffnung zu, und umschiffte dieses, ehe noch ein Geschütz auf der Haifischinsel abgefeuert worden war.

Das war es, was der abenteuerlustige, junge Mann über seine Fahrt berichtete, die zur Entdeckung der Perlenbucht geführt hatte. Als er sich dann mit seinem Vater allein sah, hatte dieser große Mühe, sein Erstaunen zu verhehlen, als ihm sein Sohn noch folgendes mitteilte:

Unter den zahllosen Vögeln, Meerschwalben, Möwen und Fregattvögeln, die das Vorgebirge umschwärmten, zeigten sich auch mehrere Paare von Albatrossen, von denen Fritz einen mit dem Fischhaken erlangen konnte.

Als er den Vogel aber auf seinen Knien hielt, bemerkte der junge Mann ein Stück grobes Segeltuch das um einen Fuß des Tieres gewickelt war und in englischer Sprache folgende ganz gut leserliche Inschrift trug:

»Wer es auch sein mag, dem Gott diese Botschaft einer Unglücklichen übermitteln wird: durchsucht eine vulkanische Insel, erkennbar an der Flamme, die aus einem ihrer Krater emporsteigt. Rettet eine unglückliche Verlassene von dem Rauchenden Felsen!«

Irgendwo in der Neuen Schweiz lebte oder schmachtete also, vielleicht schon seit mehreren Jahren, eine Unglückliche – Mädchen oder Frau – auf einer Insel und gewiß ohne die Hilfsmittel, die der »Landlord« der schiffbrüchigen Familie geliefert hatte.

»Und was hast du getan?« fragte der ältere Zermatt.

»Das einzige, was zunächst zu tun war«, antwortete Fritz. »Ich suchte den Albatros, der durch den Schlag mit dem Haken nur betäubt war, wieder zu beleben, und das gelang auch, als ich ihm ein wenig Met durch den Schnabel eingegossen hatte. Dann schrieb ich mit dem Blute einer Fischotter auf ein Stück von meinem Taschentuch: ›Vertraut auf Gott!... Vielleicht ist seine Hilfe Nahe!‹ Hierauf befestigte ich das Leinenstückchen wieder an einem Beine des Albatrosses, in der Überzeugung, daß der Vogel ein gezähmter sei, nach dem Rauchenden Felsen zurückkehren und meine Botschaft dahin bringen werde. Sobald ich ihm die Freiheit wiedergegeben hatte, flog der Albatros so schnell davon, daß ich ihn bald aus dem Auge verlor. Ihm zu folgen wäre mir also ganz unmöglich gewesen.«

Der ältere Zermatt fühlte sich tief ergriffen. Was konnte wohl geschehen, um jene Unglückliche zu retten? Wo lag der

Rauchende Fels? In der Nachbarschaft der Neuen Schweiz oder Hunderte von Seemeilen davon im Westen? Die Albatrosse sind so kräftige und unermüdliche Vögel, daß sie leicht sehr große Strecken durchfliegen können. Wer konnte nun wissen, ob nicht auch der, um den es sich hier handelte, aus so weiter Ferne hergekommen war, daß die Pinasse dahin gar nicht kommen konnte?

Daß Fritz dieses Geheimnis nur seinem Vater anvertraut hatte, wurde von diesem völlig gebilligt, denn Frau Zermatt und seine Brüder würde diese Mitteilung nutzlos aufgeregt haben; warum ihnen also eine gewiß schmerzliche Unruhe bereiten? Übrigens blieb es ja fraglich, ob die Schiffbrüchige am Rauchenden Felsen überhaupt noch lebte. Die gefundenen Zeilen trugen kein Datum und es konnten vielleicht Jahre verflossen sein, seit sie am Beine des Albatrosses befestigt worden waren.

Das Geheimnis wurde also vorläufig gewahrt; leider schien es aber, als ob gar kein Versuch unternommen werden könnte, die Engländerin aus ihrer trostlosen Einsamkeit zu retten.

Inzwischen hatte der ältere Zermatt beschlossen, die Perlenbucht einmal zu besuchen, um womöglich die Ausdehnung der dortigen Muschelbänke kennenzulernen.

Betsie erklärte sich, wenn auch ungern, bereit, mit Franz allein in der Wohnstätte Felsenheim zurückzubleiben. Fritz, Ernst und Jack sollten nämlich ihren Vater begleiten.

Am zweitfolgenden Tag, am 11. April, verließ die Schaluppe also den kleinen Landeinschnitt im Schakalbach und dessen Strömung trug sie rasch nach Norden hinauf. Auch mehrere Haustiere wurden auf die Fahrt mitgenommen, darunter der Affe Knips II., der Schakal Jacks, die Hündin Bill, die für die Anstrengungen einer solchen Kundschaftsfahrt eigentlich zu alt war, und endlich Braun und Falb, die beiden Hunde, die jetzt bei besten Kräften waren.

Fritz fuhr der Schaluppe in seinem Kajak voraus und schlug nach Umschiffung des Kaps der Getäuschten Hoffnung die Richtung nach Westen ein, quer durch ein Gewirr von Klippen, worauf sich Walrosse und andere an den Küsten heimische Amphibien in großer Menge tummelten.

Diese Tiere waren es jedoch nicht, die die besondere Aufmerksamkeit des älteren Zermatt erweckten, sondern die unzähligen Nautilen, die Fritz schon einmal gesehen hatte. Gleichwie mit einer Flottille beweglicher Blumen war die ganze Bai von diesen hübschen Cephalopoden bedeckt, deren Flügel sich im Winde blähten.

Nach ungefähr drei Lieues langer Fahrt vom Kap der Getäuschten Hoffnung aus, wies Fritz nach dem am äußersten Ende des Nautilusbucht gelegenen Kap Camus (Stumpfnase) hin, das genau die Form einer solchen Nase zeigte. Anderthalb Lieues weiterhin tauchte das Bogengewölbe auf, jenseits dessen sich die Perlenbucht ausdehnte. Beim Einfahren durch das Tor des Gewölbes sammelten Jack und Ernst eine Anzahl der dort hängenden Salanganennester, ein Unterfangen, dem sich deren Bewohner mit begreiflicher Hitze widersetzten.

Als die Schaluppe durch die enge Wasserstraße zwischen dem Bogengewölbe und den Klippenreihen gekommen war, lag die geräumige Bucht, die einen Umfang von sieben bis acht Lieues haben mochte, in ihrer ganzen Ausdehnung vor ihr frei.

Es war ein wirkliches Vergnügen, die herrliche Wasserfläche zu befahren, aus der drei oder vier bewaldete Holme emporragten und die von grünem Wiesenland, dichten Gehölzen und malerischen Hügeln eingerahmt war. Das westliche Ufer durchbrach ein hübscher Fluß, dessen Bett sich weiterhin unter Bäumen verlor.

Die Schaluppe landete in einem kleinen Landeinschnitte in der Nähe der Perlmuschelbank. Da es bereits Abend wurde, ließ Zermatt gleich ein Lager am Ufer des Flusses aufschlagen. Dann wurde ein Feuer angezündet und in der heißen Asche kochte man einige Eier, die neben dem mitgeführten Pemmican, den Bataten und dem Maiszwieback das Abendbrot lieferten. Aus Vorsicht bestiegen nachher aber alle wieder die Schaluppe und überließen es Braun und Falb, das provisorische Lager gegen die Schakale zu verteidigen, deren heulendes Bellen von weiter landeinwärts am Flusse hörbar war.

Drei Tage, vom 12. bis zum 14., verwendete man zum Auffischen von Muscheln, die alle Perlen als kleinere und größere Kugeln in der Perlmuttersubstanz der Schalen eingebettet enthielten. Gegen Abend erlegten Fritz und Jack dann noch Enten und Rebhühner in einem kleinen Gehölze am rechten Ufer des Flusses. Bei dieser Jagd machte sich einige Vorsicht nötig, denn in dem Gehölze hausten nicht wenige Wildschweine und auch noch gefährlichere Tiere.

Am Abend des 14. erschienen nämlich ein Löwe und eine

Löwin, die laut brüllten und die Pranken mit dem mächtigen Schwanze peitschten. Dem männlichen Tiere jagte Fritz eine Kugel wohlgezielt ins Herz, und auch die Löwin brach bald darauf von einer solchen getroffen zusammen, zerschmetterte vorher aber noch mit einem Tatzenschlage den Kopf des armen, alten Bill, was dessen Herrn tief bekümmerte.

Außerhalb es Gebietes des sogenannten Gelobten Landes hausten in diesem Teile der Neuen Schweiz also verschiedene Raubtiere. Daß bisher noch keines davon durch den Engpaß der Kluse eingedrungen war, konnte nur als glücklicher Zufall gelten. Zermatt entwarf jetzt aber sofort seinen Plan, diesen Engpaß, der, wie wir wissen, die Felswand durchschnitt, möglichst zu versperren.

Inzwischen empfahl er ganz allgemein die größte Vorsicht, vor allem aber Fritz und Jack, die ihr Jagdeifer zuweilen zu unüberlegten Ausflügen verleitete, da eine gefährliche Begegnung mit Raubtieren dabei ja niemals ausgeschlossen war.

Der laufende Tag war im übrigen benützt worden, die am Strande aufgehäuften Muscheln zu entleeren, da die große Menge abgestorbener Mollusken einen recht üblen Geruch zu verbreiten anfing. Am nächsten Tage wollte Zermatt mit seinen Söhnen schon frühzeitig zur Rückkehr aufbrechen, da seine Gattin sich wegen ihres langen Ausbleibens doch wohl beunruhigen mochte. Wiederum fuhr der Kajak der Schaluppe voraus. Am Bogengewölbe angelangt, übergab Fritz seinem Vater aber einen Zettel und wandte sich selbst nach Westen. Zermatt konnte schon im voraus annehmen, daß sein Ältester im Begriffe war, nach dem Rauchenden Felsen zu suchen.

Fünftes Kapitel

Rückkehr nach Felsenheim. – Fahrt der »Elisabeth« nach der Perlenbucht. – Eine Rettung. – Ein menschliches Wesen. – Jenny Montrose. – Schiffbruch des »Dorcas«. – Zwei Jahre auf dem Rauchenden Felsen. – Was Fritz berichtete.

Der Leser wird sich leicht die quälende Unruhe vorstellen, die der ältere Zermatt bei dem Gedanken an die Gefahren empfand, denen sein Sohn sich jetzt aussetzte. Da er diesen aber weder davon zurückhalten, noch mit ihm gehen konnte, mußte die Schaluppe nach dem Kap der Getäuschten Hoffnung zurückkehren.

In Felsenheim eingetroffen, wollte Zermatt weder seinen Kindern, noch seiner Frau, etwas von der Fahrt Fritzens und von der Veranlassung dazu mitzuteilen. Damit hätte er diese nicht nur unnütz geängstigt, sondern in ihnen jedenfalls auch leere Hoffnungen erweckt. Er sprach also nur von einer genaueren Besichtigung des westlichen Küstenstriches. Als Fritz aber auch nach dreitägiger Abwesenheit noch nicht wieder erschien, beschloß Zermatt, der sich jetzt selbst ängstigte, ihn womöglich aufzusuchen.

Frühmorgens am 20. April lichtete die »Elisabeth« die Anker. Die ganze Familie hatte sich darauf eingeschifft und für die Fahrt reichlich mit allen Bedürfnissen versorgt.

Einen günstigeren Wind, als den eben herrschenden, konnte man sich gar nicht wünschen. Von Südosten wehte eine mäßige Brise, die es ermöglichte, ziemlich dicht am Lande hinzufahren. Am Nachmittage erreichte die Pinasse das Bogengewölbe, das umschifft wurde, und darauf glitt sie in die Perlenbucht hinein.

Zermatt ließ neben der Muschelbank und an der Flußmündung Anker werfen, wo sich noch die Überreste des ersten Lagers vorfanden, und alle schickten sich bereits an, ans Land zu gehen. Da rief Ernst erschreckt:

»Ein Wilder!... Ein Wilder!«

In der Tat bewegte sich ein Kanu, augenscheinlich bestrebt, von der Pinasse aus unbemerkt zu bleiben, im Westen der Bucht zwischen den bewaldeten Holmen hin.

Bisher hatte noch nichts darauf hingedeutet, daß die Neue Schweiz bewohnt sein könnte. Aus Vorsorge gegen einen etwaigen Angriff, machte die »Elisabeth« »klar zum Gefecht«;

ihre kurzen Kanonen wurden geladen und die Gewehre schußbereit gehalten. Als der vermeintliche Wilde sich aber einmal um mehrere Kabellängen genähert hatte, rief Jack:

»Das ist ja Fritz ... unser Fritz!«

Dieser war es in der Tat. Er saß in seinem Kajak allein. Da er die Pinasse, der er hier zu begegnen ja nicht vermuten konnte, aus größerer Entfernung nicht gleich erkannte, war er nur vorsichtig weiter gefahren und hatte sich überdies Gesicht und Hände geschwärzt.

Als er dann auf die Pinasse gekommen war und seine Mutter und seine Brüder – nicht ohne auf deren Wangen etwas abzufärben – freudig begrüßt hatte, nahm er seinen Vater etwas zu Seite.

»Es ist mir gelungen!« flüsterte er ihm zu.

»Was? ... Befindet sich die Engländerin bei dem Rauchenden Felsen?«

»Ja, sie ist da ... und zwar jetzt auf einer Insel der Perlenbucht«, antwortete Fritz. »Ich hatte euch zuerst für Wilde gehalten und wollte mich keiner Gefahr aussetzen ...«

Ohne seiner Gattin und seinen Kindern ein Wort zu sagen, steuerte Zermatt die Pinasse jetzt nach der ihm von Fritz bezeichneten Insel im Westen der Bucht. Näher herangekommen, sah man darauf einen Palmenhain, der bis fast ans Ufer reichte, und darin eine Hütte nach Art der Hottentottenwohnungen.

Alle gingen ans Land. Nachdem Fritz hier einen Pistolenschuß in die Luft abgegeben hatte, gewahrten die Ankömmlinge einen jungen Mann, der von einem Baume, auf dem er sich versteckt gehalten hatte, sehr gewandt herunterkletterte.

Das vorliegende Geheimnis wurde bald enthüllt. Dieses menschliche Wesen – das erste, dem die Schiffbrüchigen vom »Landlord« seit zehn Jahren begegneten – war kein junger Mann, sondern ein junges Mädchen von höchstens zwanzig Jahren, das die Kleidung eines Leichtmatrosen trug. Jenny Montrose war es, die junge Engländerin vom Rauchenden Felsen.

Frau Zermatt, Ernst, Jack und Franz erfuhren nun, unter welchen Umständen Fritz die traurige Lage dieser Unglücklichen auf einer vulkanischen Insel außerhalb der Perlenbucht kennengelernt, auch daß er mit einigen Zeilen geantwortet hatte, die das junge Mädchen allerdings nicht zu Gesicht bekam, da der Albatros nach dem Rauchenden Felsen nicht zurückgekehrt war.

Wie sollen wir den Empfang schildern, der jetzt Jenny Montrose zuteil wurde, und die Zärtlichkeit, mit der Frau Zermatt sie ans Herz drückte? Jenny sollte ihre Geschichte später erzählen; die der Neuen Schweiz und der Schiffbrüchigen vom »Landlord« war ihr schon durch Fritz bekannt geworden.

Die Pinasse verließ nun mit der ganzen, um die junge Engländerin vermehrten Familie sofort die Perlenbucht. Man sprach dann einmal englisch und einmal deutsch, um sich möglichst zu verständigen. Wie viele Beweise aufrichtiger Zuneigung wurden schon auf dieser Rückfahrt der Geretteten zuteil! Jenny hatte hier ja einen Vater, eine Mutter und mehrere Brüder gefunden. Eine Tochter war es für Zermatt und seine Gattin, eine Schwester für Fritz, Ernst, Jack und Franz, die sie jetzt ihrer geliebten Wohnstätte in Felsenheim zuführten.

Selbstverständlich trug die »Elisabeth« auch die wenigen Geräte, die sich Jenny selbst angefertigt, und die der Kajak von dem Rauchenden Felsen her mitgebracht hatte. Es war ja zu natürlich, daß die arme Verlassene besonderen Wert auf diese Gegenstände legte, die für sie schmerzliche und doch teuere Andenken bildeten.

Auch von zwei lebenden Wesen, zwei getreuen Begleitern, wollte sich das junge Mädchen auf keinen Fall trennen – von einem zum Fischfange abgerichteten Kormoran und einem gezähmten Schakal, der sich mit dem Jacks gewiß gut vertragen würde.

Von der Abfahrt an wurde die »Elisabeth« durch eine frische Brise begünstigt, die alle ihre Segel zu benützen erlaubte. Die Witterung erschien so beständig, daß der ältere Zermatt dem Verlangen nicht widerstehen konnte, nach Umschiffung des Kaps der Getäuschten Hoffnung der Reihe nach bei allen Anlagen und Bauten auf dem Gelobten Lande anzulegen.

Zuerst geschah das bei der Villa des Prospekt-Hill, die auf dem von üppigem Grün bedeckten Hügel lag, welcher Aussicht bis nach Felkenhorst hin gewährte. Hier wurde die Nacht zugebracht... es war eine lange Zeit vergangen, seit Jenny sich eines so friedlichen Schlummers wie in dieser Nacht erfreut hatte.

Fritz und Jack waren dann gleich am frühesten Morgen mit dem Kajak abgefahren, um in Felsenheim alles zur Aufnahme der jungen Engländerin vorzubereiten. Nach ihnen stieß auch die Pinasse wieder vom Ufer und legte darauf an der Walfischinsel an, die von vielen Kaninchen bevölkert war. Der ältere Zermatt überwies Jenny die kleine Insel als Eigentum, ein Geschenk, das mit großem Danke angenommen wurde.

Von hier aus hätten die Insassen der »Elisabeth« ihren Weg vollends zu Lande zurücklegen und dabei die Meierei von Waldegg und die in der Luft, d. h. auf jenem Riesenbaume gelegene Wohnung Falkenhorst besuchen können. Zermatt und seine Gattin wünschten aber, das Vergnügen, die neue Lebensgefährtin dahin zu führen, ihrem Fritz zu überlassen.

Die Pinasse segelte also weiter längs des Ufers bis zum Schakalbache hin. Schon als sie in die Rettungsbai einfuhr, wurde sie durch eine Salve von drei Kanonenschüssen von der Batterie der Haifischinsel begrüßt. Gleichzeitig hißten Fritz und Franz die rot und weiße Flagge zu Ehren des jungen Mädchens.

Nachdem diese Salve mit den zwei kleinen Stücken der Pinasse erwidert worden waren, stieß Zermatt in demselben Augenblick ans Ufer, wo Fritz und Jack aus dem Kajak stiegen, und nun ging die ganze wiedervereinigte Familie das Land hinauf, um nach Felsenheim zu gelangen.

Jenny war nicht wenig überrascht, als sie den kühlen, mit freundlichem Grün geschmückten Raum betrat und die Einrichtung und Ausstattung der einzelnen Abteilungen darin beobachtete; noch mehr aber, als sie im Speisezimmer die große Tafel erblickte, die Fritz und sein Bruder zurechtgemacht hatten, das Porzellangeschirr, die Trinkschalen aus Bambusrohr, die Schüsseln aus Kokosnuß, die Tassen aus Straußeneiern und daneben die Bestecke europäischer Herkunft, die einst vom »Landlord« geborgen worden waren.

Die Mahlzeit bestand aus frischen Fischen, einem Geflügelbraten, einem Wasserschweinschinken und aus Früchten verschiedener Art, wozu Met und Kanarienwein als angenehme Getränke aufgetragen waren.

Jenny Montrose bekam bei Tische den Ehrenplatz zwischen Herrn unf Frau Zermatt. Und neue Tränen perlten ihr aus den Augen, warme Freudentränen, als sie ein oben über die Tafel gespanntes und mit Blumen geschmücktes Band gewahrte und darauf die Worte las:

»Ein Lebehoch für Jenny Montrose!... Gesegnet sei ihr Erscheinen in dem Gebiete des schweizerischen Robinson!«

Das junge Mädchen erzählte nun ihre Geschichte.

Jenny war die einzige Tochter des Majors William Montrose, eines Offiziers der indischen Armee, und hatte von der frühesten Kindheit an ihren Vater von Garnison zu Garnison begleitet. Ihrer Mutter schon im Alter von sieben Jahren beraubt, war sie unter der Fürsorge ihres Vaters mit dem Ziele erzogen worden, sie für die Kämpfe des Lebens zu befähigen, wenn sie einmal ihre letzte Stütze auf Erden verlieren sollte.

Neben der Unterweisung in allem, was für ein junges Mädchen wissenswert erschien, wurde sie vorzüglich zu stärkenden Körperübungen angehalten, vor allem zum Reiten und zur Jagd, wofür sie übrigens eine für ihr Geschlecht ungewöhnliche Vorliebe zeigte.

In der Mitte des Jahres 1812 erhielt der inzwischen zum Oberst ernannte Major Montrose den Befehl, nach Europa an Bord eines Kriegsschiffes zurückzukehren, das Veteranen der englisch-indischen Armee wieder in die Heimat befördern sollte. Zur Führung eines Regiments auf einer Expedition in weiter Ferne berufen, kehrte er von dieser, aller Wahrscheinlichkeit nach, nur zurück, um seinen Abschied zu nehmen. Seine zur Zeit siebzehnjährige Tochter war deshalb genötigt, in ihr Vaterland zurückzukehren, wo sie bei einer in London wohnenden Tante, einer Schwester des Obersten, Aufenthalt nehmen sollte. Hier hatte sie gedacht, die Rückkehr ihres Vaters abzuwarten, der dann endlich von den Strapazen eines so lange Zeit dem Heeresdienst gewidmeten Lebens ausruhen sollte.

Da Jenny sich nicht wohl an Bord eines zum Truppentransport bestimmten Fahrzeuges einschiffen konnte, vertraute sie ihr Vater, der ihr noch eine Dienerin mitgab, einem seiner Freunde, dem Kapitän Greenfield an, der den »Dorcas« befehligte. Dieses Schiff segelte einige Tage vor dem ab, das den Oberst heimführen sollte.

Seine Fahrt gestaltete sich schon von Anfang an recht schlimm. Kaum über den Golf von Bengalen hinausgekommen, geriet es in Stürme, die mit ganz ungewöhnlicher Wut auftraten; ferner wurde es von einer französischen Fregatte verfolgt, und diese zwang den »Dorcas«, im Hafen von Batavia Schutz zu suchen.

Als der Feind diese Meeresgegend verlassen hatte, ging der »Dorcas« wieder unter Segel und schlug den Kurs nach dem Kap der Guten Hoffnung ein. Dabei wurde seine Fahrt aber durch rauhes Wetter und grobe See außerordentlich gestört und ungünstige Winde hielten ihn lange Zeit zurück. Schließlich wurde der »Dorcas« sogar durch einen starken Südweststurm gänzlich aus seinem Kurs verschlagen. Eine ganze Woche hindurch konnte der Kapitän kein Besteck machen (d. h. bestimmen, an welcher Stelle das Schiff sich befand). Er hätte also nicht anzugeben vermocht, nach welchem Teile des Indischen Ozeans sein Schiff getrieben worden war, als es in der Nacht plötzlich gegen eine Klippe stieß.

In geringer Entfernung zeigte sich eine unbekannte Küste und sofort sprang die Mannschaft in die große Schaluppe, um dahin zu gelangen. Jenny Montrose, ihre Dienerin und einige Passagiere nahmen im zweiten Boote Platz. Das Schiff begann schon zu bersten, es galt also schnell davon fortzukommen.

Eine halbe Stunde später kenterte das zweite Boot unter einer furchtbaren Woge, während das erste in der stark dunstigen Luft verschwunden war.

Als Jenny, die ohnmächtig geworden war, wieder zum Bewußtsein kam, sah sie sich auf einem Strande, wohin die Wellen sie geworfen hatten, und anscheinend als einzige Überlebende aus dem Schiffbruch des »Dorcas«.

Wieviel Zeit seit dem Untergange des Bootes verstrichen war, hätte das junge Mädchen unmöglich sagen können. Es erschien als ein wahres Wunder, daß sie noch Kraft genug fand, sich nach einer naheliegenden Höhle zu schleppen, wo sie einige Eier verzehrte und dann vor Erschöpfung einschlummerte.

Nach langem Schlafe erhob sie sich endlich wieder. Jetzt trocknete sie an der Sonne zuerst die Mannskleidung, die sie im Augenblicke des Schiffsunfalles angelegt hatte, um in ihrer Bewegung weniger behindert zu sein. In einer Tasche hatte sie auch einen Feuerstahl gefunden, der es ihr ermöglichte, dürre Blätter und dergleichen in Brand zu setzen.

Bei einem Gange längs des Inselstrandes konnte Jenny von ihren früheren Reisegefährten niemand entdecken. Nur Schiffstrümmer lagen verstreut umher... einige Holzstücke, die sie zur Unterhaltung ihres Feuers benützte.

Das junge Mädchen erfreute sich trotz ihrer mißlichen Lage einer solchen körperlichen und seelischen Energie – wohl infolge ihrer fast männlichen Erziehung – daß sie auch jetzt keineswegs verzweifelte. Sofort ging sie an die Einrichtung der Höhle. Einige Nägel, die sie aus Trümmern des »Dorcas« löste, bildeten zunächst freilich ihre einzigen Werkzeuge. Mit den Händen sehr geschickt und erfindungsreichen Geistes, gelang es ihr aber doch, damit die allernotwendigsten Gegenstände anzufertigen. So stellte sie sich einen Bogen her und fertigte sich einige Pfeile, um Haar- und Federwild zu erlegen, das auf dieser Küste sehr reichlich vorhanden war, und damit ihre tägliche Nahrung zu sichern. Sie fing sogar einige Tiere, die sich zähmen ließen, und zwar einen Schakal und einen Kormoran, welche sich bald gewöhnten, sie zu begleiten.

Inmitten der kleinen Insel, auf die das Meer die junge Schiffbrüchige geworfen hatte, erhob sich ein vulkanischer Berg, aus dessen Krater Rauch und Flammen emporstiegen. Als Jenny bis nahe an seinen, etwa hundert Toisen über das Meer aufragenden Gipfel hinaufgegangen war, hatte sie am Horizonte kein weiteres Land sehen können.

Der ungefähr zwei Lieues im Umfange messende Rauchende Fels zeigte nur an der Ostseite ein enges Tal, durch das sich ein kleiner Bach hinschlängelte. Gegen verheerende Winde geschützte Bäume verschiedener Art verhüllten es mit ihren dichtbelaubten Kronen. Auf einem hierunter befindlichen Mango-(Leuchter-)Baum richtete sich Jenny eine dürftige Wohnung ein, ganz wie es die Zermattsche Familie mit ihrer Wohnstätte Falkenhorst getan hatte.

Die Jagd in der Umgebung des Tales und der Fischfang im Bache und zwischen den Uferfelsen, den sie mittels einfacher, aus Nägeln hergestellter Angelhaken betrieb, ferner eßbare Schotenfrüchte und Beeren, die ihr verschiedene Büsche lieferten, und endlich mehrere in den drei auf den Schiffbruch folgenden Tagen ans Land geworfene Kisten mit Konserven nebst einigen Fäßchen mit Wein gestatteten der jungen Engländerin eine willkommene Abwechslung in ihrer Nahrung, die anfänglich aus Wurzeln und Muscheltieren bestanden hatte.

Wie lange lebte nun Jenny Montrose in dieser Weise auf dem Rauchenden Felsen, bis endlich der Tag ihrer Erlösung kam?

Zuerst hatte sie gar nicht daran gedacht, weder die Tage, noch die Wochen zu zählen. Dadurch aber, daß sie sich an gewisse Vorkommnisse erinnerte und für diese die dazwischen vergangene Zeit berechnete, gelang es ihr, die seit dem Untergange des »Dorcas« verstrichenen Monate annähernd genau zu bestimmen. Ihrer Ansicht nach hatte ihr Aufenthalt hier gegen zweieinhalb Jahre gedauert, und damit mochte sie wohl recht haben.

So viele Wochen lang, in der Regenzeit wie in der heißen Jahreszeit, war kein Tag vergangen, ohne daß das junge Mädchen den weiten Horizont überblickt hatte, doch niemals hob sich ein Segel von dem Himmel dahinter ab. Vom höchsten Punkte der Insel aus und bei heiterer Witterung glaubte sie jedoch im Osten Land zu erkennen. Doch wie hätte sie dahingelangen können, und welches Land mochte es wohl sein?

Herrschte hier innerhalb der Tropenzone auch niemals eine strengere Kälte, so hatte Jenny doch in der Regenzeit recht schwer zu leiden. Sie mußte sich dann in der gleich am ersten Tage entdeckten Höhle aufhalten und konnte niemals jagen oder fischen gehen, so daß ihr zuweilen ein empfindlicher Nahrungsmangel drohte. Zum Glück konnte sie mit Eiern, die sich zahlreich zwischen nahen Felsenspalten fanden, mit Muscheln, die sie dicht am Fuße der Höhle einsammelte, und mit mancherlei für diese Zeit aufbewahrten Früchten wenigstens ihr Leben fristen.

Kurz, jedenfalls waren schon mehr als zwei Jahre verstrichen, als ihr – gleich einer Eingebung des Himmels – der Gedanke kam, am Fuße eines Albatros, den sie gefangen hatte, ein Stück Leinen mit der Mitteilung ihrer Existenz auf dem Rauchenden Felsen zu befestigen. Die Lage dieses Felsens auch nur anzudeuten, war sie freilich nicht imstande. Sobald sie den Vogel freigelassen hatte, flog dieser in der Richtung nach Nordosten davon, kehrte wahrscheinlich aber niemals nach dem Rauchenden Felsen zurück.

Mehrere Tage vergingen, ohne daß er wieder erschien. Die schwache Hoffnung, die das junge Mädchen auf diesen Versuch gesetzt hatte, war allmählich erloschen. Dennoch wollte sie nicht verzweifeln. Wurde die ersehnte Hilfe ihr nicht auf diesem Wege zuteil, so würde sie schon auf einem anderen kommen.

So lautete der eingehende Bericht, den Jenny der Familie Zermatt erstattete. Wiederholt lockte sie dabei den anderen Tränen aus den Augen, denn es war unmöglich, ihr ohne tiefe Rührung zuzuhören, und immer wieder küßte Betsie die ihr neugeschenkte Tochter, um ihre feuchten Augen zu verbergen.

Nun war noch von Fritz zu hören, wie er den Rauchenden Felsen gefunden hatte.

Wie der Leser schon weiß, war Fritz beim Verlassen der

Perlenbucht in seinem Kajak der Schaluppe zuerst vorausgefahren und hatte seinem Vater dann einen Zettel eingehändigt, mit dem er ihm mitteilte, daß er sich zur Aufsuchung der jungen Engländerin aufmachen wolle. Nachdem die beiden Fahrzeuge das Bogengewölbe passiert hatten, folgte er nicht weiter der Küste im Osten, sondern schlug die entgegengesetzte Richtung ein.

Der Küstenstrich war mit Riffen übersät und wurde von gewaltigen Felsmassen eingerahmt. Hinter diesen zeigten sich ebenso prächtige Bäume, wie die bei Waldegg oder bei Eberfurt. Zahlreiche Wasserläufe ergossen sich im Grunde kleiner Einbuchtungen. Diese nordwestliche Küste glich im übrigen aber nicht der, die sich zwischen der Rettungs- und der Nautilusbucht hin ausdehnte.

Die am ersten Tage sehr starke Wärme nötigte Fritz, einmal anzulegen und im Schatten Erquickung zu suchen. Er mußte dabei auch nicht geringe Vorsicht beobachten, denn mehrere Flußpferde, die sich an den Mündungen der Wasserläufe tummelten, hätten seinen Kajak gar zu leicht zerstören können.

Sobald er nahe dem Saume eines dichten Gehölzes ans Land gegangen war, zog er deshalb sein leichtes Boot bis an den Fuß eines Baumes herauf. Dann übermannte ihn aber die Müdigkeit und er fiel in tiefen Schlaf.

Vom nächsten Morgen an wurde die Fahrt wieder bis zur Mittagszeit fortgesetzt. Bei dem Halt, den er dann machte, mußte sich der junge Mann des Angriffes eines Tigers erwehren. Es glückte ihm, das gefährliche Raubtier an der Seite schwer zu verwunden, während sein Adler diesem die Augen auszuhacken suchte. Zwei Pistolenschüsse machten dem Tiger dann vollends den Garaus.

Zum großen Kummer für Fritz sah dieser aber, daß der Adler, dem ein Tatzenschlag den Leib aufgerissen hatte, auch tot war. Er mußte den armen Blitz also im Sande verscharren und bestieg dann wieder sein Boot, ganz untröstlich, einen so treuen Jagdgefährten eingebüßt zu haben.

Am zweiten Tage ruderte Fritz immer längs des Ufers hin, doch verriet nach der Seeseite zu noch keine Dampfwolke das Vorhandensein des Rauchenden Felsens. Da das Meer auffallend ruhig war, beschloß der junge Mann, sich weiter darauf hinauszuwagen, um zu sehen, ob vielleicht am südwestlichen Horizonte eine Rauch- oder Dampfwolke aufstiege. Er steuerte den Kajak also in dieser Richtung hin. Dessen kleines Segel wurde von günstigem Landwinde geschwellt. Nach zweistündiger Fahrt gedachte er eben umzukehren, als er eine leichte, aufsteigende Wolke zu bemerken glaubte.

Fritz vergaß darauf alles, seine Erschöpfung, die Beängstigung, die sein langes Ausbleiben in Felsenheim hervorrufen mußte, und ebenso die ihm selbst drohende Gefahr, wenn er sich so weit aufs Meer hinaus begab. Mit Hilfe der Pagaien flog der Kajak jetzt über das Wasser hin. Eine Stunde später befand er sich etwa noch sechs Kabellängen von einer Insel entfernt, die ein vulkanischer Berg überragte, aus dem mit Rauch gemischte Flammen emporzüngelten.

Die Ostküste der Insel erschien ganz dürr und unfruchtbar. Weiterhin sah Fritz aber, daß sie durch die Mündung eines Baches unterbrochen war, der aus einem frischgrünen Tale herabkam.

Da trieb er den Kajak in einen schmalen Landeinschnitt und zog ihn hier auf das Uferland.

In seiner Nähe bemerkte er zur Rechten eine Grotte, an deren Eingange eine menschliche Gestalt in tiefem Schlummer lag.

Ergriffen und doch auch erfreut betrachtete Fritz die arme Verlassene. Es war ein junges Mädchen von siebzehn bis achtzehn Jahren und bekleidet mit grobem Leinenstoff, der offenbar von einem Segel herrührte, doch sauber und für sie recht gut passend bearbeitet erschien. Ihre Züge waren reizend, ihr Gesichtsausdruck unendlich mild. Fritz wagte nicht, sie zu wecken, und doch winkte ihr ja die Erlösung, wenn sie die Augen aufschlug.

Endlich erwachte das junge Mädchen. Beim Anblicke eines Fremden konnte sie einen Aufschrei der Überraschung und des Erschreckens nicht unterdrücken.

Fritz beruhigte sie durch eine Handbewegung.

»Fürchten Sie nichts, Miß«, redete er sie in englischer Sprache an, »ich tue Ihnen nichts zuleide ... ich bin nur gekommen, um Sie zu retten.«

Und ehe sie noch zu antworten vermochte, erzählte er ihr, wie ihm ein Albatros in die Hände gefallen sei, ein Albatros mit der schriftlichen Mitteilung, daß eine junge Engländerin am Rauchenden Felsen um Rettung flehe. Er sagte ihr auch, daß sich nur wenige Lieues weit im Osten ein Land befinde, wo eine ganze Familie von Schiffbrüchigen lebe.

Das junge Mädchen sank erst in die Knie, um Gott ihren Dank darzubringen, dann reichte sie ihrem Retter die Hände, um auch diesem zu danken. Hierauf erzählte sie mit kurzen Worten ihre Geschichte und lud Fritz ein, in ihre dürftige Unterkunftsstätte mit einzutreten.

Mit dem Vorbehalte, daß dieser Besuch nicht lange dauere, nahm Fritz die Einladung an. Die Zeit drängte und ihn verlangte danach, die junge Engländerin nach Felsenheim zu bringen.

»Morgen«, erwiderte sie, »morgen fahren wir ab, Herr Fritz! Lassen Sie mich noch einen Abend verbringen auf diesem Rauchenden Felsen, den ich, will's Gott, doch nie mehr wiedersehen werde!«

»Also morgen«, antwortete der junge Mann.

Von den Mundvorräten Jennys und denen, die sich im Kajak befanden, bereiteten sie sich ein Abendessen und erzählten dabei einander ihre außergewöhnliche Geschichte.

Nach einem stillen Gebete zog sich Jenny zuletzt nach dem Hintergrunde der Grotte zurück, während Fritz sich – gleich einem treuen Wachhunde – an deren Eingange niederlegte.

Mit Tagesanbruch wurden dann die wenigen Gegenstände, von denen Jenny sich nicht trennen wollte, und auch ihr Schakal und ihr Kormoran, im Kajak untergebracht. Das junge Mädchen, das jetzt wieder Männerkleidung trug, nahm auf dem hinteren Sitze des leichten Fahrzeuges Platz. Das Segel wurde gehißt, die Pagaien peitschten das Wasser, und schon eine Stunde darauf verloren sich am Horizonte die letzten Spuren vom Rauchenden Felsen.

Fritz beabsichtigte, den kürzesten Weg nach dem Kap der Getäuschten Hoffnung einzuhalten; der stark beladene Kajak war aber gegen eine Unterwasserklippe gestoßen und mußte zur Weiterfahrt erst ausgebessert werden. Fritz steuerte deshalb in die Perlenbucht hinein und brachte seine Schutzbefohlene hier auf ein Eiland, von wo aus die Pinasse diese aufgenommen hatte.

Das war es, was Fritz zu berichten wußte.

Inzwischen ging das Leben, zuweilen in Falkenhorst und zuweilen in Felsenheim, in gewohnter Weise weiter, gestaltete sich aber nur noch glücklicher, seit Jenny Montrose in die ehrbare, fleißige Familie mit eingetreten war. Mit der Unterhaltung der Meiereien und der Pflege der Tiere verstrichen die Wochen bei anregender Tätigkeit. Jetzt verband schon eine schöne Obstbaumallee den Schakalbach mit dem »Schlosse« Falkenhorst, und auch in Waldegg, Zuckertop, bei der Einsiedelei Eberfurt und auf dem Prospekt-Hill waren mancherlei Verschönerungen geschaffen worden. Welch herrliche Stunden gab es da in diesem, aus Bambus nach dem Vorbilde der Schweizerhäuschen erbauten Landhause! Oben, vom Hügel aus, bot sich auf der einen Seite eine weite Aussicht über einen großen Teil des Gelobten Landes, und auf der aneren eine solche bis zu dem acht bis neun Lieues entfernten Horizonte, wo sich Himmel und Wasser berührten.

Dann trat wieder die Regenzeit ein, in der der Monat Juni ungemein reichliche Niederschläge brachte, die dazu nötigten, Falkenhorst zu verlassen und nach Felsenheim zurückzukehren. Das waren dann zwei bis drei recht beschwerliche Monate, die das oft lange anhaltende schlechte Wetter noch unangenehmer machten.

Einige Gänge nach den Meiereien, die wegen der Versorgung der Tiere nicht gescheut werden durften, und gelegentlich eine kurze Jagd, auf die Fritz und Jack, doch nur in der nächsten Umgebung von Felsenheim, auszogen, das war alles, was jeden Tag unter freiem Himmel ausgeführt werden konnte.

Trotzdem blieb die kleine Welt hier nicht etwa müßig. Frau Zermat leitete die häuslichen Arbeiten, und Jenny untersützte sie dabei mit angelsächsischer Findigkeit, die der shweizerischen Gewohnheitsmäßigkeit oft recht zugute kam.

Während sich ferner das junge Mädchen von dem älteren Zermatt die deutsche Sprache zu erlernen bemühte, lernte die Familie von ihr die englische Sprache, die Fritz schon nach einigen Wochen recht gut beherrschte. War es denn ein Wunder, daß er von seinen Lektionen so großen Nutzen zog, wo er einen ihm so angenehmen Lehrer hatte?

Niemand klagte also besonders über die langen Tage der Regenzeit. Die Gegenwart Jennys verlieh ja den Abenden einen ganz neuen Reiz, und keiner dachte daran, sich zeitig in sein Zimmer zurückzuziehen. Frau Zermatt und Jenny beschäftigten sich dabei vielfach mit Nadelarbeiten, wenn das junge Mädchen, das eine prächtige Stimme hatte, nicht zum Singen aufgefordert wurde. Sie erlernte verschiedene schweizerische Lieder, deren nie veraltende Melodien an die Klänge aus den Bergen der Heimat erinnerten, und es war ein wirklicher Hochgenuß, sie aus ihrem Munde zu hören. Darauf las

Ernst noch das und jenes vor, wozu er die besten Bücher aus der Bibliothek benützte, und so schien die Stunde der Ruhe allen stets zu früh zu schlagen.

Zermatt, seine Gattin und seine Kinder fühlten sich bei diesem trauten Beisammensein so glücklich wie möglich, wenn sie natürlich auch ihre Sorge um die Zukunft und die sehr schwache Aussicht, daß ihnen von irgendwoher Hilfe kommen könne, und die entfernte Heimat niemals vergaßen. Auch Jenny fühlte sich bei dem Gedanken an ihren Vater wohl oftmals recht bedrückt.

Von dem Schiffe, das sie heimführen sollte, dem »Dorcas«, hatte man nicht das geringste wieder gehört und mußte wohl annehmen, daß es bei einem Zyklon im Indischen Meere mit Mann und Maus untergegangen sei. Vollkommen kann ja auch nie das Glück derer sein, die in der Einsamkeit zu leben gezwungen sind, denen jede Verbindung mit ihresgleichen abgeschnitten ist, und das traf doch nach allen Seiten für niemand mehr zu als für die Bewohner der Neuen Schweiz, für die einzigen Überlebenden aus dem Schiffbruche des »Landlord«.

Der Leser weiß schon, welch unerwarteter Zwischenfall diese Sachlage so gründlich ändern sollte.

Sechstes Kapitel

Nach der Abfahrt. – Was von der Neuen Schweiz bekannt war. – Die Familie Wolston. – Neue Pläne. – Herstellung eines Kanals zwischen dem Schakalbache und dem Schwanensee. – Ende des Jahres 1816.

In den ersten Tagen nach der Abfahrt der »Licorne« herrschte tiefe Betrübnis in Felsenheim. Wie hätte es auch anders sein können? Es schien ja, als ob auf dieses von der Vorsehung sonst so begünstigte Fleckchen Erde das Unglück eingezogen wäre. Zermatt und seine Gattin konnten sich nicht darüber trösten, daß sie zwei ihrer Kinder hatten fortgehen lassen, und doch war das nicht zu verhindern gewesen, da die Umstände es verlangten und auch einen Aufschub der schmerzlichen Trennung nicht gestatteten.

Man darf von dem Herzen eines Vaters und einer Mutter

aber nicht mehr verlangen, als es ertragen kann. Fritz, der tatenfrohe junge Mann, war nicht mehr da, Fritz, der kraftvolle Arm dieser Familie, die in ihm schon ihr zukünftiges Haupt erblickte, und dazu fehlte auch noch Franz, der der Fährte seines älteren Bruders folgte.

Ernst und Jack waren freilich noch da. Der erste hatte jetzt sein früheres eifriges Studium aufgegeben und sich, dank einem vorzüglichen Unterrichtsmaterial, eine ebenso gründliche, wie praktische Bildung angeeignet. Der zweite teilte mehr die Neigungen des ältesten Bruders Fritz, er liebte die Jagd, den Fischfang, das kühne Reiten und die Schiffahrt und versprach, bei seinem Eifer, die letzten Geheimnisse der Neuen Schweiz zu entschleiern, seinen Bruder in dessen abenteuerlichen Ausflügen zu ersetzen. Endlich war aber auch sie nicht mehr da, die reizende, von allen geliebte Jenny Montrose, deren Abwesenheit Betsie ganz wie die einer ihr teueren Tochter betrauerte. Und die Plätze der drei in den Stuben von Felsenheim leer zu sehen, leer am gemeinschaftlichen Tische, leer in dem Raume, wo sich alle jeden Abend zusammenfanden – das drohte ihr das Herz zu brechen. Es schien, als ob alle Freuden des häuslichen Herdes, der infolge der Trennung erkaltet war, erloschen wären gleich einem Feuer, das der Atemzug eines vertrauten Kreises nicht mehr belebte.

Ohne Zweifel kehrten ja alle zurück und dann würde der Kummer über die Abreise, die Trauer über ihre Abwesenheit vergessen sein. Ja, sie kehrten gewiß zurück und mit ihnen neue Freunde: der Oberst Montrose, der sich von seiner Tochter nicht würde trennen wollen, nachdem er dieser ihren Retter als Gatten gegeben hätte; ferner Doll Wolston, ihr Bruder James, dessen Gattin und Kind, die sich mit allen den Ihrigen sicherlich gern in diesem Lande niederließen, und schließlich würden vielleicht gar zahlreiche Auswanderer diese entlegene Kolonie Großbritanniens bevölkern.

Ja, höchstens nach einem Jahre würde eines schönen Tages draußen vor dem Kap der Getäuschten Hoffnung ein von Westen kommendes Schiff auftauchen, doch nicht nach Norden oder Osten zu wieder verschwinden, sondern in die Rettungsbucht einlaufen. Wahrscheinlich würde das die »Licorne« sein. Doch wenn es auch ein beliebiges anderes wäre, jedenfalls brachte es dann den Oberst Montrose mit seiner Tochter, brachte es Fritz und Franz, sowie die Kinder des Herrn und der Frau Wolston hierher.

Die Verhältnisse hatten sich jetzt also gänzlich geändert. Die Bewohner der Neuen Schweiz waren nicht mehr jene Schiffbrüchigen vom »Landlord«, die auf einer unbekannten Küste Obdach gefunden hatten und nur vom Zufalle auf eine Hilfe warteten, die gar zu häufig niemals eintrifft. Die Lage dieses Landes war jetzt der geographischen Länge und Breite nach festgestellt. Der Lieutenant Littlestone besaß die bezüglichen genauen Aufnahmen und er übermittelte sie natürlich der Admiralität, die dann die nötigen Schritte zur Besitzergreifung veranlassen würde. Als die Korvette von der Neuen Schweiz absegelte, war es, als ob sich von ihr gleichzeitig ein Tausende von Lieues langes Band abzurollen begönne, ein Band, das jene mit der Alten Welt verknüpfte und das nichts mehr zerreißen konnte.

Bisher war von dem Lande freilich nur ein Teil der nördlichen Küste bekannt, höchstens fünfzehn bis sechzehn Lieues des Ufergebietes zwischen der »Licorne«-Bai und der Strecke im Osten vom Rauchenden Felsen. Die drei tiefen Buchten, die Rettungs-, Nautilus- und Perlenbucht, waren mittels der Schaluppe und des Kajaks noch nicht einmal in ihrer ganzen Ausdehnung besucht worden.

Im Laufe dieser elf Jahre hatten Zermatt und seine Söhne überhaupt kaum die Felsenwand jenseits des Passes der Kluse überschritten, sie hatten sich vielmehr darauf beschränkt, dem Grunde des Grüntales zu folgen, ohne die Höhen an den Seiten zu erklimmen.

Die Zahl der Bewohner von Felsenheim war mit der Abfahrt der »Licorne« ja nicht eigentlich verkleinert worden, da damals die Familie Wolston zurückblieb.

Der zur Zeit fünfundvierzigjährige Wolston war ein Mann von kräftiger Konstitution. Wenn auch geschwächt durch das Fieber, das er sich in Neusüdwales in Australien zugezogen hatte, mußte ihm das heilsame Klima der Neuen Schweiz und die Pflege, die ihm hier zuteil wurde, doch bald die volle Gesundheit wiedergeben. Seine Kenntnisse und seine reichen Erfahrungen auf mechanisch-technischem Gebiete versprachen hier sehr nützlich zu werden, und Zermatt hatte sich auch vorgenommen, sie bei den von ihm geplanten Verbesserungen auszunützen Vor allem galt es aber, bis zur völligen Wiederherstellung Wolstons zu warten, zu dem sich Ernst durch eine gewisse Übereinstimmung in Neigungen und Charakter besonders hingezogen fühlte.

Frau Merry Wolston war einige Jahre jünger als Betsie Zermatt. Die beiden Frauen mußten einander gefallen und ihre Freundschaft konnte nur zunehmen, wenn sie sich erst besser kennengelernt hatten. Beiden war jede Leichtfertigkeit fremd, dagegen hatten sie die gleiche Vorliebe für Tätigkeit und Ordnung, die gleiche Zuneigung für ihre Männer und Kinder. Die Haushaltung in Felsenheim besorgten sie zusammen oder teilten ihre Arbeit beim Besuche der Meiereien von Waldegg und Zuckertop oder der Einsiedelei Eberfurt.

Anna Wolston war bei ihren siebzehn Jahren kein kleines Mädchen mehr. Ihre Gesundheit hatte wie die ihres Vaters schwer gelitten, und der Aufenthalt im Gelobten Land versprach ihr gewiß wohlzutun, ihre Konstitution zu kräftigen und wieder frischere Farben auf die etwas gebleichten Wangen zu zaubern. Blond, mit hübschen Gesichtszügen, einem Teint, der gewiß bald wieder aufblühte, mit einem herzigen Blick aus den blauen Augen und mit ihrer eleganten Haltung versprach sie entschieden, sich zu einem sehr lieblichen Mädchen zu entwickeln. Sehr groß war aber der Unterschied zwischen ihr und ihrer Schwester, der lustigen, beweglichen Doll mit ihren vierzehn Jahren, deren helltönendes Lachen so häufig die verschiedenen Räume von Felsenheim erfüllte. Die zweite war eine Brünette, die immer sang, immer plauderte und stets eine drollige Antwort zur Hand hatte. Doch, es sollte ja wiederkommen, das entflohene Vöglein, wiederkommen nach einigen, freilich wohl recht träge verfließenden Monaten, und sein Gezwitscher sollte dann die kleine Welt hier aufs neue erfreuen.

Es machte sich jetzt notwendig, an die Vergrößerung von Felsenheim zu denken, denn nach der Rückkehr der »Licorne« mußte sich diese Wohnstätte als zu beschränkt erweisen. Handelte es sich da auch nur um den Obersten Montrose und Jenny, um Fritz und Franz, sowie um James Wolston, seine Schwester, seine Frau und sein Kind, so konnten diese hier doch nicht alle untergebracht werden, wenn ihnen nicht gewisse Teile der Höhle zur Verfügung gestellt wurden. Kamen aber gar noch neue Ansiedler mit ihnen, so mußten für diese selbstverständlich neue Wohnungen hergerichtet werden. An Platz dazu fehlte es ja weder am linken Ufer des Schakalbaches, noch am Strande längs des schattigen Weges, der von Felsenheim nach Falkenhorst führte.

Das veranlaßte denn häufig Unterredungen zwischen den

Herren Zermatt und Wolston, an denen sich auch Ernst, dessen Vorschläge wohl gehört zu werden verdienten, gerne beteiligte.

Zu dieser Zeit ließ es sich Jack, dem jetzt allein die Verpflichtungen zufielen, denen sich sonst sein älterer Bruder unterzogen hatte, angelegen sein, die Bedürfnisse der Speisekammer zu befriedigen. Mit seinen Hunden Braun und Falk durchstreifte er täglich die Gehölze und das offene Land, wo sich viel Feder- und Haarwild aufzuhalten pflegte; er suchte dabei auch sumpfige Stellen ab, wo er, um Abwechslungen in die täglichen Mahlzeiten zu bringen, Enten und Bekassinen erlegte. Manchmal wurde zu gleichem Zwecke auch dem Hühnerhofe etwas Geflügel entnommen. Caro, der Schakal Jacks, wetteiferte mit den Hunden, deren gewöhnlicher Begleiter er war, bei diesen Jagdausflügen. Der junge Mann ritt dann zuweilen auf seinem Wildesel Leichtfuß, der diesem Namen alle Ehre machte, zuweilen auch auf dem Strauße Brausewind oder auf dem Büffel Sturm, der wie ein Orkan durch den Hochwald fegte. Dem jungen Wagehals war ausdrücklich anempfohlen worden, stets innerhalb der Grenzen des Gelobten Landes zu bleiben und jedenfalls nie über den Paß der Kluse hinauszugehen, wo er der Gefahr des Zusammentreffens mit Raubtieren ausgesetzt war. Auf die Bitte seiner Mutter hatte er sich auch verpflichten müssen, seine Abwesenheit nie bis über den laufenden Tag auszudehnen und stets wenigstens zum Abendessen wieder daheim zu sein.

Obwohl er das versprochen hatte, verhehlte Betsie ihre Besorgnis doch niemals, wenn sie ihn mit Pfeilgeschwindigkeit hinter den ersten Bäumen bei Felsenheim verschwinden sah.

Was Ernst betraf, so bevorzugte dieser statt der aufregenden Jagd den ruhigen Fischfang, dem er entweder an den Ufern des Schakalbaches oder am Fuße der Felsen an der Flamingobai oblag. An diesen Stellen wimmelte es geradezu von Krusten- und Weichtieren und Fischen, wie von Seelachsen, Heringen, Makrelen, Hummern, Krebsen, Austern und Miesmuscheln. Zuweilen leistete ihm dabei Anna Wolston Gesellschaft, was er gewiß nicht ungern sah.

Wir brauchen wohl kaum hervorzuheben, daß sich das junge Mädchen die Pflege des Kormorans und des Schakals vom Rauchenden Felsen gewissenhaft angelegen sein ließ. Ihr hatte Jenny vor der Abreise die Tiere anvertraut, und damit waren sie sicherlich in gute Hände gegeben. Bei ihrer Heimkehr fand Jenny diese beiden treuen Gefährten, die innerhalb der Umfriedigung von Felsenheim ganz frei umherlaufen konnten, jedenfalls in blühendster Gesundheit wieder. Wenn der Kormoran aber sich mit den übrigen Bewohnern des Geflügelhofes recht gut vertrug, befreundete sich der Schakal kaum oder gar nicht mit dem Jacks, soviel sich sein Herr auch darum bemüht hatte. Beide erwiesen sich aufeinander höchst eifersüchtig, so daß es zwischen ihnen manchmal zu einem kleinen Scharmützel kam.

»Ich verzichte darauf«, sagte deshalb Jack eines Tages zu Anna, »diese beiden Burschen aneinander zu gewöhnen, und ich überlasse sie lieber Ihnen.«

»Rechnen Sie auf mich, Jack«, antwortete Anna, »vielleicht gelingt es mir mit einiger Geduld doch noch, sie gegenseitig freundlicher zu stimmen.«

»Versuchen Sie es nur, liebe Anna; ein Paar Schakale sollten doch gute Kameraden sein!«

»Mir scheint auch, Jack, daß der eine Ihrer Affen...«

»Ah, Knipp II?... Ja, freilich, der weist Jennys Günstling gerne die Zähne!«

Knipp II. schien sich tatsächlich gegenüber dem später Gekommenen recht feindselig zu verhalten, und es mochte wohl schwierig sein, die Tiere, obwohl sie beide sonst zahm waren, untereinander verträglicher zu machen.

In dieser Weise gingen die Tage dahin. Betsie und Merry hatten kaum je eine Mußestunde übrig. Während Frau Zermatt die Kleidungsstücke ausbesserte, fertigte die in Näharbeiten sehr geschickte Frau Wolston neue an, und zwar für die Frauen ebenso wie für die Männer. Stoffe dazu waren aus dem gescheiterten »Landlord« in ausreichender Menge vorhanden.

Das Wetter war jetzt sehr schön und die Luftwärme noch recht erträglich. Des Vormittags wehte der Wind vom Lande, des Abends vom Meere her. Die Nächte blieben erquickend und frisch. Diese letzte Woche des Oktobers – des Aprils in der nördlichen Breite – sollte nun bald dem November weichen, dem Monate des Wiederauflebens, dem Frühlingsmonat auf der südlichen Halbkugel.

Die beiden Familien vergaßen es nicht, die Meiereien häufig zu besuchen und begaben sich dahin einmal zu Fuße und ein andermal in dem von einem Büffelgespann gezogenen Wagen. Ernst bestieg dann meist seinen jungen Esel Rasch und Jack ritt stolz auf dem Strauße. Dem Herrn Wolston bekamen diese Ausflüge ganz vortrefflich. Sein Fieber verriet sich nur noch in seltenen und leichten Anfällen. Von Felsenheim nach Falkenhorst führte eine schöne, schon vor zehn Jahren an den Seiten bepflanzte Straße, deren Maronen-, Nuß- und Kirschbäume tiefen Schatten spendeten. Zuweilen verlängerte sich der Aufenthalt in der Luftwohnung über vierundzwanzig Stunden, und alle hatten ihre helle Freude daran, wenn sie, nach Ersteigung der im Stamme hinaufführenden Treppe, nach der von dem Laubwerk des prächtigen Mangobaumes überwölbten oberen Plattform hinaustraten. Zwar erschien diese Wohnstätte jetzt etwas beschränkt, nach der Ansicht des Herrn Wolston empfahl es sich aber nicht, sie zu vergrößern.

»Sie haben ganz recht«, erwiderte ihm da eines Tages der ältere Zermatt auf eine darauf bezügliche Bemerkung, »zwischen den Ästen eines Riesenbaumes zu wohnen, das war gut genug für Robinsons, die in erster Linie eine Zuflucht vor wilden Tieren aufsuchen mußten, was wir ja auch in der allerersten Zeit unseres Aufenthaltes auf der Insel getan haben. Jetzt sind wir jedoch Ansiedler geworden, richtige Kolonisten...«

»Und überdies«, fiel Wolston ein, »müssen wir auch an die Rückkehr unserer Kinder denken, denn es bleibt uns nicht zu viel Zeit übrig, Felsenheim zur Aufnahme ihrer aller einzurichten.«

»Jawohl«, bemerkte Ernst, »eine Vergrößerung kann doch nur in Felsenheim ausgeführt werden. Wo könnten wir auch ein in der Regenzeit besser schützendes Unterkommen finden? Ich stimme Herrn Wolston völlig bei. Falkenhorst ist für uns zu klein geworden, und im Sommer, mein' ich, empfiehlt es sich mehr, Waldegg oder Zuckertop zu bewohnen.«

»Ich würde den Prospekt-Hill vorziehen«, ließ da Frau Zermatt sich vernehmen. Es könnte doch nicht schwer sein, die nötigen Einrichtungen zu treffen.«

»Ein herrlicher Gedanke, Mutter!« rief Jack. »Der Prospekt-Hill bietet eine unvergleichliche Aussicht, die sich über das offene Meer bis zur Rettungsbucht erstreckt. Dieser Hügel ist für ein hübsches Landhaus wie geschaffen...«

»Oder für ein Fort«, antwortete sein Vater, »eine Befestigung, die die Spitze der Insel beherrschen würde.«

»Eine Befestigung?« wiederholte Jack.

»Gewiß, mein Sohn«, bestätigte Zermatt. »Wir dürfen doch

nicht vergessen, daß die Neue Schweiz ins Eigentum Englands übergehen wird, und daß die Engländer ein Interesse daran haben werden, sie zu befestigen. Die Batterie der Haifischinsel wäre doch nicht imstande, die zukünftige Stadt zu verteidigen, die sich voraussichtlich zwischen der Flamingobai und Felsenheim erheben wird. Mir erscheint es darum ganz selbstverständlich, daß der Prospekt-Hill schon in kurzer Zeit zur Errichtung eines Forts dienen werde ...«

»Der Prospekt-Hill oder, etwas weiter vor ihm, das Kap der Getäuschten Hoffnung«, sagte da Herr Wolston. »In diesem Falle könnte die Villa erhalten bleiben ...«

»Was ich am liebsten sähe«, erklärte Jack.

»Und ich auch«, setzte Frau Zermatt hinzu. »Wir wollen uns doch bemühen, die Erinnerungen an die ersten Tage hier unversehrt zu erhalten, den Prospekt-Hill ebenso wie Falkenhorst. Ich würde es schmerzlich beklagen, sie verschwinden zu sehen.«

Der Gedankengang Betsies war ja ein ganz natürlicher, nur hatte sich die Sachlage jetzt geändert. Solange die Neue Schweiz allein den Schiffbrüchigen vom »Landlord« angehörte, konnte die Frage, sie in Verteidigungszustand zu setzen, gar nicht aufkommen. Wenn sie dagegen England untertan war, machte es sich, bei ihrer Lage in dem überseeischen Gebiete des Vereinigten Königreiches, notwendig, hier Küstenbatterien zu errichten.

Hatten nun die ersten Bewohner die Folgen zu bedauern, die sich aus dem Erscheinen der »Licorne« am Gestade der Neuen Schweiz ergaben?

»Nein, nein,« schloß der ältere Zermatt, »überlassen wir der Zukunft ruhig die Veränderungen, die sich hier allmählich vollziehen werden.«

Übrigens erschienen andere Arbeiten jetzt dringlicher, als solche Verbesserungen in Falkenhorst und Neuanlagen auf dem Prospekt-Hill. Schon näherte sich die Zeit, wo es galt, die Ernten einzuheimsen, ohne von der Verpflegung der Tiere zu reden, die in den Hürden von Waldegg, Zuckertop und Eberfurt untergebracht waren.

Beiläufig sei hier auch erwähnt, daß Zermatt und Wolston bei ihrem ersten Besuche der Walfischinsel über die große Menge der hier hausenden wilden Kaninchen nicht wenig erstaunt gewesen waren, denn hier tummelten sich die furchtbaren Nager gleich zu Hunderten umher. Zum Glücke erzeugte die Insel genug Gras, krautartige Pflanzen und Wurzeln, so daß die Ernährung der Tiere gesichert war. Jenny Montrose, der Herr Zermatt diese Insel zum Geschenke gemacht hatte, fand diese voraussichtlich also bei ihrer Rückkehr in bestem Zustande wieder.

»Und Sie haben gut daran getan, Ihre Kaninchen hierher auszusetzen«, hatte Wolston bemerkt. »Diese werden sich noch zu vielen Tausenden vermehren und hätten Ihnen dann sicherlich die Felder des Gelobten Landes verwüstet. In Australien bilden da, woher ich komme, diese Tiere eine schlimmere Landplage, als die Zugheuschrecken in Afrika, und wenn man sich nicht gegen die Verheerungen dieser Brut zu den eingreifendsten Maßregeln entschließt, wird das ganze australische Land schließlich einmal ganz kahl abgenagt sein*.«

In den letzten Monaten dieses Jahres (1816) machte sich das Fehlen der kräftigen Arme Fritzens und Franzens wiederholt recht bemerkbar, obwohl die Familie Wolston überall tätig mit eingriff. Die Erntezeit brachte ja allemal sehr viel Arbeit. Da mußten die Mais- und die überaus fruchtbaren Maniokfelder besorgt werden, ebenso wie das ausgedehnte Reisfeld jenseits des Sumpfes in der Nähe der Flamingobai, da waren die Bäume mit europäischem und einheimischem Obste abzuleeren, wie die Bananen-, die Guajaven-, die Kakao-, die Zimtbäume und andere, da mußte der Sago ausgeschält und bearbeitet und außerdem die Ernte an Getreide, an Weizen, Reis, Buchweizen und Roggen eingebracht und das Zuckerrohr geschnitten werden, das auf den Landstücken der Meierei von Zuckertop in großer Menge vorkam. Gewiß ein tüchtiges Stück Arbeit für vier Männer, wenn sich auch drei Frauen daran nach Kräften beteiligten. Und diese Arbeit war nach einigen Monaten schon wieder zu erledigen, da der Erdboden hier eine so reiche Triebkraft hatte, daß er auch durch zwei Ernten im Jahre nicht erschöpft werden konnte.

Andererseits konnten Frau Zermatt, Frau Wolston und Anna doch auch ihre übrigen Pflichten nicht vernachlässigen, denn sie mußten häufig Kleiduangsstücke ausbessern, die

---

*Wolston täuschte sich, als er diese Befürchtung aussprach, nicht im mindesten, denn zweiundsechzig Jahre später war die außerordentliche Vermehrung der Kaninchen zu einer solchen Gefahr für Australien geworden, daß man diese nur durch die schärfsten Maßregeln etwas einzuschränken vermochte. Jetzt werden bekanntlich viele Kaninchen in gefrorenem Zustande von da nach Europa ausgeführt.

Wäsche besorgen und hatten dazu noch die Mahlzeiten herzurichten, kurz, sie mußten sich um alles bekümmern, was zur Führung eines Haushaltes gehört. Während dann Wolston, Zermatt und dessen beide Söhne die Arbeiten im Freien verrichteten, blieben sie deshalb bei ihrer Beschäftigung öfters in Felsenheim zurück.

So fruchtbar der Boden des Gelobten Landes aber auch war, konnte seine Ertragsfähigkeit im Sommer doch durch übermäßige Trockenheit beeinträchtigt werden. Es fehlte hier noch an einem geeigneten Bewässerungssystem für eine Landfläche von mehreren hundert Hektaren.

Andere Wasserläufe gab es hier nicht, als den Schakalbach und eine von Falkenhorst nach Osten abfließende Quelle, ferner im Westen den Ostfluß, dessen Mündung an der äußersten Südspitze der Nautilusbai lag. Dieser Mangel war Herrn Wolston schon mehrfach aufgefallen, und eines Tages, am 9. November, brachte er nach dem Mittagessen das Gespräch auf diesen Gegenstand.

»Es wäre ja ganz leicht«, sagte er, »ein Wasserrad herzustellen, das durch den Wasserfall des Schakalbaches, eine halbe Lieue oberhalb Felsenheims, getrieben würde. Unter den Ausrüstungsgegenständen, die Sie, lieber Zermatt, aus dem »Landlord« geborgen haben, befinden sich die beiden Pumpen des Schiffes. Stellen wir ein solches Rad her, so könnte dieses sie mit hinreichender Kraft in Bewegung setzen, das Wasser in einen Sammelbehälter heben und es mittels Röhren bis nach den Feldern von Waldegg und Zuckertop hin verteilen.«

»Wie sollten wir aber«, sagte Ernst, »die dazu nötigen Röhren herstellen?«

»Nun, wir führten da nur im großen aus, was Sie im kleinen bereits getan haben, um Wasser aus dem Schakalbache nach dem Gemüsegarten von Felsenheim zu leiten«, antwortete Wolston. »Statt des Bambusrohres benutzten wir dazu Sagobaumstämme, aus denen das Mark entfernt wurde, und eine solche Anlage würde jedenfalls nicht über unsere Kräfte gehen.«

»Vortrefflich!« rief Jack. »Haben wir unsere Felder noch fruchtbarer gemacht, so werden sie auch noch mehr, ja schließlich zu viel Ertrag geben; freilich wissen wir dann mit dem Überflusse nichts anzufangen, denn da es in Felsenheim noch keinen Markt- und Handelsverkehr gibt...«

»O, der wird sich schon noch entwickeln, Jack«, fiel ihm der ältere Zermatt ins Wort. »Es wird hier schon eine Stadt entstehen, der später noch andere nachfolgen werden, und zwar nicht allein im Gelobten Lande, sondern im ganzen Gebiete der Neuen Schweiz. Das ist mit Sicherheit vorauszusehen, mein Kind.«

»Und wenn es dann erst Städte gibt«, fügte Ernst hinzu, »so werden diese auch Bewohner haben, für deren Nahrung gesorgt werden muß. Wir werden dem Boden also soviel wie möglich abzugewinnen suchen müssen...«

»Und das werden wir erreichen«, versicherte Wolston, »erreichen durch die Bewässerungsanlage, zu der ich, wenn Sie ihr zustimmen, einen genauen Plan ausarbeiten werde.«

Jack schwieg zwar, änderte seine Anschauungen aber nicht. Daß die englische Kolonie später zahlreiche Ansiedler, jedenfalls von verschiedenster Herkunft, beherbergen sollte, paßte ihm gar nicht, und wer im Herzen der Frau Zermatt hätte lesen können, würde da wohl die gleiche Befürchtung wegen der Zukunft erkannt haben.

Doch wie dem auch sein mochte, der ältere Zermatt, Wolston und Ernst beschäftigten sich in den wenigen Stunden, die ihnen die Feldarbeiten übrig ließen, eifrig mit dem geplanten, für Ernst besonders interessanten Werke, zu dem der Ingenieur die Anregung gegeben hatte. Nach Besichtigung der Strecke und ihrer Oberflächenverhältnisse erkannte man, daß das betreffende Terrain sich zum Baue eines Kanales ganz gut eigne.

Eine Viertellieue südlich von Waldegg lag der Schwanensee, der sich in der Regenzeit immer vollständig füllte, in der trockenen Jahreszeit aber bis zu einem unausnützbar niedrigen Wasserstand herabsank. Die an ihm angebrachten Einschnitte hätten ein Abfließen des dann zu seichten Wassers auch nicht ermöglicht. Gelang es dagegen durch Entnahme von Wasser aus dem Schakalbache in dem See einen gleichbleibenden Wasserstand zu erhalten, so mußte es leicht sein, die benachbarten Landstrecken zu bewässern und diesen durch verständige Verteilung neue Elemente der Fruchtbarkeit zuzuführen.

Die Entfernung zwischen dem Wasserfalle im Bache und der Südspitze des Sees betrug freilich gut eine Lieue, und eine Rohrleitung von dieser Länge herzustellen, erforderte immerhin eine bedeutende Arbeit, für die man eine kaum abzuschätzende Menge von Sagopalmen fällen mußte.

Eine wiederholte Besichtigung des Terrains durch Wolston und Ernst zeigte glücklicherweise, daß sich die Rohrleitung recht beträchtlich vermindern ließ.

Eines Abends saßen dann die beiden Familien nach einem unter rüstigem Schaffen im Freien und in der Wohnung verbrachten Tage im gemeinschaftlichen Raume beieinander.

»Höre, Vater«, begann da Ernst, »Herr Wolston und ich haben uns die Bodenverhältnisse noch einmal genau angesehen. Danach wird es genügen, das Wasser des Schakalbaches etwa dreißig Fuß hoch zu heben und über eine Strecke von zweihundert Toisen nach einer Stelle hinzuleiten, von der aus das Land nach dem Schwanensee zu abfällt. Über diesen Teil hin braucht dann nur ein Graben gezogen zu werden, durch den das Wasser dem See unmittelbar zufließt.«

»Schön«, erklärte der ältere Zermatt, »damit würde ja die Arbeit bedeutend vereinfacht...«

»Und außerdem«, setzte Wolston hinzu, »würde der Schwanensee als Sammelbecken dienen und hinreichen, die Felder von Waldegg, von Zuckertop und selbst die von Eberfurt zu überrieseln. Dem See führten wir natürlich nur die gerade nötige Wassermenge zu, bei etwaiger Überflutung aber könnten wir den Überschuß bequem ins Meer abströmen lassen.«

»Ich stimme Ihnen zu, Herr Wolston«, erklärte Zermatt, »und durch die Vollendung dieses Kanales hätten wir uns auch ein Anrecht auf die Dankbarkeit der zukünftigen Kolonisten erworben.«

»Doch nicht auf die der alten, die mit dem zufrieden waren, was ihnen die Natur geboten hatte!« bemerkte Jack. »Armer Schakalbach, sie werden ihn anspannen, ein Rad zu treiben, werden ihm einen Teil seines Selbst rauben, und alles das nur zum Vorteile von Leuten, die wir noch gar nicht kennen!«

»Jack ist für weitere Ansiedelungen offenbar nicht eingenommen«, sagte Frau Wolston.

»Was haben wir zwei Familien, die hier seßhaft geworden sind, und deren Lebensbedingungen völlig gesichert erscheinen, denn weiter zu wünschen, Frau Wolston?«

»Oh«, fiel Anna ein, »Jacks Anschauungen werden sich mit den Verbesserungen, die Sie erstreben, schon noch ändern.«

»Glauben Sie das, Fräulein Anna?« erwiderte Jack lächelnd.

»Und wann soll die große Arbeit beginnen?« fragte Betsie.

»Schon in einigen Tagen, meine Liebe«, antwortete ihr Gatte. »Wenn unsere erste Ernte eingebracht ist, haben wir bis zur zweiten gut drei Monate Zeit.«

Das wichtige Unternehmen machte nun allen vom 15. November bis zum 20. Dezember, also fünf volle Wochen, tüchtig zu schaffen.

So waren z. B. zahlreiche Fahrten nach dem Prospekt-Hill nötig, um aus diesem benachbarten Wäldern mehrere hundert Sagopalmen zu fällen. Sie auszuhöhlen bot keine besonderen Schwierigkeiten, wobei das gewonnene Mark in Bambusgefäßen aufgesammelt wurde. Die Fortschaffung dieser Stämme oder Schäfte verursachte dagegen immer große Mühe. Diese Aufgabe fiel dem älteren Zermatt und Jack zu. Sie spannten dazu die beiden Büffel, den Onagre und den jungen Esel ein, die einen Blockwagen zogen, einen von der Art, die später auch in Europa vielfach in Gebrauch kamen. Ernst hatte nämlich den Gedanken gehabt, die schweren Frachtstücke an die Achsen des vorher auseinandergenommenen Wagens zu hängen. Die Stämme schleiften dann höchstens mit einem Ende über den Erdboden hin und die Beförderung erfolgte bedeutend leichter als früher.

Immerhin mußten Büffel, Onagre und Esel tüchtig ziehen.

»Es ist sehr bedauerlich«, sagte Jack deshalb einmal zu seinem Vater, »daß wir nicht ein paar Elefanten zur Verfügung haben. Wieviel Anstrengung bliebe dann unseren armen Tieren erspart...«

»Doch nicht den braven Dickhäutern, die dann ›unsere armen Tiere‹, wären«, antwortete Zermatt.

»O nein, die Elefanten haben sehr große Kraft und würden die Palmenschäfte so leicht wie Streichhölzchen dahin ziehen. In der Neuen Schweiz gibt es ja Elefanten, und wenn es uns gelänge...«

»Nun, mir wäre nichts daran gelegen, die plumpen Gesellen in unserem Teil des Gelobten Landes einwandern zu sehen, Jack. Da würden unsere Felder bald ein gar trauriges Aussehen bekommen.«

»Zugegeben, Vater. Wenn sich aber Gelegenheit böte, einige in den Savannen in der Nähe der Perlenbucht abzufangen oder in den Ausläufern des Grüntales...«

»Da würden wir natürlich zugreifen«, antwortete Zermatt. »Immerhin wollen wir uns diese Gelegenheit lieber nicht wünschen, das ist jedenfalls klüger!«

Während der ältere Zermatt und sein Sohn die vielen Fuhren besorgten, beschäftigten sich Wolston und Ernst mit der Erbauung der Wasserhebeanlage. Bei der Konstruktion des dazugehörigen Schaufelrades entwickelte der Ingenieur eine erstaunliche Geschicklichkeit. Ernst interessierte sich außerordentlich für diese Arbeit, da ihm eine gewisse Vorliebe für Mechanik angeboren war, und er konnte hier aus der Anleitung und den Lehren des Herrn Wolston großen Nutzen ziehen.

Das Rad wurde am Fuße des Wasserfalles im Schakalbache so angelegt, daß es die Stangen der Pumpen vom »Landlord« in Bewegung setzen mußte. Das bis zur Höhe von dreißig Fuß emporgetriebene Wasser wurde dann in einem zwischen den Felsen des linken Ufers hergestellten Becken gesammelt und an dieses sollten sich endlich die Sagopalmenröhren anschließen, deren erste nun bald an der Böschung hin verlegt werden sollten.

Kurz, diese Arbeit wurde so regelmäßig und planvoll durchgeführt, daß sie mit Einschluß des bis zur Südspitze des Schwanensees reichenden Ablaufgrabens bereits am 20. Dezember beendigt war.

»Werden wir denn die Einweihung auch festlich begehen?« fragte Anna Wolston am Abend dieses Tages.

»Das will ich meinen«, antwortete Jack; »ganz als wenn es sich um die Eröffnung eines Kanales in unserer alten Schweiz handelte. Nicht wahr, Mutter?«

»Wie Ihr das wollt, liebe Kinder«, erwiderte Betsie.

»Also abgemacht«, sagte da der ältere Zermatt, »und das Fest beginnt morgen mit der Inbetriebsetzung unserer neuen Anlage...«

»Und schließt... womit?« ließ sich Ernst vernehmen.

»Mit einem vortrefflichen Schmause zu Ehren des Herrn Wolston...«

»Und Ihres Sohnes Ernst«, fiel der Genannte ein, »denn er verdient eine lobende Anerkennung für seinen Eifer und seine Intelligenz.«

»Ihre Lobsprüche sind mir sehr schmeichelhaft, Herr Wolston«, entgegnete der junge Mann, »ich war aber auch in der besten Schule!«

Am folgenden Tage gegen zehn Uhr morgens erfolgte die Einweihung des Kanals in Gegenwart der beiden, neben dem

Wasserfalle versammelten Familien. Das durch den Stoß des Wassers angetriebene Rad bewegte sich vorschriftsmäßig, die Pumpen arbeiteten tadellos und das Wasser floß in das Sammelbecken ab, das sich binnen anderthalb Stunden füllte. Hierauf wurden die Schützen gezogen und das Wasser strömte auf zweihundert Toisen hin durch die neue Rohrleitung.

Alle begaben sich nach deren Endpunkt und klatschten in die Hände, als die ersten Wasserfäden sich in dem frei liegenden Graben hinschlängelten. Nachdem Ernst hier eine kleine Boje hineingeworfen hatte, bestiegen alle den hier bereitgehaltenen Wagen und fuhren nach dem Schwanensee, während Jack ihnen auf dem Rücken seines Straußes sitzend vorauseilte.

Der Wagen rollte so schnell vorwärts, daß er, trotz eines nicht zu vermeidenden Umwegs, das Ende des Grabens noch in dem Augenblicke erreichte, wo die Boje auf den See selbst hinausgetragen wurde.

Laute Hurras begrüßten sie ... die ganze Anlage bewährte sich bestens. Es bedurfte nun bloß noch verschiedener kleiner Einschnitte auf dem abfallenden Lande, durch die, selbst in der trockensten Jahreszeit, den benachbarten Feldern in der heißen Zeit die nötige Bewässerung vermittelt werden konnte.

An diesem Tage waren gerade drei Monate seit der Abfahrt der »Licorne« verstrichen. Erfuhr diese keine Verspätung, so mußte sie nach dreimal so langer Zeit vor der Rettungsbucht wieder in Sicht kommen. Es war bisher kein Tag vergangen, an dem nicht von den Abwesenden gesprochen worden wäre. Alle folgten ihnen im Geiste auf ihrer Reise. An dem und dem Datum mußten sie am Kap der Guten Hoffnung eingetroffen sein, wo James Wolston sein Schwesterchen Doll erwartete; an einem anderen segelte die Korvette auf dem Antlantischen Ozeane längs der Küste Afrikas hin; an einem dritten endlich traf sie in Portsmouth ein ... Jenny, Fritz und Franz gingen ans Land und begaben sich schleunigst nach London. Hier empfing der Oberst Montrose seine Tochter, die wiederzusehen er kaum noch gehofft hatte, mit offenen Armen, und gleichzeitig mit ihr den, der sie vom Rauchenden Felsen errettet hatte, und zu dessen Verbindung mit jener er freudig seinen Segen gab.

Noch neun Monate, dann mußten alle wieder zurückgekehrt sein. Den beiden Familien würde niemand von ihren

Angehörigen fehlen, und nach kurzer Zeit wären sie vielleicht durch noch engere Bande verbunden.

In dieser Weise endete das Jahr 1816, das sich durch Ereignisse ausgezeichnet hatte, deren Folgen die Verhältnisse der Neuen Schweiz jedenfalls gründlich ändern sollten.

Siebtes Kapitel

Der Neujahrstag. – Spaziergang nach Falkenhorst. – Vorschlag zur Erbauung einer Kapelle. – Reisepläne. – Verhandlung. – Die Pinasse segelfertig. – Abfahrt am 15. März.

Am 1. Januar brachten sich die Familien Zermatt und Wolston gegenseitig ihre Glückwünsche dar. Sie überraschten einander mit kleinen Geschenken, die freilich mehr moralischen als reellen Wert hatten – mit verschiedenen Nichtsen, die durch die Zeit zu teueren Andenken werden. Natürlich wurde auch so mancher warme Händedruck gewechselt an diesem überall festlich begangenen Tage, wo das junge Jahr
  Die Bühne unbekannter
    Zukunft zuerst betreten,
hat ein französischer Dichter in siebensilbigen Versen gesagt. Diesmal unterschied sich der Neujahrstag freilich von seinen zwölf Vorgängern, seit die Schiffbrüchigen vom »Landlord« das Ufer bei Zeltheim betreten hatten. Der ernsten Stimmung mischte sich heute ein gutes Teil aufrichtiger Freude bei, und bald herrschte eine allgemeine Fröhlichkeit, die Jack mit der Lebendigkeit, womit er alle Sachen anfaßte, eher noch zu erhöhen wußte.

Der ältere Zermatt und Wolston umarmten sich. Alte Freunde, wie sie es schon längst waren, hatten sie sich bei dem Zusammenleben hier gegenseitig schätzen und achten gelernt. Der erste erwies Anna die ganze Zärtlichkeit eines Vaters, und der zweite behandelte Ernst und Jack wie eigene Söhne. Ganz ähnlich verhielt es sich mit den beiden Müttern, die allen ihren Kindern mit gleicher Liebe entgegenkamen.

Anna Wolston mußte sich besonders geschmeichelt fühlen über die Art und Weise, wie Ernst sie begrüßte. Der junge Mann versuchte sich bekanntlich zuweilen in Gedichten. Schon früher hatte er ja dem braven Esel, nach dem diesem verderblichen Zusammentreffen mit der riesigen Boaschlange, eine Grabschrift in recht hübschen Reimen gewidmet. Jetzt, wo es dem jungen Mädchen galt, erhob sich seine Phantasie natürlich zu höherem Fluge, und über Annas Wangen ergoß sich eine tiefe Röte, als der jugendliche Jünger des Apoll sie beglückwünschte, in der herrlichen Luft des Gelobten Landes ihre Gesundheit wiedergefunden zu haben.

»Die Gesundheit ... und das reinste Glück!« antwortete sie, Frau Zermatt umarmend.

Der betreffende Tag, übrigens ein Freitag, wurde gleich einem Sonntage durch Abhaltung einer Andacht und mit der Bitte an den Höchsten gefeiert, daß er den Abwesenden seinen Schutz verleihe, während ihm gleichzeitig heißer Dank für alle bisher bewiesene Güte dargebracht wurde.

Bald darauf aber rief Jack:

»Und unsere Tiere? ...«

»Wie, unsere Tiere, was ist's damit?« fragte der ältere Zermatt.

»Nun ja, Turc, Falk, Braun, unsere Büffel Sturm und Brummer, unser Stier Brüll, unsere Kuh Blaß, unser Onagre Leichtfuß und die jungen Esel Pfeil, Flink und Rasch, unser Schakal Caro, unser Strauß Brausewind, unser Affe Knips II., kurz, alle unsere zwei- und vierfüßigen guten Freunde ...«

»Ich bitte dich, Jack«, unterbrach ihn Frau Zermatt, »du beabsichtigst doch nicht etwa gar, auch die Ställe und den Hühnerhof anzudichten?«

»Nein, gewiß nicht Mutter; ich glaube nicht, daß die braven Tiere selbst für die schönsten Reime empfänglich wären; dagegen verdienen sie zur Feier des Neuen Jahres doch wohl eine doppelte Futterration und ein frisches Strohlager.«

»Jack hat recht«, sagte Wolston, »es ist nicht mehr als billig, daß unsere Tiere ...«

»Und den Schakal, sowie den Kormoran Jennys nicht zu vergessen!« fügte Anna Wolston ein.

»Richtig, mein Kind«, stimmte Frau Wolston ihr zu. »Die Schützlinge Jennys müssen ebenfalls ihr Teil haben!«

»Und da heute der erste Tag des Jahres für die ganze Erde ist«, nahm Frau Zermatt das Wort, »wollen wir uns auch recht innig derer erinnern, die sicherlich unser gedenken!«

Ein herzlicher Gruß der beiden Familien wurde den geliebten Passagieren der »Licorne« nachgesendet.

Die treuen Tiere wurden nach Verdienst belohnt, wobei

man es ihnen weder an Zucker noch an Liebkosungen fehlen ließ.

Darauf sammelte sich die kleine Gesellschaft im »Speisezimmer« von Felsenheim zu einem ausgewählten, reichlichen Frühstück, zu dessen frohem Verlauf ein paar Gläser des alten, vom Befehlshaber der Korvette geschenkten Weines nicht wenig beitrugen.

Am heutigen Festtage dachte niemand daran, sich den sonst gewohnten Arbeiten zu widmen. Der ältere Zermatt schlug deshalb auch einen Spaziergang nach Falkenhorst vor. Das war ein Weg von kaum einer Lieue und erforderte keine Anstrengung, da er immer im Schatten der schönen, die Sommer- und die Winterwohnung verbindenden Allee hinführte.

Das Wetter war prächtig, wenn auch sehr warm. Die Doppelreihe der Alleebäume ließ aber keinen Sonnenstrahl durch ihr dichtes Laubwerk dringen. Es handelte sich also nur um einen angenehmen Ausflug, bei dem man, längs des Strandes hingehend, zur Rechten das Meer und zur Linken die Felder hatte.

Gegen elf Uhr erfolgte der Aufbruch, der ganze Nachmittag sollte in Falkenhorst verbracht werden, und zum Abendessen gedachte man wieder zurück zu sein. Wenn die beiden Familien sich im vergangenen Jahre niemals weder in Waldegg, noch auf dem Prospekt-Hill oder in der Einsiedelei von Eberfurt aufgehalten hatten, lag das nur daran, daß an den Meiereien gewisse Vergrößerungen nötig geworden waren, die sich erst nach der Rückkehr der »Licorne« ausführen ließen. Nebenbei war ja auch zu vermuten, daß mit dem Eintreffen neuer Kolonisten das jetzige Gebiet des Gelobten Landes manche Veränderung erfahren würde.

Nachdem sie durch die Einfriedigung des Küchengartens gekommen waren und den Schakalbach auf der Familienbrücke überschritten hatten, wendeten sich die Spaziergänger der Allee zu, deren Obstbäume an den Seiten sich schon erstaunlich entwickelt hatten.

Die Spaziergänger beeilten sich nicht; eine Stunde mußte ja hinreichen, nach Falkenhorst zu kommen. Die Hunde Braun und Falk, die ihre Herren begleiten durften, sprangen fröhlich voraus. An jeder Seite prangten die Felder mit Mais, Hirse, Hafer, Weizen, Korn, Maniok und Bataten in üppigem Gedeihen. Die zweite Ernte versprach sehr ergiebig zu werden, ohne von dem zu reden, was die Ländereien weiter im Norden, die durch die Abflüsse aus dem Schwanensee bewässert wurden, noch obendrein liefern mußten.

»Welch glücklicher Gedanke, das Wasser des Schakalbaches auszunützen, das vorher ganz zwecklos ins Meer sich ergoß, welches seiner doch nicht bedurfte!« bemerkte Jack gegen Herrn Wolston.

Nach je zwei- bis dreihundert Schritten blieben die Lustwandler einmal stehen, und in diesen Pausen entwickelte sich sofort eine lebhafte Unterhaltung. Anna vergnügte sich damit, einige der hübschen Blumen zu pflücken, deren Wohlgeruch den ganzen Weg erfüllte. Mehrere hundert Vögel flatterten zwischen den dichtbelaubten und früchteschweren Ästen umher. Durch das Gras und Kraut schlüpfte mancherlei Wild, wie Hasen, Kaninchen, Auerhähne, Haselhühner und Schnepfen. Weder Ernst noch Jack hatten ihre Jagdflinten mitnehmen dürfen, und es schien fast, als ob die Vierfüßler und das Geflügel das wüßten. Heute sollte ja auch spaziergegangen, nicht gejagt werden.

»Ich erwarte bestimmt«, hatte der ältere Zermatt, dem Anna Wolston eifrig beistimmte, vor dem Weggange gesagt, »daß heute diese harmlosen Geschöpfe unbelästigt bleiben.«

Ernst, dem die Jagdlust nicht so tief im Blute lag, war sofort zu einer Zusage bereit, Jack aber ließ sich erst etwas bitten. Auszugehen ohne Gewehr, das – seinen Worten nach – einen Teil seines Selbst bildete, erschien ihm gerade so, als ob ihm ein Arm oder ein Bein amputiert worden wäre.

»Ich kann ja das Gewehr immerhin mitnehmen, ohne davon gleich Gebrauch zu machen«, hatte er gesagt. »Selbst wenn ein ganzes Volk Rebhühner zwanzig Schritt von mir vorüberzöge, verpflichte ich mich, nicht zu schießen...«

»Ein solches Versprechen würden Sie nicht zu halten vermögen, Jack«, hatte das junge Mädchen geantwortet. »Bei Ernst hätte das wohl keine Gefahr, doch bei Ihnen...«

»Wenn uns nun aber ein Raubtier in den Weg käme, ein Panther, Bär, Tiger oder Löwe, die gibt's ja alle auf der Insel...«

»Doch nicht im Gelobten Lande, Jack«, hatte Frau Zermatt entgegnet. »Erhebe nur keinen weiteren Einspruch; Du hast ja für die Jagd noch dreihundertvierundsechzig Tage zur Verfügung.«

»Haben wir denn nicht wenigstens ein Schaltjahr?«

»Nein, das nicht«, erwiderte Ernst.

»Man hat aber auch gar kein Glück!« rief der junge Jäger.

Es war ein Uhr geworden, als die Familien, nachdem sie das Mangobaumgehölz durchschritten hatten, unten vor Falkenhorst anlangten.

Zunächst überzeugte sich der ältere Zermatt, daß die Hürde, die den Geflügelhof umgab, in unversehrtem Zustande war. Weder die Affen noch die Eber hatten sich diesmal der ihnen angeborenen Zerstörungslust hingegeben. Jack hätte freilich auch keine Möglichkeit gehabt, derartige Plünderer zu züchtigen.

Die Spaziergänger ruhten nun ein wenig auf der halbrunden, die Wurzeln des riesigen Mangobaumes überdeckenden Terrasse aus, die aus tonig-fetter Erde hergestellt und mittels einer Mischung von Harz und Teer undurchlässig gemacht worden war. Jeder nahm eine kleine Erfrischung zu sich, die die Metfässer unter der Terrasse lieferten. Dann erstiegen alle die im Inneren des Stamms angelegte Wendeltreppe, womit sie die, vierzig Fuß über der Erde gelegene Plattform erreichten.

Wie glücklich fühlte sich die Familie Zermatt hier unter dem breiten Geäste des Baumes! War diese Stelle doch sozusagen ihr erstes Nest gewesen, das bei ihnen so viele Erinnerungen wachrief. Seine beiden, mit Gittergeländer versehenen Balkons, sein doppelter Fußboden, seine mit dicht anschließender Rindenlage abgedeckten Zimmer, hatten das »Nest« zu einer reizenden und kühlen Sommerwohnung gemacht, die jetzt aber nur zu vorübergehendem Aufenthalte diente. Geräumigere Einrichtungen sollten am Prospekt-Hill geschaffen werden. Jedenfalls wollte der ältere Zermatt den »Horst des Falken« aber so lange instand halten, wie der riesige Baum ihm auf seinen Ästen eine genügende Stütze böte und bis er einst »an Jahren reich« vor Alter selbst zusammenbräche.

An diesem Nachmittage trat im Laufe des Gesprächs auf dem Balkon Frau Wolston noch mit einer Anregung hervor, der gewiß Beachtung verdiente. Bei der ungeheuchelten Frömmigkeit und den tiefen religiösen Gefühlen, die ihr eigen waren, konnte niemand über ihre Worte erstaunen.

»Schon oft, liebe Freunde«, so sprach sie, »habe ich bewundert – und bewundre noch – was Sie alles auf diesem Teil unserer Insel geleistet und geschaffen haben: Felsenheim, Falkenhorst, Prospekt-Hill, die Meiereien, Anpflanzungen und Felder; alles zeugt von ebensoviel Intelligenz wie von Arbeitsfreudigkeit. Frau Zermatt hab' ich aber schon wiederholt gefragt, warum Ihnen eines mangle ...«

»Eine Kapelle?« fiel Betsie sofort ein. »Sie haben recht, meine liebe Merry. Wir brauchen wirklich, dem Allmächtigen danken zu können ...«

»Etwas mehr als eine Kapelle«, ließ sich Jack, dem nichts unausführbar erschien, vernehmen, »eine wirkliche Kirche, ein Baudenkmal mit schönem Glockenturme!... Wann beginnen wir damit, Vater?... Baumaterial haben wir ja soviel, daß wir davon noch verkaufen können!... Herr Wolston wird die Pläne entwerfen und wir, wir führen sie aus.«

»Ja«, erwiderte der ältere Zermatt lächelnd, »wenn ich mir auch den fertigen Kirchenbau vorstellen kann, so sehe ich dafür doch keinen Geistlichen, keinen Prediger ...«

»Oh, als solcher tritt Franz nach seiner Heimkehr ein«, meinte Ernst.

»Inzwischen machen Sie sich darum keine Sorge, Herr Zermatt«, setzte Frau Wolston hinzu. »Wir begnügen uns vorläufig schon damit, in unserer Kapelle beten zu können.«

»Ihr Vorschlag ist ausgezeichnet, Frau Wolston! Wir dürfen ja niemals vergessen, daß bald neue Kolonisten eintreffen könnten. In den Mußestunden der Regenzeit werden wir ihn eingehender erörtern ... zunächst z. B. den geeigneten Platz dafür auswählen ...«

»Mir scheint, lieber Mann«, sagte da Frau Zermatt, »daß es leicht sein müsse, Falkenhorst, wenn es uns einmal nicht mehr als Wohnung dienen soll, zu einer Kapelle über der Erde umzugestalten.«

»Und unsere Gebete wären dann schon auf dem halben Wege zum Himmel, wie unser lieber Franz sagen würde«, fügte Jack hinzu.

»Das wäre doch etwas zu weit von Felsenheim«, antwortete der ältere Zermatt. »Mir erscheint es wünschenswerter, diese Kapelle in der Nachbarschaft unserer Hauptwohnung zu errichten, so daß rings um sie neue Wohnstätten entstehen können. Nun, ich wiederhole es, wir werden die Sache erörtern.«

In den noch übrigen drei oder vier Monaten der schönen Jahreszeit waren freilich alle Hände von dringenden Arbeiten in Anspruch genommen, und vom 15. März bis Ende April gab es überhaupt keinen Rasttag. Herr Wolston schonte sich gewiß nicht, Fritz und Franz konnte er aber doch nicht ersetzen, wo es galt, die Meiereien mit Futtervorräten zu versorgen, um die Ernährung der Tiere auch im Winter zu sichern. In Waldegg, der Einsiedelei von Eberfurt, sowie beim Prospekt-Hill gab es jetzt wenigstens hundert Schafe, Ziegen und Schweine, und die Stallungen bei Felsenheim hätten nicht hingereicht, eine so große Herde aufzunehmen. Mit dem Geflügel lag die Sache leichter, denn das trieb man vor Eintritt der schlechten Jahreszeit in den Hühnerhof zusammen, wo es weder den Hühnern und Trappen, noch den Tauben an täglicher Pflege mangelte. Die Gänse und Enten konnten sich auf einer größeren Lache austummeln, die sich nur zwei Flintenschuß weit von hier befand. Nur die Zugtiere, die Esel und Büffel, sowie die Kühe und deren Kälber blieben in Felsenheim selbst. Auf diese Weise war – abgesehen von der Jagd und der Fischerei, die auch vom April bis zum September reiche Beute versprachen – die Ernährung aller schon durch die Erzeugnisse des Viehhofes gesichert.

Am 15. März war nun immer noch etwa eine Woche übrig, ehe die Feldarbeiten die Beteiligung aller Insassen Felsenheims erforderten. Diese Frist hätte also ohne Nachteile mit einem Ausfluge über die Grenzen des Gelobten Landes hinaus ausgefüllt werden können. Darüber entspann sich noch an diesem Abend auch ein Gespräch, woran beide Familien teilnahmen. Anfänglich gingen die Anschauungen etwas auseinander, schließlich herrschte über einen dabei gemachten Vorschlag aber allgemeine Übereinstimmung.

Herr Wolston kannte bisher kaum etwas anderes, als den Teil des Landes zwischen dem Schakalbache und dem Kap der Getäuschten Hoffnung, auf dem auch die Meiereien von Waldegg, Zuckertop, die Einsiedelei Eberfurt und der Prospekt-Hill lagen.

»Es wundert mich, lieber Zermatt«, sagte er, »daß weder Sie noch Ihre Kinder im Laufe von fast zwölf Jahren es versucht haben, weiter ins Innere der Neuen Schweiz einzudringen.«

»Wozu hätte das dienen sollen, lieber Wolston?« erwiderte Zermatt. »Bedenken Sie nur die Verhältnisse: Als wir nach dem Schiffbruche des ›Landlord‹ hier glücklich das Ufer erreichten, waren meine Söhne noch eigentlich Kinder, die mich bei einer solchen Untersuchung nicht hätten unterstützen können. Auch daran, daß meine Frau mich begleitet hätte, war gar nicht zu denken, und ebenso unklug wäre es gewesen, sie allein zurückzulassen.«

»Allein mit Franz, der erst fünf Jahre alt war!« setzte Betsie hinzu. »Übrigens klammerten wir uns immer an die Hoffnung, von irgendeinem Schiffe bald wieder aufgenommen zu werden.«

»Vor allem«, fuhr der ältere Zermatt fort, »mußten wir doch für unsere dringendsten Bedürfnisse sorgen und wenigstens so lange in der Nähe des Schiffes bleiben, bis wir daraus geborgen hatten, was uns in Zukunft nützlich werden könnte. An der Mündung des Schakalbaches hatten wir Süßwasser, an dessen linkem Ufer leicht zu bearbeitende Felder und auf dem rechten stand eine reiche Pflanzenwelt. Bald darauf führte uns ein Zufall zur Auffindung der gesunden und geschützten Wohnung von Felsenheim. Sollten wir da die Zeit vergeuden, nur um unsere Neugier zu befriedigen?«

»Dazu kommt noch«, bemerkte Ernst, »daß wir uns mit einer Entfernung von der Rettungsbucht der Gefahr aussetzten, mit Eingeborenen zusammenzutreffen, vielleicht mit Bewohnern der Andamanen, die gerade im Rufe besonderer Wildheit stehen.«

»Endlich brachte jeder Tag«, fuhr der ältere Zermatt fort, »neue und so dringliche Arbeiten, daß an deren Verschiebung nicht zu denken war. Jedes neue Jahr aber legte uns wiederum viele Arbeiten, wie das vergangene auf. Dann fesselte uns die liebe Gewohnheit, und da es uns hier wohlging, wurzelten wir sozusagen an dieser Stelle fest ... Darum haben wir sie niemals verlassen. In dieser Weise sind die Jahre verstrichen, und uns erscheint es doch, als wären wir erst seit gestern hier. Nun also, mein lieber Wolston, wir befanden uns auf diesem Stückchen Erde stets recht wohl, und kamen nie auf den Gedanken, daß es weise sein könnte, anderswo nach noch Besserem zu suchen.

»Das ist alles ganz richtig«, antwortete Wolston; »ich freilich hätte im Laufe der Jahre dem Verlangen, das Land auch weiter nach Süden, Osten und Westen kennenzulernen, schwerlich widerstehen können.«

»Weil Sie englisches Blut in den Adern haben«, meinte der ältere Zermatt, »und deshalb immer ›unterwegs‹ sein müssen. Wir gehören aber zu den friedlichen und seßhaften Schweizern, die ihre Berge nur mit Bedauern verlassen, zu den Leuten, die gern zu Hause bleiben, und ohne die Verhältnisse, die uns nötigten, Europa zu verlassen ...«

»Dagegen erheb' ich Einspruch«, rief Jack, »mindestens

soweit es mich betrifft. Wenn auch ein Schweizer mit Leib und Seele, verlangte es mich doch immer, die ganze Erde zu durchstreifen!«

»Du wärst auch wert, ein Engländer zu sein«, erklärte Ernst, »doch darfst du nicht glauben, daß ich dir aus diesem Trieb in die Ferne einen Vorwurf machen möchte. Übrigens meine ich, daß Herr Wolston recht hat; auch ich halte es für geboten, daß wir unsere Neue Schweiz endlich einmal in ihrem ganzen Umfange besichtigen.«

»Sie ist ja, wie wir jetzt wissen, nur eine Insel im Indischen Ozean«, setzte Wolston hinzu, »und ich halte es für angezeigt, ihre Erforschung noch vor der Rückkehr der ›Licorne‹ zu vollenden.«

»Sobald der Vater es wünscht!« rief Jack, der stets bereit war, auf Entdeckungen auszuziehen.

»Davon werden wir nach der schlechten Jahreszeit wieder sprechen«, erklärte der ältere Zermatt. »Ich habe gegen einen Zug ins Innere gar nichts einzuwenden. Jedenfalls müssen wir aber anerkennen, vom Schicksal begünstigt worden zu sein, daß es uns nach dieser gesunden und fruchtbaren Küste verschlagen ließ. Sollte es anderswo noch eine geben, die sich mit dieser messen könnte?«

»Wieviel wissen wir aber von ihr?« antwortete Ernst. »Nach Osten zu, wo wir das Ostkap umschifft haben, um nach der ›Licorne‹-Bai zu gelangen, ist unsere Pinasse nur an einem Uferstriche mit nackten Felsen und zwischen gefährlichen Klippen hingefahren, und selbst am Ankerplatze der Korvette zeigte sich nur ein sandiger Strand. Begeben wir uns dagegen weiter nach Süden hinaus, so ist es doch möglich, daß die Neue Schweiz dort einen weniger trostlosen Anblick bietet.«

»Darüber können wir uns«, sagte Jack, »nur unterrichten, wenn wir einmal eine Ruderfahrt mit der Pinasse ausführen.«

»Wenn Sie aber«, nahm Wolston wieder das Wort, »nach Osten zu und nicht über die ›Licorne‹-Bai hinausgekommen sind, so haben Sie doch wohl den Küstenstrich im Norden weiterhin besucht?«

»Jawohl, etwa fünfzehn Lieues weit«, antwortete Ernst, »vom Kap der Getäuschten Hoffnung bis zur Perlenbucht.«

»Und wir sind nicht einmal wißbegierig genug gewesen«, rief Jack, »den Rauchenden Felsen aufzusuchen ...«

»Ein ödes unfruchtbares Eiland«, bemerkte Anna, »das

Jenny gewiß nie wiederzusehen verlangte.«

»Alles in allem«, meinte der ältere Zermatt, »dürfte es am ratsamsten sein, die bis an die Perlenbucht heranreichenden Landstrecken zu besichtigen, denn von deren Ufer aus erstrecken sich grüne Prärien, größere und kleinere Hügel und dichtbelaubte Wälder offenbar weit ins Innere hinein...«

»Wälder, worin man Trüffeln sammeln kann«, sagte Ernst.

»Seh' einer das Leckermaul!« rief Jack.

»Ja freilich, Trüffeln«, bestätigte der ältere Zermatt lachend, »doch man trifft dort gewiß auch die, die sie auszuscharren pflegen.«

»Ohne die Panther und die Löwen zu vergessen!« setzte Betsie hinzu.

»Aus diesem allen«, ließ sich Wolston vernehmen, »geht hervor, daß wir uns ohne gewisse Vorsichtsmaßregeln weder nach der einen noch nach der anderen Seite weit hinwegwagen dürfen. Da unsere zukünftige Kolonie sich jedenfalls noch bis jenseits des Gelobten Landes ausdehnen wird, halte ich es für richtiger, erst dessen Hinterland kennenzulernen, als eine Rundfahrt auf dem Wasser zu unternehmen...«

»Und zwar vor der Rückkehr der Korvette«, fiel Ernst ein. »Meiner Ansicht nach wäre es das Beste, durch den Paß der Kluse zu gehen und durch die Niederung des Grüntales zu ziehen, um auf die Berge zu gelangen, die man von den Höhen bei Eberfurt aus sehen kann.«

»Sind Ihnen diese nicht als recht fernliegend erschienen?« fragte Wolston.

»Ja.... etwa fünfzehn Lieues weit«, antwortete Ernst, »denn man erkannte nur noch ihren bläulichen Kamm am Horizonte.«

»Ich bin überzeugt«, sagte da Anna Wolston lachend, »daß Ernst bereits einen vollständigen Reiseplan entworfen hat.«

»Zugestanden, Anna«, antwortete der junge Mann; »ich möchte gar zu gern eine genaue Karte unserer Neuen Schweiz herstellen.«

»Liebe Freunde«, begann jetzt der ältere Zermatt, »laßt mich einen Vorschlag machen, der Herrn Wolston wenigstens in etwas befriedigen wird...«

»Angenommen! Angenommen!« rief Jack.

»So höre mich doch erst an, du leibhaftige Ungeduld! Gegen zwölf Tage haben wir noch übrig, ehe die Arbeiten bei der zweiten Ernte uns in Anspruch nehmen, und wenn es euch recht ist, widmen wir die Hälfte davon dem Besuche des Teiles der Insel, der ihr östliches Ufer bildet.«

»Und inzwischen«, bemerkte Frau Wolston wenig zustimmenden Tones, »während Herr Zermatt und seine Söhne sowie auch mein Mann weit draußen umherschweifen, bleiben wir, Frau Zermatt, Anna und ich, wohl hübsch allein hier in Felsenheim zurück?...«

»O nein, Frau Wolston«, beruhigte sie der ältere Zermatt, »die Pinasse soll dann alle aufnehmen.«

»Wann geht es fort?« rief Jack. »Gleich heute...«

»Warum nicht lieber schon gestern?« erwiderte sein Vater lachend.

»Da wir das Innere der Perlenbucht schon von Ansehen kennen«, meinte Ernst, »dürfte es, meine ich, auch richtiger sein, am östlichen Ufer hinzusegeln. Die Pinasse steuerte dabei geraden Weges nach der ›Licorne‹-Bai und wendete sich von da aus nach Süden. Vielleicht entdecken wir dabei die Mündung eines Flusses, dessen Laufe wir folgen könnten...«

»Das ist ein vortrefflicher Gedanke«, bestätigte der ältere Zermatt.

»Wenigstens«, bemerkte Wolston dagegen, »wenn es nicht wünschenswerter erscheint, die ganze Insel zu umschiffen...«

»Eine vollständige Rundfahrt?« antwortete Ernst. »Das erforderte wohl mehr Zeit, als wir übrig haben, denn bei unserem ersten Ausfluge durch das Grüntal erblickten wir nur den bläulichen Kamm jenes Bergzuges am Horizonte.«

»Gerade über diese Bergkette sollten wir uns aber genauer unterrichten«, erwiderte ihm Wolston.

»Ja freilich, das hätte schon weit früher geschehen sollen«, stimmte Jack ihm zu.

»Gewiß, gewiß!« bestätigte der ältere Zermatt; »und vielleicht mündet in diesen Uferteil ein Fluß, den wir, wenn auch nicht mit der Pinasse, doch mit dem Kanu hinauffahren könnten.«

Nachdem man sich über diesen Vorschlag geeinigt hatte, wurde die Abfahrt auf den zweitnächsten Tag festgesetzt.

Sechsunddreißig Stunden waren übrigens keine zu lange Frist für die nötigen Vorbereitungen. Zunächst mußte die »Elisabeth« für die Fahrt segelfertig gemacht und gleichzeitig ausreichendes Futter für die Tiere besorgt werden, um diese in der Zeit der Abwesenheit beider Familien, die unvorhergesehene Umstände vielleicht verlängern könnten, keine Not leiden zu lassen.

Das gab also für die einen wie für die anderen noch reichliche Arbeit.

Wolston und Jack unterzogen sich einer gründlichen Besichtigung der im Hintergrunde der Bucht liegenden Pinasse. Seit der Fahrt nach der »Licorne«-Bai war sie nicht wieder aufs Wasser hinausgekommen. Jetzt bedurfte sie einiger Ausbesserungen, worauf sich Wolston übrigens sehr gut verstand. Auch an Kenntnis der Schiffahrt fehlte es ihm nicht, doch war in dieser Hinsicht ja auf Jack, den unerschrockenen Nachfolger seines Bruders Fritz, zu rechnen, der die »Elisabeth« gewiß ebenso geschickt führte, wie er den Kajak steuerte.

Bei ihm galt es höchstens einen etwas zügellosen Drang zu beschränken, der ihn vielleicht zu einer Unklugheit verleiten könnte.

Der ältere Zermatt, seine Gattin, Ernst, Frau Wolston und Anna, denen es oblag, die Ställe und den Geflügelhof zu versorgen, entledigten sich dieser Aufgabe mit regem Eifer. Weder den Büffeln noch dem Onagre, weder den Kühen noch den Eseln oder dem Strauße konnte es da an dem nötigen Pflanzenfutter fehlen; daneben wurden natürlich auch die Hühner, Gänse und Enten, Jennys Kormoran, die beiden Schakale, der Affe und die Hunde nicht vernachlässigt. Nur Braun und Falk sollten mit an Bord genommen werden, da sich im Laufe der Fahrt, wenn die Pinasse da und dort die Küste anlief, wohl Gelegenheit zu jagen bieten könnte.

Selbstverständlich erforderten jene Vorarbeiten auch einen Besuch der Meiereien von Waldegg und Zuckertop sowie der Einsiedelei von Eberfurt und des Prospekt-Hill, wo die verschiedenen Tiere untergebracht waren. Das verursachte immerhin einigen Zeitverlust; mit Hilfe des Wagens gelang es jedoch, die vom älteren Zermatt bestimmte Frist von sechsunddreißig Stunden nicht zu überschreiten.

Man hatte tatsächlich auch keine Zeit mehr zu verlieren. Die schon gelb werdenden Felder standen nahe vor der Reife der Früchte. Das Einernten konnte kaum um mehr als zwölf Tage verzögert werden, doch war die Pinasse bis dahin auch jedenfalls zurückgekehrt.

Kurz, am Abend des 14. März war alles vollendet und eine Kiste mit konserviertem Fleische, ein Sack Maniokmehl, ein

Fäßchen Met, eine kleine Tonne Palmwein, vier Gewehre, ebensoviele Pistolen, Pulver, Blei, selbst hinreichende Munition für die zwei Signalkanonen der »Elisabeth«, ferner Dekken, Wäsche, Kleidung zum Wechseln, Regenmäntel aus Wachstuch und die nötigen Küchengeräte an Bord geschafft.

Damit war alles zur Abfahrt fertig, und es galt nur noch, beim ersten Morgenrote die dann vom Lande her wehende Brise zu benutzen, um nach dem Kap im Osten hinauszusegeln.

Um fünf Uhr des Morgens und nach einer stillen Nacht schifften sich alle ein, begleitet von den zwei Hunden, die vergnügt hin und her sprangen.

Als die Fahrgäste ihren Platz auf dem Verdecke eingenommen hatten, wurde am Achter noch das Kanu emporgezogen. Dann setzte man das Brigg-, das Fock- und ein Klüversegel bei, der ältere Zermatt stand am Steuer, Wolston und Jack an den Schoten, die Pinasse drehte in den Wind und verlor jenseits der Haifischinsel die Höhen von Felsenheim bald aus dem Gesichte.

Achtes Kapitel

Auf der Fahrt. – Die Klippe des »Landlord«. – Die »Licorne«-Bai. – Die »Elisabeth« vor Anker. – Auf der Uferhöhe. – Eine öde Gegend. – Das Land im Süden. – Weitere Pläne.

Sobald sie über die enge Wasserstraße hinausgekommen war, glitt die Pinasse über die weite Meeresfläche zwischen dem Kap der Getäuschten Hoffnung und dem Kap im Osten bei schönem Wetter dahin. Über den mattblauen Himmel zogen leichte Wolken, die die Sommerwärme milderten.

Der Wind, der um diese Morgenstunde vom Lande her wehte, begünstigte die Fahrt der »Elisabeth«. Erst wenn sie das Kap im Osten hinter sich hatte, konnte sich ihr der Seewind fühlbar machen.

Das leichte Fahrzeug trug jetzt das vollständige Segelwerk einer Brigantine, sogar ein Außenklüversegel und Topsegel an beiden Masten. In dieser Weise glitt es, mit gutem Winde fast von hinten, ein wenig über Steuerbord geneigt dahin, sein Bug durchschnitt das Wasser, das hier ebenso ruhig wie das eines

Binnensees war, und es legte gut acht Knoten zurück und zog einen langen Schweif schäumenden Kielwassers hinter sich her.

Auf dem kleinen Verdecke sitzend, drehten sich Frau Zermatt, Frau Wolston und deren Tochter zuweilen um. Ihre Blicke überflogen das wegen der Entfernung sehr niedrig erscheinende Uferland zwischen Falkenhorst und der Landspitze der Getäuschten Hoffnung. Alle freuten sich über das angenehme Auf- und Abwiegen bei der schnellen Fahrt, während ihnen noch ein Lufthauch die Wohlgerüche vom Lande her zutrug.

Welche Gedanken regten sich aber in Betsie, welche Erinnerungen an die verflossenen zwölf Jahre wachten in ihr wieder auf! Sie sah sich noch einmal in jenem, als einziges Rettungsmittel aus leeren Tonnen improvisierten Fahrzeuge, das eine einzige Sturzwelle hätte zum Kentern bringen können, sah sich zusammengekauert in dem gebrechlichen Gefährte, einer unbekannten Küste zutreibend, doch mit allen, die sie liebte, mit ihrem Gatten, ihren vier Söhnen, von denen der jüngste kaum fünf Jahre zählte, und sah im Geiste sich endlich landen, dort an der Mündung des Schakalbaches, wo auch das erste Zelt errichtet worden war, bevor sie mit den ihrigen nach Falkenhorst und dann nach Felsenheim übersiedelte. Sie erinnerte sich auch ihrer tödlichen Angst, allemal wenn Zermatt sich mit seinen Söhnen nach dem zertrümmerten Schiffe begab. Und jetzt, auf der wohlausgerüsteten und geschickt geführten, seetüchtigen Pinasse nahm sie ohne jede Furcht an dieser Reise zur Erforschung des Ostens der Insel teil. Welche Veränderungen waren hier obendrein seit etwa fünf Monaten eingetreten, während sich in der nächsten Zukunft noch wichtigere voraussehen ließen.

Der ältere Zermatt bemühte sich, den Wind auszunützen, der mit der zunehmenden Entfernung der »Elisabeth« vom Lande Neigung zum Abflauen zeigte.

Wolston, Ernst und Jack hielten die Schoten in den Händen, um diese nach Bedarf anzuziehen oder schießen zu lassen. Es wäre sehr unangenehm gewesen, vor Erreichung des Kaps im Osten, wo dann eine Seebrise wehte, hier von einer Windstille überrascht zu werden.

»Ich fürchte, daß der Wind ganz einschläft«, sagte auch Wolston, »denn unsere Segel erschlaffen mehr und mehr.«

»Ja, das ist zu erwarten«, bestätigte der ältere Zermatt. »Da er uns aber jetzt noch von rückwärts her trifft, wollen wir das Focksegel mehr nach der einen, das Briggsegel mehr nach der anderen Seite hinausrücken; damit kommen wir doch wohl etwas schneller vorwärts.«

»Und das muß uns treffen, wo wir nur noch eine halbe Stunde brauchen, die Landspitze zu umschiffen!« bemerkte Ernst.

»Nun, wenn die Brise sich gänzlich legt«, sagte Jack, »so müssen wir wohl die Riemen einlegen und bis zum Kap hin rudern. Wenn wir zu vieren, Herr Wolston, mein Vater, Ernst und ich, zugreifen, wird die Pinasse, denke ich, auch noch von der Stelle kommen.«

»Und wer soll dann das Steuer handhaben, wenn Ihr alle rudert?« fragte Frau Zermatt.

»Du, Mutter ... oder Frau Wolston ... oder auch Anna. Ja, warum nicht Anna? Ich bin überzeugt, daß es sie nicht in Verlegenheit setzen würde, das Ruder wie ein richtiger Seemann von Backbord nach Steuerbord umzulegen.«

»Ja, warum denn nicht«, antwortete das junge Mädchen lachend, »wenigstens, wenn ich nur Jacks Anweisungen nachzukommen habe?«

»Oh, ein Schiff zu führen«, erklärte Jack, »ist auch nicht schwieriger, als einen Haushalt zu leiten, und die Fähigkeit dazu ist ja allen Frauen angeboren!«

Es wurde indes nicht nötig, zu den langen Riemen zu greifen oder sich – was noch einfacher gewesen wäre – von dem Kanu schleppen zu lassen. Als die zwei Segel nach beiden Seiten hinaus eingestellt waren, wirkte der diese unmittelbar treffende Wind kräftiger auf die Pinasse, die sich dadurch dem Kap im Osten merkbar näherte. Obendrein deuteten noch einige Anzeichen darauf, daß jenseits des Kaps Seewind wehte. Nach dieser Seite zu zeigte das Meer mindestens eine Lieue weiter hinaus einen grünlichen Schimmer. Zuweilen leuchteten kleine, weißrandige Wellen beim Überstürzen ihres Kammes heller auf. Die Fahrt ging also in erwünschter Geschwindigkeit weiter, und es war kaum halb neun Uhr, als die »Elisabeth« sich bereits dem Kap gegenüber befand.

Nun wurde die Segelstellung verändert und das kleine Fahrzeug glitt noch schneller, leicht schaukelnd, vorwärts, was übrigens weder dessen männliche, noch dessen weibliche Fahrgäste belästigte.

Da die Brise in gleichmäßiger Stärke anhielt, schlug Zermatt vor, nach Nordosten abzuweichen, um den Klippengürtel zu umschiffen, auf dem der »Landlord« zertrümmert worden war.

»Das ist ja leicht auszuführen«, antwortete Wolston, »und was mich betrifft, würde ich begierig sein, einmal das Riff zu sehen, wohin der Sturm, so weit außerhalb Ihres Kurses zwischen dem Kap der Guten Hoffnung und Batavia, Sie damals verschlagen hatte.«

»Ein Schiffbruch, der so zahlreiche Opfer kostete«, setzte Frau Zermatt hinzu, während sich ihre Züge bei der Erinnerung an den schrecklichen Unfall verdüsterten. »Mein Mann, meine Kinder und ich, wir waren ja die einzigen, die dabei dem Tode entrannen!«

»Es hat also«, fragte Frau Wolston, »nie etwas davon verlautet, daß jemand von der Besatzung aus dem Meere aufgenommen worden wäre oder sich auf die benachbarte Küste gerettet hätte?«

»Nach der Aussage des Leutnants Littlestone, kein einziger«, antwortete der ältere Zermatt. »Der ›Landlord‹ hat überhaupt lange Zeit als mit Mann und Maus untergegangen gegolten.«

»Da war«, mischte Ernst sich ein, »die Mannschaft des ›Dorcas‹, auf dem auch Jenny sich befand, doch etwas besser daran, denn von ihr sind wenigstens der Unterbootsmann und zwei Matrosen nach Sydney gebracht worden.«

»Ganz recht«, bestätigte der ältere Zermatt. »Doch vermöchte wohl jemand zu beurteilen, ob noch andere Überlebende vom ›Landlord‹ an einer der Küsten des Indischen Ozeans Zuflucht gefunden haben könnten, und ob diese, ebenso wie wir hier in der Neuen Schweiz, nach so langen Jahren noch an derselben Stelle verweilen?«

»O, das ist ja nicht unmöglich«, rief Ernst, »denn unsere Insel liegt kaum dreihundert Lieues von Australien entfernt. Dessen Westküste wird aber von europäischen Schiffen sehr selten angelaufen, und etwaige Schiffbrüchige hätten freilich kaum Aussicht, aus der Gewalt der Eingeborenen zu entkommen.«

»Aus allem geht hervor«, erklärt Wolston, »daß diese Meeresteile sehr gefährlich sind und häufig von Stürmen heimgesucht werden. Binnen weniger Jahre der Verlust des ›Landlord‹ . . . der des ›Dorcas‹ . . .«

»Gewiß«, meinte Ernst; »doch vergessen wir dabei nicht,

daß die Lage unserer Insel zur Zeit jener Schiffbrüche noch auf keiner Karte angegeben war, und damit erklärt es sich leicht, daß mehrere Fahrzeuge auf den sie umgebenden Klippen zugrunde gehen konnten. In allernächster Zeit aber wird ihre geographische Lage ebenso genau bestimmt und bekannt sein, wie die aller übrigen Inseln im Indischen Meere.«

»Desto schlimmer«, rief Jack, »ja, desto schlimmer, denn damit wird die Neue Schweiz für alle und jeden zugänglich!«

Die »Elisabeth« segelte jetzt im Westen von der Klippe hin, und da sie sich bisher hatte dicht am Winde halten müssen, um die am weitesten hinausragenden Felsen zu umschiffen, brauchten sie sich jetzt nur in der Richtung des Windes treiben zu lassen.

An der anderen Seite des Riffs wies der ältere Zermatt Herrn Wolston auf den engen Einschnitt hin, in den eine ungeheure Woge einst den »Landlord« geschleudert hatte. Eine Öffnung, die dicht über der Schwimmlinie des Schiffes erst mittels Axt ausgebrochen und dann durch eine Sprengung erweitert worden war, hatte es ermöglicht, die darin enthaltenen Gegenstände schleunigst zu bergen, bis durch eine zweite Pulverexplosion die völlige Zertrümmerung des Rumpfes herbeigeführt wurde. Vom Schiffe blieb gar nichts auf der Klippe zurück, alles spülte die Flut nach und nach an die Küste, und zwar ebenso die Teile, die ihrer Natur nach schon von selbst schwammen, wie die anderen, die durch damit verbundene leere Tonnen vor dem Untersinken gesichert worden waren, wie die Kochöfen, die Gegenstände aus Eisen, Blei und Kupfer, und die vierpfündigen Geschütze, von denen jetzt zwei auf der Haifischinsel und zwei in der Nähe von Felsenheim standen.

Längs der Felsen hinsegelnd, bemühten sich die Passagiere, zu erkennen, ob nicht noch andere Trümmer auf dem Grunde des klaren und ruhigen Wassers lägen. Fritz hatte nämlich, als er mit dem Kajak nach der Perlenbucht gekommen war, auf dem Meeresgrunde noch eine Anzahl größerer Kanonenrohre, Kugeln, Lafetten, eine Menge Eisenteile, Bruchstücke eines Schiffskiels und eines Spills entdeckt, deren Hebung freilich nur mit Hilfe einer Taucherglocke ausführbar gewesen wäre. Doch selbst im Besitze einer solchen, hätte der ältere Zermatt davon wenig Vorteil gehabt. Augenblicklich war auf dem Meeresboden gar nichts mehr zu sehen; eine Sandschicht verhüllte, mit langen Algen vermischt, die letzten

Trümmer des »Landlord«.

Nach Vollendung der Fahrt um die Klippe steuerte die »Elisabeth« südwärts, um nahe am Kap im Osten vorüberzukommen. Der ältere Zermatt leitete das Fahrzeug mit größter Vorsicht, denn ein Ausläufer des Kaps reichte durch den Klippengürtel ziemlich weit ins Meer hinaus.

Dreiviertel Stunden später konnte die Pinasse jenseits dieses Landvorsprunges, der wahrscheinlich den östlichsten Punkt der Neuen Schweiz bildete, der Uferlinie in der Entfernung von einer halben Lieue folgen, wobei sie durch einen Landwind von Nordwesten unterstützt wurde.

Im Laufe dieser Fahrt konnte der ältere Zermatt sich aufs neue überzeugen, welch trostlos öden Anblick die Ostküste der Neuen Schweiz darbot. Kein Baum auf dem steilen Ufer, keine Spur von Pflanzenwuchs an seinem Fuße, kein Bach, der sich über den nackten, verlassenen Strand hinschlängelte ... nichts als Gesteinsmassen, die gleichmäßig von der Sonne mürbe gebrannt erschienen. Welch ein Unterschied gegenüber den grünen Ufern der Rettungsbucht und den Landstrecken bis hinaus zum Kap der Getäuschten Hoffnung!

»Wären wir nach dem Scheitern des ›Landlord‹«, äußerte sich darüber der ältere Zermatt, »nach dieser Seite der Küste getrieben worden, was wäre dann aus uns geworden und wie hätten wir nur notdürftig unser Leben sichern sollen?«

»Ja«, meinte Wolston, »da wären Sie eben gezwungen gewesen, weiter ins Innere vorzudringen. Doch auch beim Hinwandern um das Ufer der Rettungsbucht würden Sie ja auf die Stelle gestoßen sein, wo sich anfänglich das Lager von Zeltheim erhob.«

»Das ist ja anzunehmen, lieber Wolston«, erwiderte der ältere Zermatt, »doch um den Preis welcher Anstrengung, und welche Beute der Verzweiflung wären wir in den ersten Tagen gewesen!«

»Und wer weiß denn«, setzte Ernst hinzu, »ob unser aus Tonnen gebildetes Floß nicht an den Felsen hier zerschellt wäre? Wie anders dort an der Mündung des Schakalbaches, wo die Landung leicht und gefahrlos stattfinden konnte.«

»Der Himmel hat Sie sichtlich begünstigt, liebe Freunde«, sagte Frau Wolston.

»Ja, sichtlich, meine beste Merry«, antwortete Frau Zermatt, »und ich bringe ihm noch jeden Tag meinen Dank dafür dar!«

Gegen elf Uhr erreichte die »Elisabeth« die »Licorne«-Bai, und eine halbe Stunde später ging sie am Fuße eines Uferfelsens, in der Nähe der Stelle, wo die englische Korvette gelegen hatte, vor Anker.

Der ältere Zermatt wollte, mit Zustimmung der anderen, in diesem Winkel der Bai ans Land gehen, hier den Rest des Tages zubringen und am nächsten Morgen mit Tagesanbruch die Fahrt längs der Küste fortsetzen.

Nachdem der Anker gefaßt hatte, wurde der Hinterteil der Pinasse mit einem Sorrtau näher ans Ufer gezogen, und alle betraten den mit festem, feinstem Sande bedeckten Strand.

Rings um die Bai erhob sich ein gegen hundert Fuß hohes, aus Kalkstein bestehendes Steilufer, auf dessen Kamm man nur durch eine enge, in seiner Mitte sich öffnende Schlucht gelangen konnte.

Die beiden Familien gingen zunächst auf dem Strandgebiete umher, wo sich noch immer Spuren des früheren Lagers vorfanden. Da und dort zeigten sich noch Fußstapfen im Sande, wo dieser vom Wasser nicht mehr erreicht wurde, Holzreste von den Reparaturarbeiten an der Korvette, die Löcher der Zeltpfähle, einzelne Kohlenstückchen zwischen den Kieseln und selbst noch Asche von den Feuerstätten.

Diese Wahrnehmungen veranlaßten den ältern Zermatt zu folgender, unter den vorliegenden Umständen gewiß treffenden Bemerkung:

»Angenommen, wir besuchten«, sagte er, »die Ostküste hier heute zum ersten Male und fänden diese noch frischen Spuren einer unzweifelhaft kurz vorher erfolgten Landung, müßten wir dann nicht tief betrübt darüber sein? An dieser Stelle hätte also ein Schiff geankert, seine Besatzung hätte im hinteren Grunde der Bai auf dem Lande gelagert, und wir, wir hätten gar nichts davon bemerkt! Und wenn das Schiff darauf diese öde Küste wieder verlassen hatte, konnte dann jemand die Hoffnung hegen, daß es je hierher zurückkehren werde?«

»Das ist nur zu wahr«, meinte Betsie. »Doch welchem Umstande verdanken wir es, von der Ankunft der ›Licorne‹ Kunde erhalten zu haben?«

»Einem Zufalle«, rief Jack, »einem reinen Zufalle!«

»Nein, mein Sohn«, entgegnete der ältere Zermatt, »und was auch Ernst darüber gesagt haben mag, wir verdanken das doch unserer Gewohnheit, jedes Jahr zu dieser Zeit die Geschütze auf der Haifischinsel abzufeuern, und auf diese

Schüsse hatte die Korvette voriges Jahr mit drei anderen geantwortet.«

»Da muß ich mich wohl fügen!« gestand Ernst.

»Und welche Unruhe«, fuhr sein Vater fort, »welche Angst hat uns die darauffolgenden Tage gepeinigt, weil die stürmische Witterung uns verhinderte, nach jener Insel zurückzukehren, um die Signalschüsse zu wiederholen! Welche Furcht hat uns erfüllt, daß das Schiff schon wieder abgesegelt wäre, ehe wir uns mit ihm Verbindung setzen konnten!«

»Jawohl, liebe Freunde«, bemerkte Wolston, »es wäre für euch eine bittere Enttäuschung gewesen, überzeugt zu sein, daß ein Schiff in dieser Bai gelegen hatte, ohne mit ihm in Verkehr getreten zu sein. Meiner Ansicht nach hätten sich dadurch aber eure Aussichten, von hier wieder weggehen zu können, immerhin wesentlich verbessert.«

»Das ist richtig«, stimmte ihm Ernst zu, »denn unsere Insel war dann nicht mehr unbekannt, da das betreffende Schiff ihre geographische Lage aufgenommen und für deren Eintragung in die Seekarten gesorgt hätte. Später wäre dann doch irgendein Schiff eingetroffen, um von der Insel Besitz zu nehmen...«

»Nun kurz und gut«, sagte Jack, »die ›Licorne‹ ist hierher gekommen, die ›Licorne‹ ist von uns besucht worden, die ›Licorne‹ ist wieder abgesegelt, die ›Licorne‹ wird auch zurückkehren, und was uns jetzt zu tun obliegt, ist – meine ich...«

»Zu frühstücken?« fragte Anna Wolston lachend.

»Ganz recht!« erwiderte Ernst.

»Nun denn: zu Tische«, rief Jack, »denn mich hungert dermaßen, daß ich gleich meinen Teller mit verzehren und... jedenfalls auch verdauen könnte!«

Alle waren gern bereit, sich ein Stück weit vom Strande, nahe dem Ufereinschnitte und geschützt vor den Strahlen der Sonne, niederzulassen. Fleischkonserven, geräucherter Schinken, kaltes Geflügel, Cassavakuchen und frischgebackenes Brot wurde den Vorräten der Pinasse entnommen. An Getränk enthielt die Kombüse des Fahrzeuges einige Fäßchen Met und sogar etliche Flaschen Wein von Falkenhorst, die beim Nachtisch geleert werden sollten.

Nach Herbeischaffung der Nahrungsmittel und des Eßgeschirres richteten Frau Wolston, Frau Zermatt und Anna das Frühstück auf einer feinsandigen, mit ganz trockenem Varec bedeckten Stelle an, und alle aßen sich gehörig satt, um bis zur Hauptmahlzeit am Abend um sechs Uhr bequem aushalten zu können.

Freilich, nur ans Land zu gehen, sich wieder einzuschiffen, einen anderen Punkt der Küste anzulaufen und ihn ebenso wieder zu verlassen, das wäre der Mühen dieser Fahrt nicht wert gewesen. Das Gebiet des Gelobten Landes bildete jedenfalls doch nur den allerkleinsten Teil der Neuen Schweiz.

Nach Beendigung der Mahlzeit begann Wolston denn auch:

»Diesen Nachmittag schlage ich vor, zu einem kleinen Marsche ins Innere zu verwenden.«

»Und ohne eine Minute zu verlieren!« rief Jack. »Wir sollten jetzt eigentlich schon eine gute Lieue von hier weg sein.«

»Na, na! Vor dem Frühstücke hätten Sie nicht in dieser Weise gesprochen«, spöttelte Anna lächelnd, »denn Sie haben doch mindestens für Vier gegessen...«

»Ja, ich bin aber auch bereit, viermal soviel Weg als andere zurückzulegen«, antwortete Jack, »selbst bis ans Ende der Welt, natürlich unserer kleinen Welt, zu gehen.«

»Wenn du uns aber so weit davonläufst, liebes Kind, würden wir dir unmöglich folgen können. Weder Frau Wolston oder Anna, noch deine eigene Mutter könnten es wagen, dich zu begleiten.«

»Ja«, setzte der ältere Zermatt hinzu, »ich weiß kaum noch, was ich anfangen soll, die stürmische Ungeduld unseres Jack zu zügeln. Es gibt nichts, was ihn zurückhalten könnte! Ich glaube sogar, Fritz entwickelte nie soviel...«

»Fritz?« wiederholte Jack. »Muß ich denn nicht danach trachten, ihn nach jeder Richtung hin zu ersetzen? Wenn er zurückkommt, wird er doch nicht mehr derselbe sein, wie vor der Abreise.«

»Und warum denn nicht?« fragte Anna.

»Weil er dann verheiratet, Familienvater, vielleicht, wenn er lange zögert, Papa oder gar Großpapa ist...«

»Wo denken Sie hin, Jack?« ließ sich Frau Wolston vernehmen. »Fritz und Großvater nach nur einjähriger Abwesenheit!«

»Na... Großvater oder nicht... verheiratet ist er dann doch.«

»Warum sollte er deshalb aber nicht mehr der alte sein?« fragte Anna.

»Lassen Sie Jack nur reden, liebe Anna«, antwortete Ernst.

»Die Reihe, ein vortrefflicher Ehemann zu sein, wird auch an ihn kommen . . .«

»Ebenso wie an dich, Brüderchen«, sagte darauf Jack mit einem Seitenblicke auf Ernst und das junge Mädchen. »Was mich betrifft, sollte es mich wundernehmen, denn ich glaube von der Natur eigens zum Onkel geschaffen zu sein . . . zum besten aller Onkel . . . zum Onkel, der Neuen Schweiz! Soviel ich weiß, handelt es sich aber heute nicht darum, in hochzeitlichem Gewande vor dem Felsenheimer Standesbeamten zu paradieren, sondern ein gutes Stück über dieses Steilufer hinauszudringen.«

»Ich meine«, bemerkte Frau Wolston, »Frau Zermatt, Anna und ich, wir täten am besten, während eureres vielleicht bis zum Abende andauernden und gewiß ermüdenden Ausfluges ruhig hier zu bleiben. Der Strand ist ja völlig verlassen und wir haben keinen schlimmen Besuch zu fürchten. Übrigens wäre es ja auf jeden Fall leicht, an Bord der Pinasse zu gelangen. Laßt ihr uns hier an der Lagerstelle zurück, so habt ihr wenigstens keinen Aufenthalt, keine Verzögerung zu befürchten.«

»Ich, meine liebe Merry«, sagte der ältere Zermatt, »glaube zwar auch, daß ihr hier in vollkommener Sicherheit wäret, und doch würde es mich beunruhigen, euch ganz allein zu wissen.«

»Nun gut«, schlug Ernst vor, »ich wünsche nichts mehr, als auch zurückzubleiben, während . . .«

»Aha«, schnitt ihm Jack das Wort ab, »da guckt unser Gelehrter heraus. Zurückbleiben, um die Nase in ein paar alte Schmöker stecken zu können! Ich wette, er hat ein oder zwei Bände irgendwo in der Pinasse versteckt. Gut also; mag er hier bleiben, doch unter der Bedingung, daß Anna mit uns geht.«

»Und Frau Wolston und deine Mutter ebenfalls«, setzte der ältere Zermatt hinzu. »Alles erwogen, ist das besser. Sie mögen, wenn sie müde sind, haltmachen . . .«

»Und dann mag ihnen Ernst Gesellschaft leisten«, rief Jack hell auflachend.

»Versäumen wir keine Zeit mehr«, mahnte Wolston. »Das Schwierigste wird es sein, dieses Steilufer, dessen Höhe ich zu hundert bis hundertfünfzig Fuß veranschlage, zu erklimmen. Glücklicherweise scheinen die Seitenwände des Einschnitts nirgends besonders steil zu sein, so daß man ohne Gefahr nach der Hochfläche gelangen kann. Einmal da oben, werden wir ja sehen, was dann zu tun ist.«

»Vorwärts also, vorwärts!« trieb Jack voll Ungeduld.

Vor dem Aufbruche untersuchte der ältere Zermatt noch die Haltetaue der »Elisabeth«. Er überzeugte sich, daß das Fahrzeug auch bei tiefster Ebbe nicht bis zum Grunde sinken und bei der höchsten Flut nirgends an Felsen stoßen könnte.

Die kleine Gesellschaft wandte sich nun dem schluchtartigen Einschnitte zu. Natürlich führten die Männer jeder ein Gewehr, Kugeln, ein Pulverhorn und auch von Jack angefertigte Kugel- und Schrotpatronen mit sich. Der jagdlustige Jack hoffte stark darauf, einiges Wild zu erlegen oder vielleicht gar ein bekanntes oder unbekanntes Raubtier in diesem Teile der Neuen Schweiz zur Strecke bringen zu können.

Braun und Falk sprangen schweifwedelnd voraus. Die andern folgten ihnen eine schräg verlaufende Art Pfad hinauf, dessen Windungen seine Steilheit milderten. In der Regenzeit mochte der Einschnitt wohl als Abfluß für das von der Höhe herabstürzende Wasser dienen. Jetzt aber, im vollen Sommer, war dieses Wildbett ganz trocken. Da der Weg aber zwischen Felsblöcken hinführte, die durch Störung ihrer Gleichgewichtslage herunterzupoltern drohten, verlangte der Aufstieg doch einige Vorsicht.

Infolge vieler Umwege bedurfte es einer vollen halben Stunde, ehe die Höhe des Steilufers erreicht wurde. Der erste, der oben anlangte, war – das kann ja nicht wundernehmen – der ungeduldige Jack.

Nach Westen hin dehnte sich hier vor ihm eine weite Ebene bis über Sehweite hinaus.

Jack machte erstaunt halt. Er drehte und wendete sich nach verschiedenen Seiten, bis Wolston zu ihm herangekommen war.

»Das ist ja ein ganzes Land!« rief er. »Welche Überraschung und doch welche Enttäuschung!«

Diese Ansicht teilten alle, als sie nach und nach das Plateau erreicht hatten.

Frau Wolston, Frau Zermatt und Anna hatten sich am Fuße eines Steinblocks niedergesetzt. Nirgends zeigte sich ein Baum, der Schutz vor den sengenden Sonnenstrahlen geboten hätte, nirgends ein Fleckchen Rasen, worauf man sich hätte hinstrecken können. Der steinige, da und dort mit erratischen Blöcken bestreute Erdboden, auf dem jeder Pflanzenwuchs unmöglich war, zeigte sich nur hier und da mit dürftigem Moose bedeckt, das keine Humusschicht zu seinem Gedeihen brauchte. Man hätte, was hier vor Augen lag, wie der ältere Zermatt auch sagte, eine Wüstenei des Steinichten Arabiens an der Grenze des fruchtbaren Gebiets des Gelobten Landes nennen können.

Ja, ein erstaunlicher Unterschied gegenüber der Gegend zwischen dem Schakalbache und dem Kap der Getäuschten Hoffnung, gegenüber dem Landstriche jenseits des Passes der Kluse, dem schönen Grüntale und der nächsten Umgebung der Perlenbucht. Dabei erinnerte man sich unwillkürlich der Worte der Frau Zermatt: was aus der schiffbrüchigen Familie hätte werden sollen, wenn das Tonnenfloß hier an die östliche Küste getrieben worden wäre.

Von dem Steilufer aus bis zu der zwei Lieues im Westen schimmernden Rettungsbucht flog der Blick also über eine völlig wüste Gegend ohne Grün, ohne Bäume, ohne jeden Wasserlauf. Auch kein vierfüßiges Tier war hier zu erspähen, selbst die Seevögel schienen das unwirtliche Gebiet zu meiden.

»Hiermit ist unser Ausflug ja schon zu Ende«, erklärte der ältere Zermatt, »wenigstens auf diesem Teile unserer Insel.«

»Ja freilich«, stimmte ihm Wolston bei, »und es erscheint mir ganz nutzlos, sich einer brennenden Sonnenglut auszusetzen, nur um ein steinichtes Land zu besichtigen, mit dem doch niemals etwas anzufangen ist.«

»Wie launisch und erfindungsreich ist doch die Natur!« bemerkte Ernst. »Wie liebt sie es, Gegensätze zu erschaffen! Da unten entwickelt sich all ihre produktive Kraft ... hier tritt uns die entsetzliche Unfruchtbarkeit entgegen.«

»Da ist es wohl das beste«, meinte Frau Zermatt, »nach dem Strande zurückzukehren und gleich wieder an Bord zu gehen.«

»Das ist auch meine Ansicht«, schloß Frau Wolston sich ihr an.

»Nun ja«, sagte Jack, »doch nicht vor einer Ersteigung der höchsten Felsenspitze, die, wie Sie sehen, dort aufragt.«

Er zeigte dabei nach einer Steinmasse hin, die sich links von ihnen gegen sechzig Fuß über den Erdboden erhob. In kaum fünf Minuten hatte er deren Gipfel erreicht. Als er sich dann nach allen Seiten umgewendet hatte, rief er Wolston, seinem Vater und seinem Bruder zu, ihm nachzufolgen. Da er mit der

Hand unausgesetzt nach Südosten wies, ließ sich wohl daraus entnehmen, daß er irgend etwas Besonderes entdeckt hatte.

Mit einiger Anstrengung waren Wolston und der ältere Zermatt bald zu ihm hinaufgestiegen.

In der erwähnten Richtung zeigte das Gelände neben der Küste allerdings ein völlig anderes Aussehen.

Zwei Lieues von der »Licorne«-Bai endigte das sich plötzlich senkende Steilufer an einer breiten Talmulde, die höchstwahrscheinlich einer der Hauptflüsse der Insel bewässerte. Auf der Rückseite dieser Bodensenke dehnten sich die grünen Massen dichter Wälder aus. In deren Zwischenräumen und weiter hinaus zeigte das Land eine üppige Vegetation, so weit man es nach Süden und Südosten hin übersehen konnte. Der völlig unfruchtbare Teil schien sich auf ein Gebiet von fünf bis sechs Quadratlieues zwischen dem Kap im Osten und der Rettungsbucht zu beschränken. Wenn überhaupt eine Gegend genauerer Besichtigung wert war, so war es ohne Zweifel die, die sich den Blicken der Kolonisten jetzt zum ersten Male darbot. Gewiß barg sie manche Überraschung, versprach sie mancherlei Vorteile, wenn um ihretwillen auch keiner das Gelobte Land würde vergessen können.

»Brechen wir dahin auf!« trieb Jack.

»Ja, vorwärts!« mahnte auch Wolston, schon bereit, in der Richtung nach dem neuen Tale abzugehen.

Zwei tüchtige Lieues aber auf einem mit Geröll bedeckten Boden, wobei der Weg sich überdies vielfach zwischen größeren Felsblöcken hinwand, mußten offenbar eine geraume Zeit beanspruchen, von der Strapaze und der auf dieser kahlen Hochfläche nahezu gefährlichen Sonnenhitze gar nicht zu reden.

Der ältere Zermatt hielt es deshalb für seine Pflicht, die Ungeduld Wolstons und Jacks zu zügeln.

»Nicht noch heute«, wendete er ein, »der Tag ist schon zu weit vorgeschritten. Wir wollen bis morgen warten. Statt diese Gegend zu Fuß zu durchmessen, begeben wir uns dann auf dem Wasserwege dahin. Das Tal, das wir da draußen sehen, läuft jedenfalls an einem Ufereinschnitte aus, an einer Bucht, in die ein Fluß münden dürfte. Findet die Pinasse dort einen guten Ankerplatz, so wollen wir gern ein oder zwei Tage daransetzen, uns das Innere recht gründlich anzusehen.«

Das war ein kluger Vorschlag, dem auch niemand widersprach.

Nach einer kurzen, letzten Umschau stiegen die Herren Zermatt und Wolston mit Jack wieder hinunter und meldeten, was sie beschlossen hatten. Die auf den nächsten Tag verschobene Untersuchung versprach unter Umständen zu verlaufen, die ohne Gefahr und Mühe eine Beteiligung aller gestatteten.

Jetzt blieb nur übrig, den Pfad nach dem Passe wieder hinabzugehen, und dann bedurfte es nur weniger Minuten, den Fuß des Steilufers zu erreichen.

Mangelte es nun am Strande der »Licorne«-Bai – zum größten Leidwesen Jacks – an jagdbarem Wild, so wimmelte es doch – zur größten Befriedigung Ernsts – von Fischen im Wasser und von Krustentieren zwischen den Klippen. Mit Hilfe Annas legte er mehrere Netze aus und machte auch einen reichlichen Fang. Zur Hauptmahlzeit gab es infolgedessen eine tüchtige Schüssel großer Krabben mit wohlschmeckendem Fleische und gebackene Seezunge vorzüglichster Art.

Nach Beendigung des Essens lustwandelte die kleine Gesellschaft noch eine Zeitlang am Strande auf und ab, und gegen neun Uhr waren alle Fahrgäste der »Elisabeth« wieder an Bord zurückgekehrt.

Neuntes Kapitel

Der Anblick der Küste. – Die Fettgänse. – Ein neuer Wasserlauf. – Unbekannte Gebiete. – Die Bergkette im Süden. – Plan für den nächsten Tag. – Der Montrosefluß.

Am folgenden Tage war es des älteren Zermatt erste Sorge, den Horizont nach Osten hin prüfend zu besichtigen. Hinter einer leichten Dunstwand, die sich voraussichtlich bald auflöste, stieg, vergrößert durch die Strahlenbrechung, der Sonnenball in vollem Glanze herauf und verkündete einen prächtigen Tag. Nichts deutete auf eine Veränderung der Wetterlage, auf irgendwelche atmosphärische Störung hin. Seit drei oder vier Tagen behauptete sich schon ein ziemlich gleichbleibender hoher Stand der Barometersäule. Die Luft enthielt keine Feuchtigkeit und war nur durch den darin schwebenden leichten Staub etwas weniger durchsichtig. Die ziemlich frische Brise wehte stetig aus Norden. Das Meer blieb dabei bis auf eine Lieue vom Lande so gut wie ganz ruhig. Die Pinasse konnte ihre Fahrt längs der Küste also in voller Sicherheit fortsetzen.

Um sechs Uhr, wo sich schon alle auf dem Verdeck befanden, wurden die Haltetaue losgeworfen. Unter dem Focksegel, der Brigantine und den Klüversegeln treibend, glitt das kleine Fahrzeug nach Umschiffung der Landspitze ins freie Meer hinaus, wo es noch besser in den Wind kam. Eine halbe Stunde später folgte die »Elisabeth« mit dem Bug nach Süden und von Wolston gesteuert, den Windungen der Küste immer in der Entfernung von etwa zehn Kabellängen, so daß man auch die kleinsten Einzelheiten von den Einschnitten des Strandes bis zum Kamme der felsigen Steilküste genau erkennen konnte.

Einer Schätzung nach mußte das im Süden gesehene Tal gegen vier bis fünf Lieues von der »Licorne«-Bai entfernt liegen, und zwei bis drei Stunden genügten jedenfalls, diese Strecke zurückzulegen. Die Flutwelle, die schon kurz vor Sonnenaufgang eingesetzt hatte, verlief in der nämlichen Richtung und hatte wahrscheinlich den höchsten Stand gerade erreicht, wenn die »Elisabeth« an ihrem Ziele eintraf. Dann sollte entschieden werden, was man, entsprechend der Natur der Örtlichkeit und sonstigen Umständen, beginnen wollte.

Zu beiden Seiten der »Elisabeth« tummelten sich spielend flüchtige Scharen prächtiger Störe, von denen manche sieben bis acht Fuß maßen. Obgleich Jack und Ernst gern einige davon harpuniert hätten, konnte ihr Vater ihnen das doch nicht gestatten, da die Fahrt dadurch unnötigerweise unterbrochen und verzögert worden wäre. Mit Makrelen und Seedrachen, die im Weiterfahren gefangen werden konnten, lag das anders. Mittels nachgeschleppter Angelschnuren wurden denn auch einige Dutzend dieser vortrefflichen Fische erlangt, die in Salzwasser gekocht beim nächsten Halteplatze aufgetischt werden sollten.

Das Aussehen der Küste änderte sich vorläufig nicht. Diese zeigte eine ununterbrochene Reihe hoher Kalkstein- oder Granitwände, die sich unten im Sande verloren und viele Aushöhlungen aufwiesen, worin das Meer furchtbar dröhnen und rauschen mußte, wenn ein Sturmwind von der Seeseite her die Wellen hineinjagte. Das trostlos öde Ufer machte auf alle einen recht traurigen Eindruck.

Als man jedoch weiter nach Süden kam, wurde es daran schon lebhafter, da hier ganze Völker von Fregattenvögeln,

Meerschwalben, Möwen und Albatrossen mit betäubendem Geschrei umherschwärmten und sich auch zuweilen bis auf Schußweite näherten. Da mußte sich Jack freilich straffe Zügel anlegen, seine Jagdlust wäre aber doch vielleicht Siegerin geblieben, wenn ihn Anna nicht um Schonung der unschuldigen Vögel gebeten hätte.

»Und unter diesen Albatrossen«, bemerkte sie, »befindet sich vielleicht auch der unserer Jenny. Welcher Kummer für sie, Jack, wenn Sie jetzt gerade dieses arme Tier töteten!«

»Anna hat recht«, ließ Ernst sich vernehmen.

Immer recht«, erwiderte Jack, »und ich verspreche hiermit, niemals auf einen Albatros zu schießen, ehe nicht der Bote vom Rauchenden Felsen wieder aufgefunden worden ist.«

»Soll ich Ihnen sagen«, fur Anna fort, »was ich mir denke?«

»Ei natürlich, ich bitte darum«, sagte Jack.

»Nun, ich denke, daß wir diesen Albatros noch eines Tages wiedersehen dürften...«

»Freilich, freilich, weil ich ihn nicht getötet haben werde!«

Gegen neun Uhr befand sich die Pinasse der Bodensenke, die durch das plötzliche Zurückweichen des Steilufers nach dem Innern zu gebildet wurde, schon fast gegenüber. Der Kamm der Küste begann sich zu erniedrigen. Weniger steile Wände verbanden diese mit dem Sande des äußeren Strandes, dafür lagen im Wasser desto mehr Klippen, die zuweilen bis auf zwei Kabellängen weit hinausreichten. Die »Elisabeth« näherte sich dem Lande mit größter Vorsicht. Über den Bug hinausgebeugt, beobachtete Wolston aufmerksam das Wasser, jeden verdächtigen Wirbel darin und jede Veränderung seiner Farbe, kurz alles, was die Nähe einer Klippe vermuten ließ.

»Sapperment«, rief da plötzlich Jack, »nun soll wenigstens niemand mehr sagen, daß die Küste hier verlassen sei! Da drüben sieht man ja merkwürdige Gestalten in großer Zahl!«

Alle wandten den Blick nach dem Strande und den Felsen dahinter, wo Jacks scharfes Auge lebende Wesen in großer Menge erkannt haben wollte.

»Erkläre dich doch deutlicher«, sagte seine Mutter. »Du siehst dort Menschen... vielleicht Wilde...?«

Frau Zermatt verstand darunter Angehörige der grausamen indo-malaiischen Urbevölkerung, die sie mit Recht ernstlich fürchtete.

»Nun, so antworte doch, Jack«, drängte sein Vater.

»Beruhigt euch, beruhigt euch nur!« rief Jack. »Von menschlichen Wesen hab' ich ja nicht gesprochen. Wenn die da drüben zwei Beine haben, so haben sie doch auch Federn!«

»Also sind es wohl Fettgänse?« fragte Ernst.

»Oder Pinguine ... wie du willst.«

»Darin kann man sich täuschen, Jack«, antwortete Ernst, »weil beide Vogelarten in der Ordnung der Schwimmpfötler einander sehr nahestehen.«

»Sagen wir also, um euch unter einen Hut zu bringen«, bemerkte der ältere Zermatt, »sie gehören beide zu den Gänsen ... ein Name, der sich durch ihre Beschränktheit genügend rechtfertigt.«

»Und gerade deshalb hat man sie zuweilen für Menschen angesehen«, bemerkte Jack.

»Sie Spottvogel!« rief ihm Anna zu.

»Oh, nur aus größerer Ferne«, setzte der ältere Zermatt hinzu. »Betrachtet nur ihren von weißen Federn umgebenen Hals, die kurzen Flügel, die wie kleine Arme herabhängen, ihren aufrecht stehenden Kopf, ihre schwarzen Füße und die schnurgeraden Reihen, die sie gewöhnlich bilden. Man glaubt da, eine Truppe in Uniform vor sich zu sehen. Erinnert ihr euch, Kinder, wie zahlreich diese Fettgänse früher auf den Felsen an der Mündung des Schakalbaches vorkamen?«

»Gewiß«, versicherte Ernst; »ich seh' es auch noch heute, wie Jack sich mitten unter die Gesellschaft stürzte, wie er bis zum Gürtel im Wasser stand und so tapfer um sich schlug, daß er ein halbes Dutzend Fettgänse mit dem Stocke erlegte.«

»Ganz richtig«, bestätigte Jack; »und da ich jenerzeit erst acht Jahre alt war, habe ich später etwa nicht gehalten ...«

»Jawohl, du hast, was du versprachst, gehalten!« bezeugte ihm sein Vater lächelnd. »Die Vögel aber, die wir so unfreundlich behandelt hatten, flohen darauf bald die Ufer der Rettungsbucht und haben dann offenbar auf dieser Küstenstrecke Zuflucht gesucht.«

Ob aus diesem oder einem anderen Grunde, tatsächlich hatten die Pinguine oder Fettgänse, gleich in den ersten Monaten nach Einrichtung der Wohnstätte in Felsenheim, die Ufergebiete der Bucht gänzlich verlassen.

Bei der Weiterverfolgung des Ufers kam die »Elisabeth« sehr nahe an ausgedehnten Untiefen vorüber, wo bei Tiefebbe die salzigen Effloreszenzen auf dem Grunde trocken liegen mußten. Hier fanden von den späteren Kolonisten gewiß Hunderte Beschäftigung als Salzarbeiter, und die ganze Bevölkerung konnte dann das so notwendige Gewürz aus dieser reichen Quelle beziehen.

Vom Fuße des Steilufers, das mit einem scharfen Winkel endigte, lief noch eine lange, unterseeische Landzunge aus. Die Pinasse mußte sich deshalb auch eine gute halbe Lieue vom Strande entfernt halten. Als sie später wieder nach der Küste zu einbog, steuerte sie geraden Weges auf die Ausbuchtung zu, wo das Tal mündete, das von den Höhen neben der »Licorne«-Bai gestern schon gesehen worden war.

»Ein Fluß!... Da ist ein Fluß!« rief Jack, der nach der Flechting des Fockmastes hinaufgestiegen war.

Als darauf der ältere Zermatt den betreffenden Teil des Uferlandes mittels Fernrohres betrachtete, zeigte sich ihm folgendes:

Rechts stieg hinter einer scharfen Biegung die Böschung des Steilufers nach den Abhängen des Innern hinauf. Links endigte die Küste mit einem ziemlich weit, mindestens drei bis vier Lieues, draußen liegenden Landvorsprunge, das Land selbst aber prangte im Grün von natürlichen Wiesen und von Wäldern, die bis zum äußersten Horizonte wie terrassenartig hintereinander lagen. Zwischen den erwähnten zwei Punkten breitete sich die Bucht aus, ein natürlicher Hafen, der durch felsige Wälle gegen die gefährlichen Ostwinde geschützt war und zu dem die Zufahrtsstraßen leicht passierbar zu sein schienen.

Fast in der Mitte mündete ein von schönen Bäumen beschatteter Fluß mit klarem, ruhigem Wasser. Dieser schien auch schiffbar zu sein, und sein Bett wendete sich, so weit man es von hier aus erkennen konnte, nach Südwesten zu.

Einen schöneren Ankerplatz konnte es für die Pinasse kaum geben. Sie wurde also einer dahin führenden Wasserstraße gerade gegenüber gebracht und ihr Segelwerk auf die Brigantine und ein Klüversegel vermindert; damit glitt sie nun langsamer mit Steuerbordhalsen dicht vor dem Winde hin. Die Flut war immer noch eine Stunde lang im Steigen und begünstigte ihre Fortbewegung. Das Meer brandete jetzt nirgends; bei Tiefebbe freilich mochte es sich wohl an den dann freiliegenden Klippen heftiger brechen.

Natürlich wurde keine Vorsichtsmaßregel vernachlässigt.

Der ältere Zermatt am Steuer, Wolston und Ernst zum Auslugen auf dem Vorderteile und Jack auf einer Stenge reitend, so behielten alle die Fahrstraße im Auge, durch die die »Elisabeth« einsegeln sollte. Frau Zermatt saß nebst Frau Wolston und deren Tochter erwartungsvoll auf dem Verdecke. Niemand sprach ein Wort unter der doppelten Einwirkung der Neugierde und einer unklaren Unruhe bei der Annäherung an dieses noch völlig unbekannte Land, das jetzt ohne Zweifel zum erstenmal von Menschen betreten werden sollte. Die Stille wurde nur durch das Plätschern des Wassers längs der Schiffswände unterbrochen, durch das gelegentliche Killen (d. i. Flattern) der Segel oder einen Zuruf Jacks und durch das Geschrei von Meerschwalben oder Möwen, die erschreckt nach den Uferfelsen der Bucht entflohen.

Es war um elf, als der Anker niedersank, und zwar zur Linken der Mündung, nahe einer Art natürlichen Kais, der eine bequeme Landung gestattete. Ein wenig weiter rückwärts boten große Palmen hinreichenden Schutz gegen die Strahlen der jetzt nahe ihrer Mittagshöhe stehenden Sonne. Nach einem hier verzehrten Frühstücke sollte dann ein Ausflug zur Besichtigung des Innern unternommen werden.

Wir brauchen wohl kaum zu erwähnen, daß die Flußmündung hier sich ebenso verlassen erwies, wie die Mündung des Schakalbaches, als die Schiffbrüchigen das Land daselbst zum ersten Male betraten. Es schien als ob hier noch niemals ein Menschenfuß gewandelt wäre. Anstelle eines schmalen, vielfach gewundenen und unschiffbaren Rio zeigte sich hier aber ein wirklicher Fluß, der wenigstens bis zur Mitte des Inselgebietes hineinreichen mochte.

Jack sprang ans Land, sobald die »Elisabeth« nahe genug herangekommen war, und legte sie längs der Felsen an, indem er das Fahrzeug mittels eines an dessen Hinterteil befestigten Seiles schleppte. Das Kanu brauchte man hier also zum Landen nicht zu benutzen, und bald standen alle am Ufer versammelt. Zunächst wurden Mundvorräte nach der schattigen Stelle unter der Baumgruppe geschafft, denn alle verspürten einen gewaltigen Appetit, der durch die mehrstündige Fahrt in freier Seeluft nur noch verschärft worden war.

Das Essen – und wenn es auch etwas gierig vor sich ging – schloß aber doch den Austausch von Fragen und Antworten nicht aus. Da fielen mancherlei Bemerkungen und darunter folgende, die von Herrn Wolston ausging:

»Ist es nicht zu bedauern, daß wir nicht lieber am rechten Ufer des Flusses gelandet sind? An der Seite hier ist das Land niedrig, während es auf der anderen in dem Seitenwalle des Steilufers wohl hundert Fuß emporragt...«

»Und mir würde es ein Leichtes gewesen sein, dessen Kamm zu erklimmen«, erklärte Jack. »Von dort aus würden wir mindestens eine weite Aussicht über das Land gehabt haben.«

»Nun, über den Landeinschnitt hier würden wir mit dem Kanu ja jede Minute hinwegkommen können«, antwortete der ältere Zermatt. »Ist Ihr Bedauern denn wirklich berechtigt, lieber Wolston? Am jenseitigen Ufer sehe ich weiter nichts als Stein und Sand, an der Grenze des öden Gebietes, das sich vom Kap im Osten bis nach der Bucht hier ausdehnt. Auf unserer Seite dagegen gibt es grünes Laub, Bäume und Schatten und weiter hinaus das Gebiet, das wir von der See aus sehen konnten und dessen Erforschung keine Schwierigkeiten bieten kann. Nein, meiner Ansicht nach konnten wir keine bessere Wahl treffen.«

»Und wir stimmen dem auch zu, nicht wahr, Herr Wolston?« sagte Betsie.

»Ja, ich füge mich, Frau Zermatt, vorzüglich auch, da wir ja nach Belieben auf das rechte Ufer übersetzen können.«

»Ich möchte sogar behaupten«, erklärte Frau Wolston, »daß wir uns hier so wohl fühlen...«

»Daß Sie gar nicht wieder von hier fortgehen möchten«, fiel Jack ein. »Gut also! Abgemacht! Wir geben Felsenheim und Falkenhorst auf, überhaupt das ganze Gelobte Land, und gründen an der Mündung dieses prächtigen Flusses die zukünftige Hauptstadt der Neuen Schweiz!«

»Aha, Jack ist schon im Durchgehen!« bemerkte Ernst. »Doch abgesehen von seinen Späßen, ist es nicht zu bestreiten, daß die Wichtigkeit dieses Wasserlaufes und die Tiefe der Bucht an seiner Mündung für die Anlage einer Kolonie mehr Vorteile bieten, als die Mündung unseres Schakalbaches. Zunächst freilich gilt es, die Gegend hier in hinreichender Ausdehnung zu besichtigen und nachzuweisen, daß sie nicht von mancherlei gefährlichen Raubtieren bevölkert ist...«

»Das heißt: als Weiser sprechen«, sagte Anna Wolston.

»Wie wir das von Ernst gewöhnt sind«, ließ sich sein Bruder vernehmen.

»Jedenfalls«, setzte der ältere Zermatt hinzu, »wird es keinem von uns, so schön und reich das Land hier auch sein mag, einfallen, das Gelobte Land aufzugeben.«

»Gewiß nicht«, bestätigte Frau Zermatt, »ein solcher Verzicht würde mir das Herz brechen.«

»Ich verstehe Sie, meine liebe Betsie«, sagte darauf Frau Wolston, »und was mich betrifft, würde ich mich niemals entschließen können, Sie zu verlassen, um hier zu wohnen.«

»Nun, nun«, mischte sich Wolston selbst ein, »davon ist auch gar nicht die Rede, sondern nur von einem Ausfluge, der nach dem Frühstück unternommen werden soll.«

Da alle mit dieser Erklärung übereinstimmten, schlossen sie sich auch dem letzten Vorschlage Wolstons bereitwilligst an. Dessen Gattin, seine Tochter und Frau Zermatt hätten freilich lieber von der Teilnahme an dem voraussichtlich anstrengenden Ausfluge abgesehen.

»Ich möchte euch«, sagte da der ältere Zermatt nach einiger Überlegung, »doch nicht an dieser Stelle, nicht einmal für wenige Stunden allein wissen, und du, Betsie, erinnerst dich gewiß, daß ich mich niemals entschlossen habe, aus Felsenheim wegzugehen, ohne es der Obhut eines unserer Söhne anzuvertrauen. Was sollte in unserer Abwesenheit im Falle einer Gefahr aus euch werden? Nein, ich könnte keinen Augenblick ruhig sein! Es wird sich ja nach Wunsch einrichten lassen, denn warum sollten wir, da der Fluß schiffbar erscheint, ihn nicht alle zusammen hinauf fahren?«

»Mit dem Kanu?« fragte Ernst.

»Nein, mit der Pinasse, die ich auch nicht ohne Wächter hier zurücklassen möchte.«

»Ganz richtig«, meinte Betsie, »und wir sind dann alle drei bereit, euch zu begleiten.«

»Wird denn die ›Elisabeth‹ gegen die Strömung aufkommen können?« fragte noch Frau Wolston.

»Wir können uns eine uns günstige Strömung zunutze machen«, erklärte der ältere Zermatt, »wenn wir den Wiedereintritt der Flut abwarten. Die Ebbe muß bald eintreten und nach sechs Stunden hätten wir dann den Vorteil . . .«

»Ja, wäre es dann aber nicht schon zu spät, noch aufzubrechen?« warf Frau Wolston ein.

»Freilich, schon etwas sehr spät«, gab der ältere Zermatt zu. »Es erscheint mir deshalb ratsamer, heute hier zu bleiben, die Nacht an Bord zu verbringen und morgen gleich bei Tagesanbruch mit der neuen Flut abzufahren.«

»Und was beginnen wir bis dahin?« fragte der tatenlustige Jack.

»Bis dahin«, antwortete sein Vater, »hätten wir genüged Zeit, die Bucht und ihre nächste Umgebung zu besichtigen. Da es aber schon recht heiß ist, dürfte es sich empfehlen, daß die Damen unsere Rückkehr hier am Platze abwarten.«

»Sehr gern«, antwortete Frau Wolston, »doch unter der Voraussetzung, daß Sie sich nicht zu weit von hier entfernen.«

»Oh, es handelt sich ja nur um einen Spaziergang am linken Ufer, von dem wir nicht abweichen werden«, versprach der ältere Zermatt, der immer darauf hielt, in der Nachbarschaft des Lagerplatzes zu bleiben.

Infolge dieses Beschlusses gewann man also einen Einblick in das tiefliegende Tal, ehe man in dessen Inneres wirklich eindrang.

Die Herren Zermatt und Wolston setzten demnach mit Jack und Ernst über den Fluß und bestiegen am anderen Ufer die mäßigen Anhöhen, die den Wasserlauf im Westen mit dem übrigen Lande verbanden.

Wie es schon von der See aus erkannt worden war, zeigte das gegenüberliegende Gebiet ein sehr fruchtbares Aussehen: Wälder, deren Laubmassen bis über Sehweite hinausreichten, Ebenen mit üppigem Graswuchs, wo Tausende von Wiederkäuern Nahrung gefunden hätten, ein ganzes Netz von Rios, die dem Flusse zuströmten, und endlich, gleich einer Barriere am südwestlichen Horizonte, die Bergkette, die schon früher gesehen worden war.

»Was jenen Höhenzug betrifft«, begann der ältere Zermatt, »muß ich zugestehen, daß er weniger entfernt ist, als wir geglaubt haben, als wir ihn zum ersten Male von den Höhen neben dem Grüntale erblickten. Damals ließ ihn wohl nur ein Dunstvorhang so bläulich erscheinen, daß ich seine Entfernung auf fünfzehn bis zwanzig Lieues schätzte. Das war eine optische Täuschung. Ernst wird sie wohl zu erklären wissen.«

»Gewiß, Vater; an jenem Tage haben wir die Strecke bis dahin für doppelt so groß gehalten, als sie tatsächlich ist. Wenn wir die Entfernung jener Berge auf sieben bis acht Lieues von Grüntal schätzen, dürfte das der Wahrheit sehr nahe kommen.«

»Ich teile diese Ansicht«, sagte Wolston, »nur bleibt die Frage offen, ob es wirklich dieselbe Bergkette ist.«

»Es ist dieselbe«, versicherte Ernst; »ich glaube auch nicht, daß die Neue Schweiz so groß sein könnte, noch eine andere von gleicher Ausdehnung aufzuweisen.«

»Warum denn nicht?« erwiderte Jack. »Warum sollte unsere Insel nicht die Ausdehnung Siziliens, Madagaskars, Neuseelands oder gar Neuhollands haben?«

»Und warum nicht gar die eines wirklichen Festlandes?« rief Wolston lachend.

»Sie scheinen damit sagen zu wollen«, entgegnete Jack, »daß ich die Neigung hätte, alles zu übertreiben...«

»Da versuche nur gar nicht, dich weiß zu brennen, mein Junge«, ermahnte ihn der ältere Zermatt. »Alles in allem ist es ja doch nur ein Zeugnis für deine leicht erregbare Phantasie. Es ist aber zu bedenken, daß unsere Insel, wenn sie die von dir vorausgesetzte und wohl auch gewünschte Größe hätte, schwerlich bis heute der Aufmerksamkeit der Seefahrer entgangen wäre...«

»Der der Alten und der Neuen Welt«, setzte Ernst hinzu. »Ihre Lage in diesem Teile des Indischen Ozeans ist eine gar zu vorteilhafte, und wenn sie vorher entdeckt worden wäre, unterläge es auch keinem Zweifel, daß zum Beispiel England...«

»Tun Sie sich keinen Zwang an, lieber Ernst«, sagte Wolston launigen Tones. »Wir anderen Engländer, wir sind Koloniengründer und haben das angeborene Verlangen, alles zu kolonisieren, was sich dazu eignet...«

»Kurz«, setzte der ältere Zermatt hinzu, »von dem Tage der Entdeckung unserer Insel an, wäre diese ohne Zweifel auf den Karten der Admiralität eingetragen worden und man hätte sie jedenfalls Neu-England und nicht die Neue Schweiz genannt.«

»Jedenfalls«, erklärte Wolston, »hat sie durch die Verzögerung nichts verloren, da Sie, der erste Besitznehmer, das Land an Großbritannien überlassen haben...«

»Und möchte die ›Licorne‹«, setzte Jack hinzu, »uns die Annahme dieses Angebotes bringen!«

Der ältere Zermatt hatte jedenfalls recht, die jener nach Südwesten verlaufenden Bergkette zugeschriebene Entfernung zu berichtigen. Von der Mündung des Flusses aus konnte die Strecke bis dahin, allem Anscheine nach eine gleich große wie vom Grüntal aus, sieben bis acht Lieues kaum überschreiten. Dabei fragte es sich nun bloß, ob sie sich in der Mitte der Insel oder neben deren südlichen Küste erhöbe.

War das erst klargestellt, so sah sich Ernst auch in der Lage, eine vollständige Karte der Neuen Schweiz zu entwerfen. Dieser so natürliche Wunsch rechtfertigte gewiß den Vorschlag Wolstons, das Land bis zum Fuße jener Berge zu durchstreifen und selbst die Anhöhen zu ersteigen. Dieser Plan konnte freilich nur nach Wiedereintritt der schönen Jahreszeit ausgeführt werden.

Die bisher besuchten Teile der Insel hatte Ernst natürlich schon möglichst genau gemessen und auf einer Karte eingetragen. Das nördliche Ufer hatte danach zwölf Lieues Länge; im östlichen Teile bildete es eine ziemlich regelmäßige Linie vom Kap im Osten bis zum Eingange zur Rettungsbucht; weiterhin dehnte sich die genannte Bucht in Gestalt eines Schlauches aus, mit dem sie die felsige Küste zwischen dem Strande bei Falkenhorst und dem Kap der Getäuschten Hoffnung berührte; von diesem Punkte und nach Westen hin breitete sich die Nautilusbucht aus, die, mit dem Kap Camus endigend, den Ostfluß aufnahm; darauf folgte endlich, einen weiten Bogen beschreibend, die große Perlenbucht zwischen dem sogenannten Bogengewölbe und dem ihm gegenüber aufragenden Vorgebirge, und von diesem, im Südwesten vier Lieues entfernt, der Rauchende Berg. Über das auf der einen Seite vom Meere, auf der anderen von der Nautilusbucht begrenzte Gebiet des Gelobten Landes, das auf der Rückseite von einer langen Umwallung vom engen Eingange der Rettungsbucht bis zur Nautilusbucht umschlossen wurde, konnte man also auf anderem Wege als durch den Paß der Kluse nicht hinausdringen. Dieser gegen vier Quadratlieues messende Landstrich umfaßte den Schakalbach, den Rio von Falkenhorst, den Schwanensee, die Wohnstätten Falkenhorst und Felsenheim, die Meiereien von Waldegg und Zuckertop, sowie die Einsiedelei Eberfurt.

Die Ausflügler folgten immer nur dem Ufer des Wasserlaufes, von dem sich der ältere Zermatt auf keinen Fall entfernen wollte. Ernst kam das übrigens sehr gelegen.

»Nach unserer Rückkehr«, sagte er zu seinem Vater, »werde ich den Lauf eines Teiles dieses Flusses und somit auch das von ihm bewässerte Tal aufzeichnen können. Bei der überraschenden Fruchtbarkeit dieses uns neuen Landstriches ist es ganz unzweifelhaft, daß unsere Insel hinreichen würde, mehrere tausend Kolonisten zu ernähren.«

»Oho, gleich so viele!« rief Jack, der seine Unzufriedenheit, daß »sein zweites Vaterland« einmal so stark bevölkert sein könnte, gar nicht zu verhehlen suchte.

»Ich möchte auch voraussagen«, fuhr Ernst fort, »daß zukünftige Kolonisten – da eine Stadt großen Vorteil von der Lage an einer Flußmündung hat – sich jedenfalls werden im Hintergrunde dieser Bucht ansiedeln wollen ...«

»Was wir ihnen auch nicht verwehren würden«, fiel der ältere Zermatt ein, »denn niemals würde sich einer von uns entschließen, das Gelobte Land zu verlassen.«

»Und besonders auch, weil Frau Zermatt dem nicht zustimmen würde, wie sie ja ausdrücklich erklärt hat«, bemerkte dazu Wolston.

»Die Mutter hat recht«, rief Jack. »Und dann fragt nur noch unsere wackeren behaarten und gefiederten Diener, fragt Sturm, Brummer, Rasch und Blaß, fragt Brüll, Pfeil, Flink und Knipp den Zweiten, sowie Leichtfuß, Brausewind, auch Türk, Braun und Falk, die mit hier sind, ob sie wohl auswandern wollten. Man verleihe ihnen nur Stimmrecht, veranstalte eine Abstimmung über diese Frage, und ich weiß, da sie die Majorität bilden, welche Entscheidung aus der Urne hervorgehen würde!«

»Na, beruhige dich nur, Jack«, meinte der ältere Zermatt, »wir werden nicht in die Lage kommen, unsere Tiere darum befragen zu müssen ...«

»Tiere, die aber nicht so dumm sind, wie dieser Name glauben lassen könnte!« erwiderte Jack, der durch seine Worte und Bewegungen die beiden jungen Hunde zum lustigen Umherspringen veranlaßte.

Gegen sechs Uhr waren Zermatt und seine Begleiter wieder am Lagerplatze eingetroffen, nachdem sie noch längs der Küste auf deren Strande mit einem Hintergrunde harziger Bäume hingegangen waren. Die Mahlzeit wurde auf dem Grase eingenommen und die Teilnehmer daran labten sich an gebackenen Gründlingen, die sich im süßen Wasser des Flusses an den Angelschnuren gefangen hatten, die Ernst für Anna zurechtgemacht hatte. Der Fluß schien sehr fischreich zu sein, und in den vielen Rios, die weiter oben in diesen mündeten, wimmelte es von Krebsen, von denen man sich noch einige Dutzend vor der Abfahrt einzufangen versprach.

Nach dem Essen hatte offenbar niemand Eile, an Bord der Pinasse zurückzukehren, und nur wegen Mangels an einem

Zelte mußte man dem Wunsche, gleich auf dem Strande zu schlafen, schließlich doch entsagen. Es war aber auch ein herrlicher Abend. Eine leichte, mit den Wohlgerüchen vom Lande, wie mit den Dämpfen aus einer Räucherpfanne, beladene Brise erfrischte die Atmosphäre. Nach einem unter der Glut der Tropensonne verbrachten Tage war es ein Hochgenuß, diese erquickende, belebende Luft mit vollen Zügen einzuatmen.

Alle Anzeichen versprachen die Fortdauer der schönen Witterung. Draußen am Horizonte lagerte eine leichte Dunstwand. Der in den höheren Luftschichten schwebende atmosphärische Staub milderte das Leuchten der Sterne. Die kleine Gesellschaft lustwandelte hier- und dorthin und plauderte von den Plänen für den nächsten Tag. Gegen zehn Uhr erst begaben sich alle auf die »Elisabeth« zurück und suchten ihre Lagerstätten auf, letzteres nur Ernst nicht, dem die erste Wache zugefallen war.

Eben als alle unter dem Verdecke verschwinden wollten, machte Frau Zermatt noch eine nicht unbeachtet zu lassende Bemerkung.

»Ihr habt doch etwas vergessen«, sagte sie.

»Vergessen, Betsie?« fragte ihr Gatte.

»Jawohl, nämlich dem Flusse hier einen Namen zu geben.«

»Da hast du recht«, stimmte ihr der ältere Zermatt zu, »und dieses Versehen würde unseren Ernst bei Aufstellung seines geographischen Namensverzeichnisses nicht wenig in Verlegenheit setzen.«

»Ei nun«, schlug Ernst vor, »da liegt uns ja ein gewisser Name sehr nahe ... Nennen wir also den Fluß nach unserer Anna ...«

»Recht so, Ernst«, rief Jack. »Das wird Ihnen Vergnügen machen, Anna, nicht wahr?«

»Ganz sicherlich«, antwortete das junge Mädchen. »Ich möchte aber lieber einen anderen Namen vorschlagen, der dieser Ehre würdiger wäre.«

»Nun also, welchen denn?« fragte Frau Zermatt.

»Den der Familie unserer lieben Jenny!«

Alle stimmten dem gern zu, und von diesem Tage ab gab es auf der Karte der Neuen Schweiz auch den Montrose-Fluß.

Zehntes Kapitel

Bootfahrt auf dem Montrose. – Unfruchtbare Gegend. – Die Kiesel der Schlucht. – Die Barre. – Rückfahrt nach dem Ankerplatze der »Elisabeth«. – Flußabwärts. – Eine Dampfwolke im Südosten. – Heimkehr nach Felsenheim.

Am nächsten Morgen gegen sechs Uhr ragten bei der Ebbe am Rande der Bucht einige Felsblöcke hervor, die am vorigen Abend nicht sichtbar gewesen waren. Es zeigte sich jedoch, daß die Einfahrtswege selbst bei niedrigstem Wasserstande noch auf vierzig bis fünfzig Toisen Breite eine beträchtliche Tiefe hatten. Nach dem Montrose-Fluß konnte man also bei jedem Stande der Gezeiten einfahren. Reichte der Wasserlauf dann mit einiger Tiefe nur bis etliche Lieues ins Land hinein, so ließ sich voraussehen, daß seine Mündung jedenfalls für die Anlage einer ersten Niederlassung erwählt wurde, die sich in Zukunft vielleicht zu einer wichtigen Seestadt entwickelte. Die Wassertiefe an der Ankerstelle der »Elisabeth« war selbst dicht an dem felsigen Uferrande noch so bedeutend, daß der Kiel des Fahrzeuges noch immer fünf bis sechs Fuß über dem sandigen Grunde lag.

Gegen sieben Uhr schlugen vereinzelte Wellen, die Vorläufer der Flut, klatschend an die Steinblöcke in der Bucht, und die »Elisabeth« hätte sich sicherlich vor ihrem Anker gedreht, wenn sie nicht durch das Sorrtau am Ufer festgehalten worden wäre.

Herr Wolston und Ernst, die schon beim Morgengrauen mit dem Kanu weggefahren waren, um die Lage- und Bodenverhältnisse der Bucht weiter draußen kennenzulernen, kehrten eben jetzt zurück. Wohlgemut auf das Verdeck hinaufspringend, fanden sie Zermatt nebst seiner Gattin und Frau Wolston nebst ihrer Tochter hier schon vor. Es fehlte also nur Jack, der in Begleitung der beiden Hunde jagen gegangen war und dessen Verweilen in der näheren Umgebung und dessen Erfolge als Jäger der Knall mehrerer Schüsse verriet. Auch dieser stellte sich bald wieder ein und brachte in der Jagdtasche zwei Paar Rebhühner und ein halbes Dutzend Wachteln mit.

»Ich habe weder meine Zeit noch mein Pulver verschwendet«, sagte er, als er seine Beute an vielfarbigem Federwild auf das Verdeck warf.

»Unsern Glückwunsch«, antwortete sein Vater, »doch jetzt wollen wir uns auch die eintretende Flut nicht entgehen lassen. Wirf das Halteseil los und steige mit ein!«

Nach Ausführung dieses Auftrages sprang Jack, mit seinen Hunden auf das Deck. Da der Anker aus dem Grund schon losgerissen war, brauchte er nur noch nach dem Kranbalken heraufgezogen zu werden. Die Pinasse wurde sofort von der Strömung erfaßt und unter dem Druck einer leichten, von der See her wehenden Brise trieb sie nach der Mündung des Montrose-Flusses. Dann glitt sie, den Wind im Rücken und immer die Mitte der Wasserfläche haltend, langsam stromaufwärts.

Die Entfernung von einem Ufer zum anderen betrug nicht weniger als zweihundertundfünfzig bis dreihundert Fuß, und soweit man das Flußbett übersehen konnte, schien sich diese Breite auch nicht zu vermindern.

Zur Rechten setzte sich die Steiluferwand, doch allmählich niedriger werdend, noch weiter fort, während sich der Erdboden mit kaum bemerkbarer Steigung hob. Zur Linken, und weit über das niedrige Ufer hin, schweifte der Blick über weite, von Gehölz und Buschwerk unterbrochene Ebenen hin. Die Baumgipfel zeigten bereits den der vorgeschrittenen Jahreszeit entsprechenden gelbbraunen Schimmer.

Nach halbstündiger, ziemlich schneller Fahrt erreichte die »Elisabeth« die erste Biegung des Montrose, der von hier aus unter dreißiggrädigem Winkel nach Südwesten verlief.

Jenseits dieser Ecke hatten die Ufer nur noch zehn bis zwölf Fuß Höhe, jedenfalls die der allerstärksten Flut. Das verriet sich durch die Linie, bis zu der fortgeschwemmte Pflanzenteile an dem gleich Bajonetten spitzigen Schilfe und Rohr hängengeblieben waren. Heute, am 19. März, erreichte aber die Äquinoktial-Springflut ihre größte Höhe, und so konnte man aus jenen Pflanzenresten schließen, daß das Flußbett genügen mußte, sie aufzunehmen und daß das benachbarte Land von keiner Überflutung bedroht wurde.

Die Pinasse glitt mit der Geschwindigkeit von drei bis vier Lieues in der Stunde dahin, so daß sie in der noch übrigen Flutzeit noch sieben bis acht Lieues hätte zurücklegen können.

Ernst, der diese Geschwindigkeit gemessen hatte, knüpfte daran folgende Bemerkung:

»Das wäre ungefähr die Entfernung, in der sich unserer Schätzung nach die Berge im Süden erheben sollen.«

»Ganz richtig«, stimmte ihm Wolston zu, »und wenn der Fluß bis an den Fuß der Bergkette reicht, hätte es ja keine Schwierigkeit, dahin zu gelangen. In diesem Falle brauchten wir unseren geplanten Ausflug nicht um drei bis vier Monate aufzuschieben . . .«

»Er würde aber noch immer mehr Zeit beanspruchen, als wir heute zur Verfügung haben«, meinte der ältere Zermatt. »Selbst angenommen, daß der Montrose uns bis zum Fuße der Kette führte, hätten wir ja unseren Hauptzweck noch nicht erreicht, denn wir müßten ja noch deren Kamm ersteigen, was jedenfalls längere Anstrengung erfordern dürfte.«

»Und außer der Frage«, setzte Ernst hinzu, »ob der Fluß auch weiterhin die Richtung nach Südwesten beibehält, müßten wir auch noch wissen, ob er nicht irgendwo durch Stromschnellen oder andere unüberwindliche Hindernisse gesperrt ist.«

»Das wird sich ja zeigen«, antwortete sein Vater. »Vorläufig wollen wir fahren, so weit die Flut uns treibt; nach wenigen Stunden werden wir uns ja über alles weitere schlüssig machen können.«

Jenseits der Biegung ließen die weniger hohen Ufer eine ziemlich große Strecke der vom Montrose durchflossenen Gegend überblicken. Diese erwies sich ebenso verlassen, wie, bis auf die vorhandene Tierwelt, das übrige Land. Auch hier bewegte sich durch das Gras und durch das Schilf am Ufer Wild aller Art, wie Trappen, Auerhähne, Rebhühner und Wachteln, umher. Hätte Jack seine beiden Hunde längs der Ufer und in deren nächsten Umgebung revieren lassen, so würden sie keine hundert Schritte gemacht haben, ohne Kaninchen, Hasen, Wasserschweine und Agutis aufzujagen. In dieser Beziehung wog das Land hier die Umgebung von Falkenhorst und die der Meiereien reichlich auf, selbst das Affenvolk inbegriffen, das von Baum zu Baum hüpfte. In einiger Entfernung kamen auch mehrere Trupps Antilopen von derselben Art vorüber, die schon auf der Haifischinsel eingepfercht waren. Ebenso zeigten sich, etwa eine Lieue weit nach der Bergkette zu, kleinere Herden von Büffeln, und endlich konnte man noch weiter draußen mehrfach Strauße, halb fliegend und halb laufend, vorübereilen sehen. Heute hielten sie Zermatt und seine zwei Söhne aber nicht für Araber, wie die ersten, die ihnen von der Höhe der Einsiedelei Eberfurt aus zu Gesicht gekommen waren.

Wie man es sich leicht denken kann, wurmte es Jack nicht wenig, auf das Deck der »Elisabeth« gebannt zu sein und dem Vorbeiziehen jener Vierfüßler und Vögel zusehen zu müssen, ohne sie mit einem Flintenschuß zu begrüßen. Was hätte jetzt freilich, wo man keines Proviants bedurfte, die Erlegung von Wild nützen können?

»Heute sind wir keine Jäger«, hatte sein Vater ihm wiederholt zugerufen, »sondern Forschungsreisende, vor allem Geographen und Hydrographen, mit der Aufgabe, diesen Teil der Neuen Schweiz näher kennenzulernen.«

Der junge Nimrod wollte von dieser Beschränkung aber nichts wissen, sondern nahm sich vor, beim nächsten Halt der Pinasse die Umgebung mit seinen Hunden zu durchstreifen. Er wollte Geographie auf seine Weise treiben, wollte Rebhühner und Hasen aufnehmen, statt die geographische Länge und Breite gewisser Punkte aufzunehmen. Letzteres war die Sache des gelehrten Ernst, den es gewiß danach verlangte, die neuen Gebietsteile im Süden des Gelobten Landes auf seiner Karte einzuzeichnen.

Von eigentlichen Raubtieren, die, wie wir wissen, in den Wäldern und auf den Ebenen am Ende der Perlenbucht und in der Nachbarschaft des Grüntales vorkamen, zeigte sich während der Fahrt auf den Ufern des Montrose gar nichts. Von Löwen, Tigern, Pantern und Leoparden war hier keine Rede, dagegen hörte man wiederholt das heisere Bellen von Schakalen, der zwischen Wolf und Fuchs stehenden Abart von den Hunden, die unter der Tierwelt der Insel also wohl die Mehrzahl bildeten.

Vergessen wir hier jedoch nicht, das Vorkommen zahlreicher Wasservögel zu erwähnen, wie das von Pfeilschwänzen, gewöhnlichen Enten, Krickenten und Schnepfen, die von einem Ufer zum andern flatterten oder sich im Schilf am Rande versteckten. Solche Gelegenheiten, seiner Neigung zu frönen und seine Geschicklichkeit zu beweisen, konnte Jack um keinen Preis vorübergehen lassen. Er tat also auch einige glückliche Schüsse, und keiner machte ihm darüber Vorwürfe, höchstens Anna, die immer um Gnade für die harmlosen Tiere bat.

»Meinetwegen harmlos, doch auch vortrefflich, wenn sie richtig gebraten sind«, gab Jack leichthin zur Antwort.

Tatsächlich konnte man sich nur beglückwünschen, die Speisekarte für das Frühstück oder das Mittagessen um einige Pfeilschwänze und Wildenten, die Falk aus dem Wasser apportiert hatte, vervollständigt zu sehen.

Etwas nach elf Uhr erreichte die »Elisabeth« eine zweite Biegung des Flusses, der sich wieder, wie Ernst feststellte, mehr nach Westen wendete. Aus seiner Hauptrichtung ließ sich also mit hoher Wahrscheinlichkeit schließen, daß er von der jetzt noch sechs bis sieben Lieues entfernten Bergkette herabströme, von der er offenbar reichlich gespeist wurde.

»Es ist recht schade«, klagte Ernst, »daß die Flut nun bald vorüber ist und wir nicht noch weiter vorwärts dringen können.«

»Freilich schade«, stimmte der ältere Zermatt ein, »doch der Wechsel der Gezeiten ist nun einmal da und die Ebbe wird sich bald fühlbar machen. Da wir jetzt bereits den höchsten Wasserstand haben, wird die Flutwelle auch kaum jemals über diese Biegung des Montrose hinausreichen.«

»Das liegt klar auf der Hand«, bestätigte Wolston. »Wir hätten uns also nur zu entscheiden, ob wir an dieser Stelle liegen bleiben oder die Ebbe benutzen wollen, um nach der Bucht zurückzukehren, wo wir dann schon nach zwei Stunden eintreffen könnten.«

Die betreffende Stelle war wunderschön, und wohl jeder wünschte nicht mehr, als den ganzen Tag über hier zu verweilen. Das linke Ufer bildete einen Einschnitt, in den sich ein kleiner, klarer und frischer Nebenfluß ergoß. Darüber neigten sich große Bäume mit laubreichen Kronen, aus denen man das Zwitschern und den Flügelschlag von Vögeln hörte. Es war eine Gruppe mächtiger indischer Feigenbäume, die fast den Magnolien von Falkenhorst glichen. Dicht dahinter erhoben sich stämmige Eichen mit breiten, stark belaubten Ästen, die keinen Sonnenstrahl hindurchließen. Und ganz im Hintergrunde standen Goyaven und Lichterbäume längs des Rios, über den eine frische, die unteren Zweige gleich Fächern bewegende Brise herwehte.

»Wahrhaftig«, sagte Frau Zermatt, »das ist hier ein herrlicher Platz, wie geschaffen, darauf ein Häuschen zu bauen. Schade darum, daß er so weit von Felsenheim ab liegt!«

»Jawohl, allzu weit, meine Liebe«, antwortete ihr Gatte; »deshalb wird aber dieser Platz, das glaube mir getrost, nicht unbenützt bleiben; man braucht ja doch nicht alles selbst zu machen. Willst du denn unseren zukünftigen Kolonisten gar nichts überlassen?«

»Sie können überzeugt sein, Betsie«, versicherte Frau Wolston, »daß gerade dieser vom Montrose bewässerte Teil der Insel von den neuen Ansiedlern sehr gesucht sein wird.«

»Inzwischen«, meinte Jack, »schlag' ich vor, bis zum Abend oder noch lieber bis morgen früh ruhig hier zu bleiben.«

»Darüber muß bald eine Entscheidung getroffen werden«, erklärte der ältere Zermatt. »Vergessen wir nicht, daß uns die Ebbe binnen zwei Stunden nach der Bucht hinunterführen kann und wir morgen abend in Felsenheim zurück sein können.«

»Was denken Sie darüber, Anna?« fragte Ernst.

»Ich füge mich der Entscheidung Ihres Vaters«, antwortete das junge Mädchen, »doch ich gestehe gern, daß die Stelle hier sehr hübsch ist und wohl für einen Nachmittag zum Verweilen einladet.«

»Und außerdem«, antwortete Ernst, »wäre ich nicht böse, noch einige Aufnahmen machen zu können...«

»Wir aber möchten nun etwas Nahrung einnehmen«, rief Jack. »Kommt, ich bitte euch alle, kommt, wir wollen endlich frühstücken!«

Unter allgemeiner Zustimmung wurde also beschlossen, den Nachmittag und den Abend an der Biegung des Montrose-Flusses zu bleiben. Mit der nächsten Ebbe, gegen vier Uhr des Morgens – die Nacht wurde gerade durch den Vollmond erhellt – sollte die Pinasse dann ohne jede Gefahr mit der Störmung hinabgleiten, von der Bucht aus aber, je nach dem Zustande des Meeres und der Richtung des Windes, entweder in der »Licorne«-Bai noch einmal vor Anker gehen oder das Kap im Osten umschiffen, um nach Felsenheim zu gelangen.

Die Pinasse, die mit dem Vorderteile am Fuße eines Baumes angeseilt war, drehte sich jetzt mit dem Hinterteile stromabwärts, ein Beweis, daß die Ebbe bereits eingesetzt hatte.

Frau Zermatt, Frau Wolston und Anna ließen sich leicht bestimmen, nach dem Frühstück an Ort und Stelle zurückzubleiben, während die Männer noch kürzere Ausflüge in die Umgebung unternehmen wollten, da es diesen doch wünschenswert erschien, die Gegend hier etwas genauer kennenzulernen. Der ältere Zermatt und Jack sollten dabei, gleichzeitig um zu jagen, einerseits längs des Nebenflusses dahin wandern, doch ohne sich von dessen Mündung zu weit zu entfernen, und anderseits sollten Wolston und Ernst mit dem Kanu den Fluß noch, soweit es ausführbar wäre, doch nur so weit hinauffahren, daß sie zur Hauptmahlzeit zurück sein könnten.

Dabei, daß Frau Zermatt, Frau Wolston und Anna allein zurückbleiben sollten, sah man für diese keine Gefahr, auch erhoben die Frauen dagegen keinerlei Widerspruch. Im schlimmsten Falle waren sie ja jeden Augenblick imstande, die beiden Jäger zurückzurufen, indem sie eine der beiden blind geladenen Signalkanonen der Pinasse abfeuerten. Auf Jacks Frage an das junge Mädchen, ob sie sich auch nicht fürchtete, das kleine Stück abzuschießen, versicherte diese, daß sie vor keinem Kanonendonner erschrecke und Feuer geben werde, sobald Betsie es wünschte.

Übrigens sollten der ältere Zermatt und sein Sohn gar nicht dazu kommen, sich von der Biegung des Flusses einigermaßen weit zu entfernen. Unter dem wildreichen Gehölze konnte es ihnen an Gelegenheit, ihr Pulver und Blei zu verwenden, nicht fehlen, und dann mußten die Flintenschüsse an der Lagerstelle noch vernehmbar sein.

Das von Wolston und Ernst geruderte Kanu fuhr in der entgegengesetzten Richtung, den Fluß hinauf, ab, während der ältere Zermatt und Jack dem Ufer des vielfach gewundenen, von Norden kommenden Rios folgten.

Jenseits der Biegung wendete sich der Montrose nach Südwesten. Das Boot fuhr zwischen den mit buschigem Hochwalde besetzten und fast unzugänglichen Ufern weiter. Wirr verwachsenes Gebüsch und dichtes Schilf bedeckten den aufsteigenden Rand. Es wäre kaum möglich gewesen, daran zu landen, doch das war ja auch nicht notwendig, handelte es sich ja vor allem nur darum, die allgemeine Richtung des Wasserlaufes dadurch festzustellen, daß man diesen so weit wie möglich hinauffuhr. Bald wurde das Gesichtsfeld übrigens größer. In der Entfernung von einer halben Lieue warfen die in weniger dichtem Gehölze stehenden einzelnen Bäume einen Schatten, der infolge der fast senkrecht einfallenden Sonnenstrahlen nur einen Kreis an ihrem Fuße bildete. Weiterhin folgten einander ausgedehnte, hier und da von felsigen Anhöhen unterbrochene Ebenen, die bis zum Fuße der Bergkette zu reichen schienen.

Die sozusagen von Licht gesättigte Oberfläche des Montrose-Flusses glänzte gleich einem Spiegel, so daß man das Schutzdach der ihn stromabwärts einfassenden Bäume recht schmerzlich vermißte. Außerdem wurde die Handhabung der

Ruder in der fast glühenden Atmosphäre sehr beschwerlich. Zum Glücke war die Kraft der Strömung trotz der eingetretenen Ebbe nicht verstärkt, da die Gezeiten nur bis an die Flußbiegung heraufreichten. So hatte man also nur die gewöhnliche Stromgeschwindigkeit des in dieser Jahreszeit obendrein sehr niedrigen Wassers zu überwinden. Nach einigen Wochen mußte das schon anders sein: dann wälzten sich, nach Eintritt der Regenzeit, die Niederschläge von den Bergen durch ihren natürlichen Ablaufkanal, durch das Bett des Montrose-Flusses hin.

Trotz der Hitze arbeiteten sich Wolston und Ernst aber unverdrossen vorwärts. Zwischen den vielfach gewundenen Ufern fanden sich nahe den Stellen, wo das Land etwas weiter vorsprang, sprudelnde Wasserwirbel, die sie bestens ausnützten, um ihre Kräfte zu schonen.

»Es scheint mir nicht unmöglich«, sagte Wolston, »daß wir den Fuß der Berge, aus denen der Montrose jedenfalls hervorbricht, zu Wasser erreichen könnten.«

»Sie sind noch immer dieser Meinung, Herr Wolston?« antwortete Ernst die Achseln zuckend.

»Noch immer, lieber Freund, und es ist zu wünschen, daß ich mich darin nicht täusche. Sie kennen Ihre Insel tatsächlich nicht eher, als Sie deren ganze Ausdehnung vom Gipfel jener, offenbar nicht sehr hohen Berge aus noch nicht überschaut haben.«

»Nun, deren Höhe schätze ich auf zwölf- bis fünfzehnhundert Fuß, Herr Wolston, und darin stimme ich allerdings mit Ihnen überein, daß man von ihrem Gipfel aus den Gesamtumfang der Neuen Schweiz werde übersehen können, wenigstens wenn diese nicht weit größer ist, als wir es annehmen. Was jenseits jener Bergkette liegen mag? – Ja, das wissen wir nicht, weil wir uns seit vollen zwölf Jahren im Gelobten Lande niemals beengt gefühlt haben.«

»Das begreif' ich vollkommen, lieber Ernst«, antwortete Wolston; »jetzt aber haben wir ein dringliches Interesse daran, uns klarzuwerden über die Ausdehnung einer Insel, die doch spätere Ansiedler aufnehmen soll...«

»Das wird geschehen, Herr Wolston, sobald die schöne Jahreszeit wieder eintritt, und jedenfalls, verlassen Sie sich darauf, noch vor der Rückkehr der ›Licorne‹. Für heute erscheint es mir ratsamer, uns auf diese mehrstündige Fahrt zu beschränken, die uns ja über die Hauptrichtung des Stromlaufes aufgeklärt hat.«

»Und doch, Ernst, würde es uns bei noch einiger Ausdauer wohl möglich sein, nicht nur bis zur Bergkette vorzudringen, sondern sie auch noch zu ersteigen...«

»Vorausgesetzt, daß sie nicht gar zu steil abfällt...«

»Oh, mit einem Paar tüchtiger Beine...«

»Sie hätten entschieden besser getan, Jack an meiner Stelle mitzunehmen«, sagte Ernst lächelnd. »Er hätte Ihnen nicht widersprochen, ja Sie vielmehr selbst noch gedrängt, bis nach den Bergen hinauszuziehen, unbekümmert, ob er morgen oder übermorgen von da zurückkehrte, und unbekümmert durch die Unruhe, in die er durch eine solche Verzögerung alle anderen versetzte.«

»Nun ja, Sie haben im Grunde recht, liebes Kind«, erwiderte Wolston. »Unser einmal gegebenes Versprechen müssen wir wohl halten. Nur noch eine Stunde lang weiter, dann mag unser Kanu mit der Strömung wieder hinabgleiten. Immerhin werd' ich mich nicht eher beruhigen, als bis wir die Flagge Alt-Englands auf der höchsten Spitze der Neuen Schweiz aufgepflanzt haben!«

Der mit diesen Worten ausgedrückte Wunsch des Herrn Wolston kann wohl niemand überraschen. Er sprach als guter Engländer, und das gerade zu einer Zeit, wo Großbritannien seine Flotten nach allen Meeren hinaussendete, um den Kolonialbesitz des Reiches zu vergrößern. Er begriff aber auch, daß es empfehlenswerter sei, die eigentliche Besitzergreifung der Insel noch zu verschieben, und so bestand er nicht länger auf dem geäußerten Wunsche.

Die Fahrt ging also weiter. Immer das weitoffene, baumlose Land, das auch minder fruchtbar wurde, je weiter es sich nach Südwesten zu ausdehnte. Auf Wiesengründe folgten allmählich öde und dürre, mit Gestein übersäte Flächen. Nur vereinzelt schwebten Vögel über dem nackten Erdboden. Von den am Vormittage bemerkten Tieren, von Büffeln, Antilopen und Straußen, war nichts mehr zu entdecken. Hier gab es nur noch Rudel von Schakalen, die man zwar auch nicht sah, deren Geheul aber die Luft erfüllte, ohne ein Echo zu wecken.

»Jack ist gut beraten gewesen, uns nach dieser Seite nicht zu begleiten«, bemerkte Ernst.

»Ja freilich«, stimmte Wolston ein, »mindestens hätte er keine Gelegenheit gehabt, einen Schuß abzugeben. Da wird er im Hochwalde, den jener Nebenfluß des Montrose durchzieht, jedenfalls besser daran gewesen sein.«

»Und wir, Herr Wolston«, sagte Ernst, »bringen als Ergebnis unseres Ausfluges die Erkenntnis mit, daß dieser Teil der Insel dem ähnelt, der sich landeinwärts von der ›Licorne‹-Bai findet. Nun kann zwar niemand wissen, wie es jenseits der Bergkette aussieht, es läßt sich allem Anscheine nach aber annehmen, daß unsere Insel nur im Norden und in der Mitte, von der Perlenbucht bis zum Grüntale, wirklich fruchtbar ist.«

»Jawohl; und wenn wir seinerzeit unseren großen Ausflug unternehmen«, antwortete Wolston, »wird es, meine ich, das beste sein, unmittelbar nach dem Süden zu marschieren, und nicht erst den Umrissen der westlichen oder östlichen Küste nachzugehen.«

»Das denk' ich auch, Herr Wolston; am meisten empfiehlt es sich offenbar, durch die Schlucht der Kluse ins Innere vorzudringen.«

Es war jetzt gegen vier Uhr. Das Kanu befand sich gut zweieinhalb Lieues vom Lagerplatze entfernt, als sich stromaufwärts ein starkes Rauschen des Wassers bemerkbar machte. Rührte das von einem Bergbache her, der sich in das Bett des Montrose stürzte? War es die Folge einer Stromschnelle im Flusse selbst? Machte diesen etwa eine Felsenbarre in seinem Oberlaufe unschiffbar?...

Wolston und Ernst, die sich gerade in einem Wirbel hinter einer Landspitze befanden, waren eben im Begriff gewesen, umzukehren. Das etwas steigende Ufer verhinderte einen weiteren Ausblick.

»Noch ein paar Ruderschläge«, sagte deshalb Wolston, »wir wollen nur über diese Spitze hinausfahren.«

»Gewiß«, stimmte Ernst ein; »es ist wohl zu befürchten, daß auf dem Montrose kein Boot bis zum Fuße der Berge gelangen könne.«

Beide griffen also wieder nach den Rudern und setzten die letzten Kräfte ein, die ihnen nach vierstündiger Fahrt unter einem glühenden Himmel noch zu Gebote standen.

Der Fluß wendete sich weiter nach Südwesten und das mußte wohl seine Hauptrichtung sein. Nur wenige hundert Fuß weiter oben ließ sich sein Verlauf auf eine längere Strecke hin überblicken. Gesperrt durch eine Anhäufung von Felsblöcken, die von einem Ufer zum anderen reichte und nur schmale Spalten aufwies, stürzte das Wasser des Flusses hier in geräuschvollem, bis zwanzig Toisen stromabwärts hörbarem Falle herab.

»Da wären wir also doch aufgehalten worden«, sagte Ernst, »wenn wir die Absicht gehabt hätten, noch weiterzufahren.«

»Vielleicht«, antwortete Wolston, »wäre es aber möglich gewesen, unser Kanu über diese Barre hinaufzuschaffen...«

»Wenn es nichts weiter als eine Barre ist, Herr Wolston.«

»Das wird sich ja zeigen, lieber Ernst, denn wir müssen darüber klarzuwerden suchen. Wir wollen hier aussteigen.«

Zur Linken öffnete sich eine enge Schlucht, die, zur Zeit völlig trocken liegend, in Windungen nach dem Plateau hinaufführte. Nach einigen Wochen, wenn die Regenzeit eingesetzt hatte, diente sie gewiß als Bett einem Bergstrome, der seine schäumenden Fluten mit denen des Montrose mischte.

Wolston warf den kleinen Anker ans Land. Dann betraten Ernst und er das Uferland, das sie in schräger Richtung nach der Barre zu hinaufstiegen.

Dieser Berg, der eine Viertelstunde erforderte, führte über Steingeröll, das durch Büschel groben Grases kaum im Sande festgehalten wurde.

Zerstreut lagen auch bräunlich gefärbte Kiesel mit stark abgerundeten Ecken umher, die etwa nußgroßen Rollsteinen des Meeresstrandes ähnelten.

Als Wolston und Ernst auf die Höhe der Barre gekommen waren, überzeugten sie sich, daß der Montrose auf eine gute halbe Lieue hin nicht schiffbar war. Überall starrten Felsstücke aus seinem Bette empor und dazwischen brodelte das Wasser hindurch. Die Beförderung eines Bootes über Land bis ans Ende dieser Stromsperre mußte jedenfalls viele Mühe machen.

Das Land erschien bis zum Fuße des Bergrückens hin völlig unfruchtbar. Um ein wenig Grün zu sehen, mußte man den Blick mehr von Nordwesten nach Norden, genau dahin, wo Grüntal lag, richten, dessen ferne Höhen auch an der Grenze des Gelobten Landes gerade noch sichtbar waren.

Voll Bedauerns, daß der Montrose in diesem Teile seines Laufes gesperrt war, blieb Wolston und Ernst nun nichts anderes übrig, als den Rückweg einzuschlagen.

Längs der Windungen der Schlucht hingehend, hob Ernst zwei oder drei jener bräunlichen Kiesel auf, die schwerer waren, als man ihrer Größe nach erwarten konnte. Zwei von den kleinen Steinen steckte er auch ein, um sie nach der Heimkehr nach Felsenheim genauer zu untersuchen.

Wolston selbst wandte dem Horizonte im Südwesten noch nicht gern den Rücken zu. Da die Sonne aber bereits herabsank, empfahl es sich, bei der ziemlich großen Entfernung vom Lagerplatze nicht länger zu zögern. Das Kanu wurde also wieder bestiegen und glitt bald, von der Strömung und den Rudern getrieben, zwischen den beiden Ufern schnell hinunter.

Um sechs Uhr war die ganze Gesellschaft unter dem Schatten der grünen Eichengruppe wieder beisammen. Die von ihrem Zuge sehr befriedigten Jäger, der ältere Zermatt und Jack, hatten eine Antilope, mehrere Kaninchen, ein Aguti und verschiedene Wasservögel mitgebracht.

Der kleine Nebenfluß des Montrose bewässerte übrigens ein recht fruchtbares Stück Land, wo er zum Teile durch anbaufähige Ebenen verlief und zum Teile dichte Waldungen mit sehr verschiedenen Baumarten durchströmte. Hier war auch eine sehr wildreiche Gegend, in der heute wohl zum ersten Male der Knall eines Gewehres verhallt war.

Nach dem Berichte Zermatts kam der Wolstons an die Reihe. Der letztere erzählte bis zur Zeit des Essens von der über zwei Lieues stromaufwärts fortgesetzten Bootsfahrt und schilderte dabei die Unfruchtbarkeit des nach Süden gelegenen Inselteiles. Er gab ferner der Enttäuschung Ausdruck, die die unübersteigliche Sperre des Flußlaufes Ernst und ihm bereitet habe, und setzte auch hinzu, daß man, um zu der Bergkette im Südwesten zu gelangen, unbedingt einen anderen Weg als den auf dem Montrose wählen müsse.

Eine vortreffliche, von Betsie, Merry und Anna bereitete Mahlzeit wartete dann der Ausflügler. Sie wurde unter dem Schatten der Bäume am Fuße des Rio aufgetragen, dessen klares Wasser murmelnd über einem feinsandigen, mit Pflanzenwuchs überstreuten Grunde dahinfloß. Der Mahlzeit wurde alle Ehre angetan, und sie dehnte sich bei anregender Unterhaltung bis gegen neun Uhr des Abends aus.

Hierauf suchte jeder seine Lagerstatt an Bord der »Elisabeth« auf, und von hier aus erschallte bald ein Konzert lauten Schnarchens, das fast hätte mit dem Heulen der Schakale wetteifern können.

Schon vorher war bestimmt worden, daß die Pinasse sofort mit dem Eintritte der nächsten Ebbe, d. h. um ein Uhr nach Mitternacht, abfahren sollte, um die ganze Dauer des sinkenden Wassers ausnützen zu können. Zum Schlafen blieb also nur wenig Zeit übrig; die Passagiere sollten das aber in der folgenden Nacht nachholen, und zwar entweder bei einer Rast in der »Licorne«-Bai, oder gar schon in Felsenheim, wenn die »Elisabeth« binnen vierundzwanzig Stunden da eintraf.

Trotz der Bitten Wolstons und seiner Söhne beharrte der ältere Zermatt dabei, auf dem Verdeck zu bleiben und bis zur genannten Stunde zu wachen. Eine gewisse Vorsicht durfte ja niemals außer acht gelassen werden. Während der Nacht verlassen die Raubtiere, die sich tagsüber nicht gezeigt haben, gern ihre Schlupfwinkel, da sie der Durst nach den Wasserläufen hintreibt.

Um ein Uhr weckte der ältere Zermatt Herrn Wolston, Jack und Ernst. Eben begann das erste Plätschern der eintretenden Ebbe. Vom Land her wehte ein leichter Wind. Die Segel wurden gehißt, in den Wind gerichtet und festgebunden, und von diesen und der Strömung getrieben, stieß die Pinasse vom Ufer.

Die sehr klare Nacht glänzte von dem Heere flimmernder Sterne, die wie ein Flockenhaufen am Himmel zu schweben schienen. Nach Norden zu sank der noch ziemlich volle Mond langsam nach dem Horizonte hinunter.

Da der Lauf des Montrose keinerlei Hindernis bot, brauchte man sich nur in seiner Mitte zu halten, um auf die Bucht selbst hinaus zu kommen. Nach der Einholung der Haltetaue und der richtigen Einstellung der Segel mußten schon zwei Mann zur Führung des Fahrzeuges genügen. Wolston übernahm jetzt das Steuer und Jack stellte sich am Vorderteile auf. Der ältere Zermatt und Ernst konnten also hinuntergehen, der erste, um der Ruhe zu pflegen, der zweite, um das noch einmal zu tun.

Auch das sollte indes nicht lange dauern. Schon um vier Uhr des Morgens, als das erste Rot im Osten aufflammte, hatte die »Elisabeth« die Mündung des Montrose-Flusses und damit wieder ihren ersten Ankerplatz erreicht.

Nichts hatte die nächtliche Fahrt gestört, obwohl unterwegs das Grunzen von Flußpferden vernehmbar gewesen war. Wir wissen schon aus dem Berichte Fritzens über seine Fahrt auf dem Ostflusse, daß darin das Vorkommen dieser riesigen, halb amphibischen Dickhäuter in den Wasserläufen der Insel erwähnt worden war.

Da das Wetter prächtig und die See ruhig war, beschloß man, den jetzt weiter draußen aufgesprungenen Wind sich bestens zunutze zu machen. Der ältere Zermatt erkannte zu seiner großen Befriedigung, daß es möglich sein werde, binnen fünfzehn Stunden, also noch vor Anbruch der Nacht, in Felsenheim zu sein.

Um den kürzesten Weg einzuschlagen und unmittelbar auf das Kap im Osten zuzusteuern, entfernte sich die »Elisabeth« eine gute halbe Lieue vom Lande. Die Passagiere genossen dann einen weiteren Überblick über die sich nach Süden hin drei bis vier Lieues ausdehnende Küste.

Der ältere Zermatt hatte die Schoten etwas anziehen lassen, um dichter am Winde zu segeln, und die Pinasse trieb nun, mit Steuerbordhalsen, dem Kap im Osten zu.

Gleichzeitig brachte da Wolston, der auf dem Vorderteile stand, sein Fernrohr vor die Augen. Erst wischte er noch einmal das Objektivglas ab und schien dann sehr aufmerksam einen bestimmten Punkt des Uferlandes zu betrachten.

Wiederholt senkte er das Fernglas und erhob es immer wieder. Alle waren verwundert über die Spannung mit der er den Horizont im Südosten überblickte.

Zermatt übergab das Steuer an Jack und ging selbst nach dem Vorderteile der Pinasse, um Wolston nach der Ursache dieses etwas auffälligen Verhaltens zu fragen.

»Nein«, sagte da schon Wolston, »ich habe mich doch getäuscht . . .«

»Getäuscht? Worin denn, lieber Wolston«, erkundigte sich Zermatt, »und was haben Sie denn in jener Richtung zu sehen geglaubt?«

»Einen Rauch . . .«

»Einen Rauch?« wiederholte Ernst, durch diese Antwort betroffen.

Ein solcher Rauch hätte natürlich nur von einem am Ufer aufgeschlagenen Lager herrühren können. Das ergab dann aber die beunruhigende Schlußfolgerung, daß die Insel von Eingeborenen bewohnt war, oder daß Wilde auf ihren Pirogen von der australischen Küste herübergekommen und ans Land gegangen waren, um vielleicht ins Innere der Insel vorzudringen. Welchen Gefahren waren aber die Insassen von Felsenheim ausgesetzt, wenn solche Urbewohner je den Fuß auf das Gebiet des Gelobten Landes setzten!

»Wo meinten Sie den verdächtigen Rauch bemerkt zu haben?« fragte der ältere Zermatt lebhaft.

»Dort, bei der letzten Spitze, die vom Ufer auf dieser Seite hinausragt.«

Wolston wies dabei nach dem äußersten, gegen drei Lieues entfernten Punkt des Landes hin, das von der bezeichneten Spitze ab nach Südwesten umbog.

Der ältere Zermatt und Ernst nahmen einer nach dem anderen das Fernrohr und blickten aufmerksam nach der angegebenen Stelle hinaus.

»Ich sehe nichts«, erklärte der ältere Zermatt.

»Ich auch nicht«, setzte Ernst hinzu.

Wolston beobachtete selbst noch einige Augenblicke mit gespanntester Aufmerksamkeit.

»Nein, ich kann von einem Rauche nichts erkennen«, sagte er. »Es wird nur ein leichter grauer Dunst gewesen sein, eine kleine, in Auflösung begriffene Wolke.«

Diese Antwort lautete ja recht günstig. Immerhin behielt der ältere Zermatt den betreffenden Punkt, solange er überhaupt sichtbar blieb, im Auge, sah aber nichts, was ihn hätte beunruhigen können.

Unter vollen Segeln glitt die »Elisabeth« schnell über das Meer, dessen leichter Wellengang sie nicht zu behindern vermochte. Schon um ein Uhr zu Mittag schwankte sie vor der »Licorne«-Bai, die eine Lieue von Backbord liegen blieb; dann folgte sie der Küstenlinie und steuerte geraden Weges auf das Kap im Osten zu.

Dieses Kap wurde gegen vier Uhr umschifft, und da die wieder steigende Flut nach dem Westen der Rettungsbucht lief, genügte eine Stunde, die Strecke bis zu dieser zurückzulegen. Nachdem sie an der Haifischinsel vorübergekommen war, steuerte die »Elisabeth« auf den Schakalbach zu, und fünfunddreißig Minuten später landeten ihre Passagiere am Ufer in der Nähe von Felsenheim.

Elftes Kapitel

Vor der Regenzeit. – Besuch der Meiereien und der Eilande. – Die ersten Stürme. – Die Abende in Felsenheim. – Die Kapelle. – Ernsts Entdeckung und wie diese aufgenommen wird. – Fortdauer des schlechten Wetters. – Zwei Kanonenschüsse. – Auf der Haifischinsel.

Vier und einen halben Tag oder hundertacht Stunden hatte die Abwesenheit der Bewohner von Felsenheim gedauert. Sie hätte sich noch weit länger ausdehnen dürfen, ohne daß die Haustiere deshalb zu leiden gehabt hätten, denn ihre Ställe waren mit Futtervorräten für einen langen Zeitraum versorgt worden. Gelegentlich dieses Ausfluges hätte Wolston Zeit genug gehabt, seine Besichtigung der Insel bis zum Fuße der Bergkette fortzusetzen, von der er bei der Barre im Flusse ja nicht mehr weit entfernt gewesen war. Höchstwahrscheinlich hätte er dem älteren Zermatt auch vorgeschlagen, noch drei bis vier Tage am Ankerplatze im Montrose-Flusse zu verweilen, wenn das Kanu nicht auf das Hindernis gestoßen wäre, das jede weitere Fahrt stromaufwärts unmöglich machte.

Der Ausflug war immerhin nicht ergebnislos gewesen. Man hatte dabei die östliche Küste vom Kap im Osten an gegen zehn Lieues weit kennengelernt. Nimmt man hierzu die gleichlange Strecke im Norden bis zur Perlenbucht hin, so war das alles, was man von dem Küstengebiete der Insel kannte. Was ihren Umfang im Westen und im Süden anging, welches Aussehen sie ebenda hatte, ob sie weitere öde oder fruchtbare Gegenden enthielt, darüber konnten die beiden Familie erst Aufklärung erhalten, wenn sie die ganze Insel umschifften, wenigstens wenn nicht eine Besteigung der Berge einen Überblick über die gesamte Neue Schweiz vermittelte.

Freilich lag die Wahrscheinlichkeit vor, daß die »Licorne«, als sie wieder in See stach, schon deren Größenverhältnisse und deren Gestalt aufgenommen hätte. Führte der von Wolston vorgeschlagene Zug also zu keinem vollständigen Erfolge, so blieb nichts übrig, als die Rückkehr der Corvette abzuwarten, um von ihr in dieser Hinsicht Aufklärung zu erhalten.

Vorläufig sollten, sechs bis sieben Wochen lang, die Heu- und Kornernte, die Weinlese und die Einbringung der Feldfrüchte jede Stunde in Anspruch nehmen. Zermatt und seine Gefährten durften keinen Tag feiern, wenn sie die Meiereien in gutem Zustande vor der Jahreszeit haben wollten, die, den Winter bildend, unter dieser Breite der südlichen Erdhälfte so vielfach durch schlechte Witterung gestört wird.

Jedermann ging also ans Werk, und in erster Linie begaben sich die beiden Familien von Felsenheim nach Falkenhorst, wo sie sich mehr in der Nähe von Waldegg, von Zuckertop und vom Prospekt-Hill befanden. In der Sommerwohnung fehlte es weder an Raum noch an Bequemlichkeit, da hier zwischen den mächtigen Wurzeln des Mangobaumes weitere Stuben eingerichtet waren, ohne von der Wohnung in der Luft zu reden, die eine so angenehme Lage inmitten des dichten Laubwerkes hatte. Am Fuße des Baumes lag ferner ein geräumiger Hof für die Tiere, der mit Ställen und Schuppen ausgestattet und von einer undurchdringlichen Pfahlwand aus Bambus und stacheligem Gesträuch eingeschlossen war.

Es bedarf wohl kaum der Aufzählung der einzelnen Arbeiten, die in den nächsten zwei Monaten vorgenommen und gut ausgeführt wurden. Die Ansiedler mußten dabei von einer Meierei zur anderen gehen, die Körner- und Futterernte geschützt unterbringen, das vollreife Obst einsammeln und alles instand setzen, um das Federvieh nicht von der Unbill der schlechten Jahreszeit leiden zu lassen.

Hervorzuheben ist jedoch, daß der Ertrag von den Feldern, dank der Bewässerung aus dem, durch den Kanal reichlich gespeisten Schwanensee, ein merklich größerer geworden war. Das Gebiet des Gelobten Landes hätte jetzt wohl schon hundert Kolonisten ernähren können, und es liegt auf der Hand, daß seine Bewohner Arbeit übergenug hatten, wenn sie nichts von dessen Ertrage einbüßen wollten.

Im Hinblick auf die gewöhnlich acht bis neun Wochen anhaltenden atmosphärischen Störungen war es erforderlich, bei den Meiereien alle durch Regen und Wind verursachten Beschädigungen sorgsam auszubessern. Die Stangen der Einfriedigungen waren teilweise neu zu befestigen, Fenster und Türen wurden gut geschlossen, gedichtet und mit Gegenstützen versehen und die Dächer belastete man mit schweren Steinen, um sie gegen Sturmwinde widerstandsfähiger zu machen. Dieselben Vorsichtsmaßregeln wurden bezüglich der offenen und geschlossenen Schuppen und der Hühner- und Viehställe getroffen, deren zwei- und vierfüßige Bewohner zu zahlreich waren, als daß sie in den Wirtschaftsgebäuden bei Felsenheim hätten untergebracht werden können.

Selbstverständlich wurden auch die Bauanlagen auf der Walfisch- und der Haifischinsel so instand gesetzt, daß sie den Windstößen, die sie bei ihrer freien Lage desto heftiger trafen, sicher widerstehen konnten.

Auf der Walfischinsel bildeten die harzreichen Bäume, die immergrünen Strandkiefern, jetzt schon dichte Gehölze. Die Anpflanzungen von Kokospalmen und anderen Nutzbäumen waren, seit dornige Hecken sie gegen alle Tiere beschützten, vortrefflich gediehen. In Zukunft war auch nichts mehr von den Hunderten von Kaninchen zu fürchten, die in der ersten Zeit alle jungen Triebe beschädigten. Verschiedene Seepflanzen boten den gefräßigen Nagern genügende Nahrung, unter anderen der *Fucus saccharinus,* nach dem sie vor allem lüstern schienen. Jenny traf bei ihrer Rückkehr jedenfalls das Eiland, das ihr der ältere Zermatt als persönliches Eigentum überwiesen hatte, in vortrefflichstem Zustande an.

Auf der Haifischinsel ließen die Anpflanzungen von Mango- und Kokosbäumen und Kiefern nichts zu wünschen übrig. Hier mußten nur die Einfriedigungen verstärkt werden, in denen sich die schon fast zahm gewordenen Antilopen befanden. Gras und Blätter, die Hauptnahrung dieser Wiederkäuer, konnten ihnen für die Zeit des Winters nicht fehlen, ebensowenig das nötige Wasser, das die am Ende der Insel entdeckte, niemals versiegende Quelle lieferte. Der ältere Zermatt hatte in der Mitte des Platzes einen Schuppen aus starken Planken errichtet, worin aller Art Vorräte aufgespeichert lagen. Die auf der Oberfläche des Hügels aufgestellte Batterie endlich hatte ein festes, von überhängenden Bäumen beschütztes Dach, das von der Flaggenstange überragt wurde.

Am Tage dieses Besuches lösten Ernst und Jack, wie alljährlich beim Anfang und beim Ende der Regenzeit, die zwei regelmäßigen Kanonenschüsse. Diesmal freilich wurde keine Antwort von der Seeseite her vernommen, wie vor sechs Monaten bei der Ankunft der englischen Korvette. Als dann die beiden Geschütze wieder mit neuen Kartuschen und Schlagröhren versehen waren, rief Jack:

»Nach Verlauf von drei Monaten werden wir an der Reihe sein, der ›Licorne‹ zu antworten, wenn sie die Neue Schweiz salutiert, und mit welcher Freude werden wir ihr unsere Antwort senden!«

Die letzte Ernte an Weizen, Gerste, Roggen, Mais, Hafer, Hirse, Maniok, Sago und Bataten wurde bald in den Schuppen und Scheuern von Felsenheim untergebracht. Dank einer verständigen Wechselwirtschaft hatten die Gemüsefelder Erbsen, Schwert- und Buschbohnen, Möhren, Steckrüben, Lauch, Lattich und Kopfsalat in überreichlicher Menge geliefert. Die Felder und Anpflanzungen mit Zuckerrohr und Obstbäumen lagen noch in der Nähe der Wohnstätte an beiden Ufern des Wasserlaufes. Die Einbringung der Weinernte von Falkenhorst vollzog sich noch in der dafür bestimmten Zeit, und was den Met anging, fehlte es für diesen weder an Gewürz noch an Roggenmehlteig, seine Gährung zu unterstützen. Palmenwein besaß man ebenfalls in Überfluß, von dem noch vorhandenen Kanarienwein ganz zu schweigen. Mehrere Tönnchen mit Branntwein, die vom Lieutenant Littlestone herrührten, lagerten in dem kühlen Untergrunde der Felsenhöhle. Als Brennmaterial für die Küche gab es in großen Haufen aufgestapeltes trockenes Holz und überdies bestreuten die zu erwartenden Stürme das Uferland bei Felsenheim jedenfalls mit einer Menge abgebrochener Äste und Zweige, abgesehen von denen, die durch die Flut aus der Rettungsbucht ans Land gespült wurden. Von einer Heizung der Wohn- und Schlafräume konnte man von vornherein absehen. Zwischen den Wendekreisen hier unter dem neunzehnten Breitengrade gibt es keine bemerkbare Kälte. Feuer bedurfte man nur für die Küche, für die Wäsche und ähnliche häusliche Arbeiten.

Allmählich kam die zweite Hälfte des Mai heran und nun mußten alle Vorbereitungen bald beendigt sein. Unmöglich konnte man sich noch länger täuschen über die Vorzeichen des herannahenden schlechten Wetters. Mit Sonnenuntergang bezog sich der Himmel bereits mit Dunstmassen, die von Tag zu Tag dichter wurden. Der Wind schlug mehr und mehr nach Osten um und bei dieser Richtung war die Insel allen Stürmen vom offenen Meere her preisgegeben.

Vor der vollständigen Einschließung in Felsenheim wollte der ältere Zermatt den 24. Mai noch zu einem Ausfluge nach der Einsiedelei von Eberfurt benützen, woran nur Wolston und Jack teilnehmen sollten. Es erschien ratsam, sich zu überzeugen, ob der Paß der Kluse hinreichend verschlossen sei, daß Raubtiere nicht dadurch eindringen konnten. Ein Überfall von solchen mußte auf jeden Fall verhütet werden, da die

Folge davon eine gänzliche Verwüstung der Anpflanzungen gewesen wäre.

Diese Meierei, die entfernteste an der Grenze des Gebietes, lag gegen drei Lieues weit von Felsenheim.

Auf dem Büffel, dem Onagre (wilden Esel) und dem Strauße reitend, kamen die drei Besucher in weniger als zwei Stunden nach der Einsiedelei von Eberfurt. Die Verschläge wurden zwar noch in gutem Zustande gefunden, nur schien es angezeigt, den Verschluß zum Eingange der Kluse noch mit einigen Querbalken zu verstärken. Wenn Raubtiere oder Dickhäuter den Weg durch den Engpaß versperrt fanden, war kaum zu befürchten, daß sie auf anderem Wege weiter vordringen könnten.

Übrigens zeigte sich auch, sehr zum Leidwesen Jacks, nirgends eine verdächtige Fährte. Der eifrige Jäger hoffte immer, mindestens einen jungen Elefanten zu erbeuten. Nachdem er einen solchen gezähmt, ans Haus und anfänglich an schweren Zug gewöhnt hatte, glaubte er mit Sicherheit, ihn auch zur Beförderung seiner eigenen Person abrichten zu können.

Am 25. Mai, als die ersten Regengüsse auf die Insel niederströmten, hatten sich die beiden Familien nach dem endgültigen Auszug aus Falkenhorst in Felsenheim wieder eingerichtet.

Nirgendwo anders hätte man eine geeignetere Wohnstätte finden können, die sicheren Schutz gegen jede Witterungsunbill geboten und eine so behagliche Raumeinteilung ermöglicht hätte. Seit jenem Tage, wo Jacks Hammer »den Berg angeschlagen« hatte, war sie gar vielfach verbessert und verschönert worden. Die Steinsalzhöhle bildete jetzt eine höchst bequeme Wohnung. Die Zimmerflucht an der Vorderwand des Felsens hatte jetzt zahlreiche Fenster und Türen. Die Bibliothek, Ernsts Lieblingsaufenthalt, mit ihren zwei, nach Morgen, also nach dem Schakalbache zu gelegenen Fensterausschnitten, wurde von einem hübschen Taubenschlage überragt. Der geräumige »Salon« mit seinen grünen, leicht mit Kautschuk überzogenen Vorhängen an den Fenstern und mit allem nötigen – mit Tischen, Stühlen, Polsterstühlen und Sofas – aus der Kajüte des »Landlord« ausgestattet, diente noch weiter als Betsaal, und jedenfalls so lange, bis Wolston seine Kapelle erbaut hatte.

Über der Zimmerreihe zog sich eine Terrasse hin, nach der zwei schmale Pfade hinaufführten, und vor dieser lang noch eine Galerie mit einem von vierzehn Bambusstämmen getragenen Schutzdache. An diesen Pfeilern schlängelten sich Pfefferstauden und Zweige von anderen Büschen hinauf, die einen schwachen Vanilleduft ausströmten und mit Lianen und anderen Kletterpflanzen – alles jetzt im sattesten Grün – vermengt waren.

An der anderen Seite der Grotte und längs des Baches hinauf, lagen die eigentlichen Gärten von Felsenheim. Mit dornigen Hecken umgeben, enthielten sie verschiedene Abteilungen, hier mit Gemüsen, dort mit Blumen, und dazwischen mit Anpflanzungen von Fruchtbäumen, wie von Pistazien, Mandel- und Nußbäumen, mit Orangen-, Zitronen- oder Bananenbäumen und Goyaven, kurz, mit allen Arten, die gewöhnlich in sehr warmen Ländern vorkommen. Baumarten aus dem gemäßigten Klima Europas, wie Kirsch-, Birn-, Vogelkirsch- und Feigenbäume, bildeten wiederum die Einfassung des langen Weges nach Falkenhorst.

Seit dreizehn Jahren war schon so manche Regenzeit im Schutze dieser Wohnung verlebt worden, ohne daß man darin je von Wasser oder Wind zu leiden gehabt hätte. Jetzt sollten wieder einige Wochen unter gleichen Verhältnissen, doch in Gemeinschaft mit einzelnen neuen Insassen, verstreichen. Leider fehlten nur Fritz, Franz und die liebenswürdige Jenny, die Freude und der geistige Lebensquell dieser kleinen Welt.

Vom 25. ab ließ der Regen so gut wie gar nicht mehr nach. Gleichzeitig entfesselten sich die pfeifenden und heulenden Stürme, die vom hohen Meere her über die Plateaus hinter dem Kap im Osten hinwegrasten. Jeder Ausflug verbot sich jetzt von selbst, dagegen ließen die Arbeiten im »Hause« niemand zum Feiern kommen. Eine wichtige Aufgabe bildete schon die Verpflegung der Tiere, der Büffel, des Onagres, der Kühe, Kälber und jungen Esel, sowie der, die fast mit im Hause lebten, wie der Affe Knips II., der Schakal Jäger und der Schakal nebst dem Kormoran Jennys, die um derentwillen, man möchte sagen, verhätschelt wurden. Dazu kam die Zubereitung der Speisen und das Einmachen von Konserven und, wenn es einmal eine seltene und kurze Aufklärung des Himmels zuließ, der Fischfang an der Mündung des Schakalbaches und vor den Uferblöcken bei Felsenheim.

In der ersten Juniwoche verdoppelten sich die stürmischen Böen, teils floß der Regen wie aus engmaschigem Netze hernieder, teils schlug er als Platzregen klatschend auf die Erde auf. Ohne völlig wasserdichte Bedeckung konnte man sich keinen Schritt ins Freie wagen.

In der Umgebung wurden der Gemüsegarten, die Anpflanzungen und die Felder von diesen unaufhörlichen Niederschlägen überschwemmt, und von den Gesteinswänden bei Felsenheim gurgelten tausend Wasserfäden mit dem Geräusche von Stromschnellen herab.

Obwohl jetzt niemand hinausging, wenn es nicht die dringendste Notwendigkeit erforderte, vergingen die Stunden doch ohne die geringste Langeweile. Zwischen den beiden Familien herrschte die vollständigste Einmütigkeit, eine Übereinstimmung der Anschauungen, die niemals Auseinandersetzungen aufkommen ließ. Natürlich brauchen wir kaum die Freundschaft zwischen dem älteren Zermatt und Wolston besonders hervorzuheben, ein Verhältnis, das in den sechs Monaten des gemeinschaftlichen Lebens nur immer tiefer Wurzel geschlagen hatte. Nicht anders stand es mit beiden Frauen, deren Eigenschaften und Anlagen sich recht glücklich ergänzten. Der immer heitere Spaßvogel Jack endlich, der stets wie auf dem Ansprung und begierig nach Abenteuern war, murrte höchstens zuweilen darüber, daß er seiner Jagdlust nicht frönen konnte.

Was Ernst und Anna anging, konnte es deren Eltern nicht entgehen, daß diese ein wärmeres Gefühl als das der Freundschaft zueinander hinzog. Das jetzt siebzehnjährige, aber etwas ernste und überlegte junge Mädchen mußte dem ebenfalls ernsten und überlegten jungen Manne ja notwendigerweise gefallen, und dieser konnte, bei seinem einnehmenden Wesen, jener unmöglich mißfallen. Die Zermatts und die Wolstons faßten mit Vergnügen die Aussicht auf eine zukünftige Verbindung ins Auge, die die Bande zwischen den beiden Familien nur noch enger knüpfen würde. Übrigens ließ man den Dingen ungehindert ihren Lauf, in der Erwartung, daß sich, wenn Fritz und Jenny mit der »Licorne« als Mann und Frau zurückkehrten, alles schon allein ordnen werde.

Kam es doch einmal zu einer harmlosen Neckerei, so ging diese gewiß von dem schalkhaften Jack aus, der übrigens bei seinem festen Vorsatze, Hagestolz zu bleiben, auf Ernst keineswegs eifersüchtig war.

Während der Mahlzeiten und in den Abendstunden bildeten ausnahmslos die Abwesenden den Gegenstand der Unterhaltung. Man vergaß dabei weder den Oberst Montrose oder

James und Suzan Wolston, noch Doll und Franz oder sonst einen von denen, die in der Neuen Schweiz ihr zweites Vaterland finden sollten.

Eines Abends stellte da der ältere Zermatt folgende Berechnung auf:

»Wir haben heute den fünfzehnten Juni, liebe Freunde. Da die ›Licorne‹ am zwanzigsten Oktober des vergangenen Jahres abgesegelt ist, ergibt das bis jetzt reichlich acht Monate. Sie muß also nun auf dem Punkte sein, die europäischen Meere wieder zu verlassen und in den Indischen Ozean einzusegeln.«

»Was meinst du darüber, Ernst?« fragte Frau Zermatt.

»Ich denke«, erklärte dieser, »daß die Korvette, unter Berücksichtigung ihres Aufenthaltes am Kap, nach drei Monaten hat in einem Hafen Englands eintreffen können. Dieselbe Zeit würde sie zur Rückreise brauchen, und da ausgemacht war, daß sie nach einem Jahre wieder hier sein sollte, wird sie jedenfalls auch ein halbes Jahr in Europa geblieben sein. Ich schließe also daraus, daß sie sich zur Zeit noch dort befindet.«

»Doch ohne Zweifel fertig, in See zu gehen«, bemerkte Anna.

»Das ist wohl anzunehmen, liebe Anna«, antwortete Ernst.

»Übrigens wäre es auch möglich, daß sie ihren Aufenthalt in England abgekürzt hätte«, ließ sich Frau Wolston vernehmen.

»Möglich wohl«, erwiderte ihr Gatte, »obgleich sechs Monate für das, was sie zu erledigen hatte, keine zu lange Zeit sind. Unsere Lords der Admiralität übereilen sich nicht...«

»Nun«, warf der ältere Zermatt ein, »wenn sich's aber um eine neue Erwerbung handelt...«

»Da geht es wohl schneller«, rief Jack. »Wissen Sie übrigens, daß es ein recht schönes Geschenk ist, das wir Ihrem Vaterlande da machen, Herr Wolston?«

»Das erkenne ich gern an, lieber Jack.«

»Und doch«, fuhr der junge Mann fort, »welch schöne Gelegenheit wär' es für unsere alte Helvetia gewesen, hier den ersten Schritt zu einer kolonialen Erweiterung zu tun! Eine Insel, reich an allen Tieren und Pflanzen der Tropenzone... eine Insel, die so vorteilhaft weit draußen im Indischen Meere liegt, so bequem zur Vermittlung des Handelsverkehres zwischen dem äußersten Asien und dem Großen Ozean...«

»Aha, unser Jack geht schon wieder durch, als ob er auf Brummer oder Leichtfuß ritte!« spöttelte Herr Wolston.

»Nun, Ernst«, fragte Anna, »was ergibt sich denn Ihrer Berechnung nach bezüglich der ›Licorne‹?«

»Die Korvette wird spätestens in den ersten Tagen des Juli absegeln, um unsere Lieben und die Kolonisten, die sich diesen zu folgen entschlossen haben mögen, hierher zurückzuführen. Da sie dann am Kap einmal haltmacht, meine liebe Anna, wird sie daselbst wahrscheinlich bis Mitte August vor Anker liegen, und ich erwarte kaum, sie vor Mitte Oktober auf der Höhe des Kaps der Getäuschten Hoffnung erscheinen zu sehen.«

»Noch vier endlose Monate!« murmelte Frau Zermatt. »Welche Geduldsprobe, wenn man daran denkt, daß die, die unserem Herzen so teuer sind, auf dem Meere schwimmen!... Gott halte seine schützende Hand über sie!«

Wenn die mit den häuslichen Arbeiten überhäuften Frauen jetzt keine Stunde verloren, darf man nicht etwa glauben, daß die Männer müßiggegangen wären. Sehr häufig dröhnten die Hammerschläge aus der Schmiede oder hörte man das Schnurren der Drehbank. Wolston, als geschickter Mechaniker, verfertigte unter Mithilfe des älteren Zermatt, zuweilen der Ensts, nur selten aber der Jacks – der, sobald sich der Himmel nur im mindesten klärte, sofort ins Freie eilte – allerlei nützliche Gegenstände zur Vervollständigung der Versorgung Felsenheims mit allem, was je notwendig werden oder erwünscht sein konnte.

Sehr eingehend besprochen und zuletzt beschlossen wurde auch die Errichtung der geplanten Kapelle. Die Frage wegen des Platzes für diese gab zu einigen Verhandlungen Anlaß. Die einen wollten sie mit der Vorderseite nach dem Meere gerichtet und auf dem Felsenboden am Ufer, auf halbem Wege zwischen Felsenheim und Falkenhorst erbaut wissen, um dahin von beiden Wohnstätten aus keinen zu weiten Weg zu haben. Die anderen meinten, sie läge da den Stürmen von der Seeseite her zu sehr ausgesetzt und es wäre ratsamer, sie am Schakalbache, unterhalb des Wasserfalles, zu errichten. Frau Zermatt und Frau Wolston behaupteten aber mit Recht, daß diese Stelle zu weit abgelegen sei. So entschied man sich schließlich dahin, sie jenseits des Gemüsegartens und an einem Platze zu erbauen, wo sie durch die felsigen Höhen der Umgebung recht gut geschützt sein mußte.

Wolston bestand übrigens darauf, zu dem Bauwerke festeres und dauerhafteres Material als Holz und Baumstämme zu verwenden. Gestein gab es hier ja mehr als genug; man konnte auch kleinere Felsblöcke vom Ufer benützen, wie man das an den Bauten in Stranddörfern so häufig findet. Den nötigen Kalk würden Muschelschalen oder die massenhaft vorkommenden Baumkorallen liefern, die sich durch Ausglühen, zur Abscheidung der Kohlensäure, in Kalk verwandeln ließen.

Sobald die Witterung es gestattete, sollte diese Arbeit begonnen werden, und binnen zwei bis drei Monaten konnte sie jedenfalls zur allgemeinen Befriedigung beendigt sein.

In der Mitte des Juli, auf der Höhe der Regenzeit dieser Breite, erreichten die atmosphärischen Störungen eine verdoppelte Heftigkeit. Meist war es ganz unmöglich, sich ins Freie zu wagen. Schwere Regenstürme peitschten das Ufer mit einer Gewalt, von der man sich kaum eine Vorstellung machen kann. Noch schlimmer, wenn kartätschengleich noch ein Hagelsturz dazu kam. Über das Meer wälzten sich riesige, überbrechende Wogen, deren Donner von den Aushöhlungen an der Küste widerhallte. Häufig flatterten feuchte Nebelfetzen über das Steilufer hinweg und fielen dann in dichten Tropfen am Fuße der Bäume nieder. Zuweilen kam es auch vor, daß sich unter der Zusammenwirkung des Sturmes und der Flut eine Art Mascaret (d. i. eine mächtige, manche Flüsse hinauflaufende Woge) bildete, die sich schäumend im Schakalbache bis zum Wasserfalle hinwälzte. Der ältere Zermatt beunruhigte sich nicht wenig wegen der an den Bach grenzenden Felder. Man mußte sogar die Rohrleitung abschließen, die den Bach mit dem Schwanensee verband, da sonst die Umgebung von Waldegg von einer verderblichen Überschwemmung bedroht gewesen wäre. Auch die Lage der Pinasse und der Schaluppe im Hintergrunde der Bucht erweckte manche Befürchtung. Sehr häufig mußte man hier nachsehen, ob die Anker noch fest im Grunde saßen, und mußte die Haltetaue verdoppeln, um jedes Anstoßen gegen die Felsen zu verhindern. Hier hatte man übrigens keine Beschädigungen zu beklagen. Bedrohter waren dagegen vorzüglich die Meiereien von Waldegg und des Prospekt-Hill wegen ihrer Lage in der Nähe des Ufers, wo sie vom ärgsten Wüten des Sturmes getroffen wurden.

Als in der Natur einmal etwas mehr Ruhe eingetreten war,

machten sich der ältere Zermatt, Jack, Ernst und Wolston sofort auf, einmal bis zum Kap der Getäuschten Hoffnung vorzudringen.

Ihre Befürchtungen erwiesen sich leider begründet. Die beiden Meiereien hatten schon arg gelitten und machten Ausbesserungen und Verstärkungsarbeiten nötig, die sofort gar nicht auszuführen waren und deshalb bis zum Ende der schlechten Jahreszeit verschoben wurden.

Die Abende verbrachten die beiden Familien gewöhnlich im Bibliotheksraume. Hier fehlte es bekanntlich nicht an Büchern, die zum Teile noch vom »Landlord« geborgen waren, zum Teile, vorzüglich die neueren Werke, wie Reisebeschreibungen, naturgeschichtliche, zoologische und botanische Bücher, vom Kapitän Littlestone herrührten und von Ernst schon mehrfach durchstudiert waren. Außerdem gab es noch andere, die Herrn Wolston gehörten, wie Lehrbücher für Mechanik, Meteorologie, Physik und Chemie. Ja es fanden sich sogar Jagderzählungen aus Indien und Afrika, die in Jack ein kaum zu überwindendes Verlangen nach diesen Ländern erweckten.

Während dann draußen der Sturm wütete, wurde hier laut vorgelesen oder man plauderte einmal englisch und einmal deutsch – zwei Sprachen, die jetzt allen recht geläufig geworden waren, wenn auch zuweilen noch ein Wörterbuch aufgeschlagen werden mußte. Dabei gab es Abende, wo man sich ausschließlich der Sprache Großbritanniens, und andere, wo man sich nur der der deutschen Schweiz, und endlich, wenn auch seltener und mit größerer Schwierigkeit, auch solche, wo man sich der Sprache der französischen Schweiz bediente. Ernst und Anna hatten schon die größten Fortschritte in dieser schönen Sprache gemacht, die sich durch ihre Klarheit, Bestimmtheit und Geschmeidigkeit so vorteilhaft auszeichnet, die dem Gedankenfluge des Dichters so willig folgt und sich auch für alle Darstellungen aus dem Gebiete der Wissenschaft und der Künste so vorzüglich eignet. Es war wirklich ein Vergnügen, den jungen Mann und das junge Mädchen französisch sprechen zu hören, wenn man sie auch nicht immer verstand.

Wir erwähnten bereits, daß der Monat Juli in diesem Teile des Indischen Ozeans der unangenehmste ist. Ließen die Stürme einmal nach, so traten dafür dichte Nebel ein, die die ganze Insel umhüllten. Ein Schiff, das nur in der Entfernung von wenigen Kabellängen vorübergesegelt wäre, hätte weder von den Höhen im Innern, noch von den Vorbergen am Ufer aus bemerkt werden können. Die Dunstmassen mußten jedenfalls weit nach Osten hinausreichen, so daß die Befürchtung nahelag, es könnte sich irgendein Schiff, wie früher der »Landlord« und der »Dorcas«, auf dem Wasser an der Insel verirren. In Zukunft erwuchs den Kolonisten sicherlich die Verpflichtung, die Küsten der Neuen Schweiz durch Leuchtfeuer zu bezeichnen, womit dann eine Landung, wenigstens im Norden, wesentlich erleichtert wurde.

»Warum sollten wir denn keinen Leuchtturm erbauen?« fragte Jack. »Mit einem solchen auf dem Kap der Getäuschten Hoffnung und einem zweiten auf dem Kap im Osten würden doch Schiffe bequem in die Rettungsbucht einfahren können.«

»Dazu wird auch noch Rat werden«, antwortete sein Vater, »alles zu seiner Zeit! Zum Glück bedarf der Lieutenant Littlestone keiner Leuchttürme, unsere Insel wiederzuerkennen, noch sonstiger Feuer, um vor Felsenheim vor Anker zu gehen.«

»Wir wären aber«, fuhr Jack fort, »doch wohl bequem imstande, das Ufer zu beleuchten...«

»Er zweifelt entschieden an gar nichts mehr, unser Freund Jack!« bemerkte Wolston ironisch.

»Warum sollte ich denn zweifeln, Herr Wolston, zweifeln nach allem, was wir unter Ihrer Anleitung bisher schon ausgeführt haben und noch ausführen können?...«

»Da... hören Sie, wie er Ihr Lob singt, lieber Freund?« sagte der ältere Zermatt.

»Und ich«, nahm Jack wieder das Wort, »gedenke dabei auch der Frau Wolston und Annas.«

»Jedenfalls werd' ich«, antwortete das junge Mädchen, »wo es mir an Kenntnissen fehlt, keinen Fehler aus Mangel an gutem Willen begehen...«

»Und mit gutem Willen...« setzte Ernst ihre Worte fort.

»Erbaut man auch Leuchttürme von zweihundert Fuß Höhe über dem Meere«, fiel Jack ein. »Ich rechne auch nicht wenig auf Anna, wenn es einmal zu einer Grundsteinlegung kommt.«

»Ich stehe Ihnen jeden Tag zu Diensten, lieber Jack!« versicherte das junge Mädchen lächelnd.

Es scheint hier angezeigt, noch eines Gespräches zu erwähnen, das am Morgen des 25. Juli stattfand.

Das Zermattsche Ehepaar befand sich eben in seinem Zimmer, als Ernst, aber noch »ernster« als sonst und strahlenden Blickes eintrat.

Er wünschte seinem Vater eine Entdeckung mitzuteilen, deren Ausbeutung, seiner Ansicht nach, von größter Wichtigkeit für die Zukunft werden könnte.

Ernst hatte einen unscheinbaren Gegenstand in der Hand, den er, nachdem er ihn nochmals besichtigt hatte, dem älteren Zermatt übergab.

Es war einer der Kiesel, die er in dem Wildbett aufgelesen hatte, als er mit Wolston im Kanu den oberen Lauf des Montrose besuchte.

Der ältere Zermatt nahm den Stein, dessen großes Gewicht ihm auffiel. Dann fragte er seinen Sohn, warum er ihm diesen anscheinend so geheimnisvoll gebracht habe.

»Weil es der Mühe lohnt, ihn etwas mehr zu beachten«, erklärte Ernst.

»Warum denn?«

»Weil dieser Kiesel eine Pepite (d. i. eine Edelmetall enthaltende Quarzart) ist . . .«

»Eine Pepite?« wiederholte der ältere Zermatt erstaunt.

Er trat damit ans Fenster, um den Stein bei besserem Lichte zu betrachten.

»Ich bin meiner Sache gewiß«, versicherte Ernst. »Ich habe diesen Kiesel untersucht und Teilstücke davon analysiert und deshalb kann ich behaupten, daß er eine reichliche Menge Gold in rohem Zustande enthält.«

»Kannst du dich darin nicht täuschen, mein Sohn?« fragte der ältere Zermatt.

»Nein, Vater, sicherlich nicht!«

Frau Zermatt hatte dem Zwiegespräch gelauscht, ohne ein Wort dazu zu äußern, ja ohne auch nur die Hand nach der kostbaren Gesteinsprobe auszustrecken, deren Auffindung sie völlig gleichgültig zu lassen schien.

»Übrigens hab' ich«, fuhr Ernst fort, »an dem Hin- und dem Rückwege am Bette des Montrose sehr viele Steine dieser Art liegen sehen. Es unterliegt also keinem Zweifel, daß goldhaltiges Gestein in jener Gegend der Insel in Menge vorhanden ist.«

»Nun, was geht das uns an?« fragte Frau Zermatt.

Der ältere Zermatt empfand recht wohl die Achtlosigkeit,

die in der Frage seiner Gattin lag.

»Du hast doch, lieber Ernst«, wandte er sich an diesen, »noch gegen niemand von deiner Entdeckung gesprochen?«

»Gegen keinen Menschen.«

»Das ist mir lieb zu hören! Nicht, daß ich kein Vertrauen zu deinem Bruder und zu Herrn Wolston hätte ... mir scheint aber, man habe es sich wohl zu überlegen, ehe man dieses Geheimnis bekannt werden läßt.«

»Was wäre dabei denn zu fürchten, Vater?« fragte Ernst.

»Für den Augenblick gar nichts, desto mehr aber für die Zukunft der einstigen Kolonie! Das Vorkommen goldführenden Landes hier braucht nur bekannt zu werden, die Leute brauchen nur zu erfahren, daß die Neue Schweiz reich an solchen Pepiten ist, und sofort werden Goldsucher massenhaft hierher strömen, in ihrem Gefolge aber auch alle die Übel, die Zügellosigkeit und die Verbrechen, die die Sucht nach jenem Metalle gebiert. Zwar ist ja anzunehmen, daß das, was dir, Ernst, nicht entgangen ist, auch anderen nicht entgehen werde, und daß die Fundstätten am Montrose doch einmal entdeckt werden ... nun, so möge das nur so spät wie möglich geschehen! ... Du hast gut daran getan, dein Geheimnis zu bewahren, mein Sohn, und wir werden es ebenso in unserer Brust verschließen ...«

»Das ist klug und weise gesprochen, mein Lieber«, ließ Frau Zermatt sich jetzt vernehmen, »und ich kann deine Worte nur vollständig bekräftigen. Nein, laßt uns nicht davon sprechen, auch wollen wir lieber gar nicht nach der Schlucht des Montrose gehen. Überlassen wir alles dem Zufall oder vielmehr Gott, der über die Schätze dieser Welt gebietet und sie austeilt, wie es ihm gefällt!«

Vater, Mutter und Sohn blieben noch kurze Zeit nachdenklich beisammen, waren aber fest entschlossen, jener Entdeckung keine weitere Folge zu geben und die Goldkiesel liegen zu lassen, wo sie einmal lagen. Die unfruchtbare Gegend am Oberlauf des Flusses und bis zum Fuße der Bergkette würde spätere Ansiedler der Insel gewiß nicht gleich anlocken, und damit wurden ohne Zweifel so manche üble Folgen verhindert.

Die schlechte Jahreszeit hielt noch unverändert und wahrscheinlich noch drei volle Wochen an. Der Wiedereintritt schöner Tage schien sich dieses Jahr zu verzögern. Nach vierundzwanzigstündiger Unterbrechung brach der Sturm wieder mit neuer Gewalt los, eine Folge der atmosphärischen Störungen, die offenbar den ganzen Indischen Ozean aufwühlten. So war die Mitte des August herangekommen. Entspricht dieser Monat auch nur dem Februar der nördlichen Erdhälfte, so lassen in ihm doch, zwischen den Wendekreisen und dem Äquator, die Regenfälle und die starken Winde merklich nach und der Himmel reinigt sich von den schweren Dunstmassen.

»Seit zwölf Jahren«, bemerkte eines Tages der ältere Zermatt, »haben wir ein so langes Anhalten stürmischer Witterung noch nicht erlebt. Ja, auch in der Zeit vom Mai bis zum Juli gab es häufiger Perioden der Ruhe, und vom Anfang August an sprangen die Westwinde wieder auf . . .«

»Meine liebe Merry«, sagte dazu Frau Zermatt, »Sie werden von unserer Insel eine recht üble Vorstellung gewinnen.«

»Darüber seien Sie ruhig, Betsie«, antwortete Frau Wolston. »Sind wir nicht in unserer englischen Heimat an ein volles Halbjahr abscheulicher Witterung gewöhnt?«

»Gleichviel«, meinte Jack, »es ist aber doch bald zum Verzweifeln! Einen solchen August in der Neuen Schweiz durchzumachen! Drei Wochen schon sollte ich ja eigentlich zur Jagd ausgezogen sein, und alle Morgen fragen mich meine Hunde, was das bedeuten solle.«

»Oh, wir nähern uns ja dem Ende«, tröstete ihn Ernst. »Nach den Anzeichen des Thermometers und des Barometers müssen wir sehr bald in die Periode der Gewitter eintreten, mit der ja gewöhnlich die Regenzeit abschließt.«

»Sei dem wie ihm wolle«, stieß Jack ärgerlich hervor, »dieses abscheuliche Wetter hält gar zu lange an. Solche Witterung haben wir Herrn und Frau Wolston nicht versprochen, und ich bin überzeugt, daß auch Anna uns vorwirft, sie getäuscht zu haben . . .«

»O nein, Jack, nein . . .«

»Und daß sie am liebsten von hier wegginge!«

Die Augen des jungen Mädchens gaben darauf die Antwort. Sie verrieten, wie glücklich sie sich bei der herzlichen Gastfreundschaft der Familie Zermatt fühlte. Ihre Hoffnung ging dahin, daß sie, ihre Eltern und sie selbst, sich von dieser niemals trennten.

Wie Ernst vorausgesagt hatte, schloß auch jetzt die Regenzeit mit heftigen Gewittern, die fünf bis sechs Tage anhielten. Der Himmel stand dabei in Flammen und der vom Echo an der Küste verdoppelte Donner krachte, daß man glauben konnte, das Himmelsgewölbe müsse davon bersten.

Am 17. August kündigten sich diese Unwetter durch eine Erhöhung der Luftwärme an; dazu wurde es drückend schwül und im Nordosten ballten sich große bleigraue Wolken zusammen, die eine starke elektrische Spannung in der Atmosphäre verrieten.

Das von seiner Gesteinshülle beschützte Felsenheim spottete des Windes und des Regens. Ebenso waren hier keine Blitzschläge zu fürchten, die im offenen Lande und in Wäldern wegen der das elektrische Fluidum gut leitenden Bäume oft so gefährlich werden. Immerhin unterlagen Frau Zermatt, Frau Wolston und Anna dem psychischen Eindruck, den solche Gewitter auch dann hervorbringen, wenn man ihnen ungefährdet gegenübersteht; sie ließen sich davon aber wenigstens nicht übermäßig in Angst jagen.

Am Abend des zweitfolgenden Tages tobte ein Unwetter, das seinesgleichen vorher noch nicht gehabt hatte. Alle waren im Bibliotheksraume versammelt und schreckten jetzt plötzlich bei einem trockenen, knatternden Donnerschlage empor, der in einem langen Rollen in der Luft endigte.

Erst nach einer Minute wurde es draußen wieder stiller.

Da hörte man unerwarteterweise ein anderes Gekrach.

»Was war das?« rief Jack.

»Das war offenbar kein Donner«, erklärte der ältere Zermatt.

»Nein, sicherlich nicht«, bestätigte Wolston, ans Fenster tretend.

»Sollte das ein auf dem Meere abgefeuerter Kanonenschuß gewesen sein?« fragte Ernst.

Alle lauschten klopfenden Herzens. Vielleicht war es doch ein Irrtum ... eine akustische Täuschung ... der letzte, aus größerer Ferne kommende Widerhall von einem Donnerschlage. Rührte der Schall aber von der Lösung eines Geschützes her, so mußte sich in der Nähe der Insel ein Schiff befinden, das vielleicht vom Sturme verschlagen, vielleicht seinem Untergange nahe war ...

Da wiederholte sich der kurze, scharfe Knall. Es war dasselbe Krachen, schien auch aus der gleichen Entfernung zu kommen und diesmal war ihm kein Blitz vorhergegangen.

»Noch einer«, sagte Jack, »und von diesem bin ich fest überzeugt ...«

»Ja ja«, fiel Wolston ein, »daß es ein Kanonenschuß war,

was wir gehört haben.«

Sofort eilte Anna der Türe zu.

»Die ›Licorne‹!« rief sie ganz unwillkürlich; »das kann nur die ›Licorne‹ sein.«

Völlig verblüfft, schwiegen alle einige Sekunden lang. Die »Licorne« wäre in Sicht der Insel und verlangte Hilfe? Nein... nein! Eher war anzunehmen, daß irgendein Schiff, vom wütenden Nordost gepackt, sich verirrt hätte zwischen den Klippen am Kap der Getäuschten Hoffnung oder am Kap im Osten eingekeilt wäre; daß es aber die Korvette sein könnte, war kaum zu glauben. Diese müßte dann schon vor drei Monaten von Europa abgesegelt sein und ihren Aufenthalt in England bedeutend abgekürzt haben. Nein, nein! Der ältere Zermatt versicherte das mit solcher Bestimmtheit, daß sich alle seiner Anschauung anschlossen: die »Licorne« konnte das unmöglich sein.

Immerhin blieb es recht peinlich, zu denken, daß ein Schiff, nicht weit von der Insel, in Seenot sei, daß der Sturm es auf die Klippen treibe, wo einst der »Landlord« zertrümmert worden war... daß es vergeblich Hilfe verlange...

Trotz des strömenden Regens begaben sich der ältere Zermatt, Wolston, Jack und Ernst hinaus und bestiegen die kleine Anhöhe hinter Felsenheim.

Die Luft ringsum war aber so getrübt, daß sie auch von dort nach der Seite des Meeres zu nur wenige Toisen weit sehen konnten. Alle vier mußten denn auch schleunigst zurückkehren, ohne auf der Rettungsbucht irgend etwas bemerkt zu haben.

»Was hätten wir übrigens für jenes Schiff tun können?« fragte Jack.

»Leider gar nichts«, antwortete sein Vater.

»Beten wir wenigstens für die Unglücklichen, die in schwerer Gefahr sind«, sagte Frau Wolston, »beten wir, daß der Allmächtige sie beschützen und retten möge!«

Die drei Frauen knieten am Fenster nieder und die Männer blieben andächtig gebeugt hinter ihnen stehen.

Da sich kein weiterer Geschützdonner vernehmen ließ, mußte man schließen, daß das Schiff entweder mit Mann und Maus untergegangen oder jetzt schon glücklich an der Insel vorübergesegelt sei.

Niemand verließ in dieser Nacht das große, gemeinschaftliche Zimmer, und als es wieder heller wurde und das Unwetter ausgetobt hatte, eilten alle über die Umfriedigung von Felsenheim hinaus.

Da war aber kein Schiff zu sehen, weder auf der Rettungsbucht, noch auf dem Meeresarme zwischen dem Kap der Getäuschten Hoffnung und dem im Osten.

Man bemerkte aber auch nichts von einem Fahrzeuge, das auf die »Landlord«-Klippe, drei Lieues von hier, aufgefahren wäre.

»Wir wollen einmal nach der Haifischinsel fahren«, schlug Jack vor.

»Ja, du hast recht«, stimmte der ältere Zermatt zu. »Von der Höhe der Batterie aus bietet sich eine weitere Aussicht.«

»Und nebenbei«, fuhr Jack fort, »haben wir jetzt oder nie Veranlassung, einige Kanonenschüsse abzugeben. Wer weiß, ob sie nicht gehört und vom offenen Meere her beantwortet werden.«

Eine Schwierigkeit lag freilich darin, nach der Haifischinsel zu gelangen, denn die Bucht mußte noch stark aufgeregt sein. Die Entfernung bis dahin betrug aber nur eine Lieue, und mit der Schaluppe konnte man diese Fahrt wohl wagen.

Von schrecklicher Unruhe verzehrt, widersprachen auch Frau Zermatt und Frau Wolston diesem Plane nicht, handelte es sich doch vielleicht um die Rettung eines Schiffes!

Gegen sieben Uhr verließ die Schaluppe den kleinen Landeinschnitt. Der ältere Zermatt, Wolston, Jack und Ernst ruderten aus Leibeskräften, wobei sie die Ebbeströmung noch unterstützte. Ein paar Sturzseen, die sie über das Vorderteil hinwegbekamen, konnten sie nicht zur Umkehr veranlassen.

Glücklich erreichten sie die kleine Insel und sprangen nun sofort ans Land.

Welche Verwüstung bot sich hier aber ihren Blicken! Da und dort lagen vom Sturme entwurzelte Bäume, die Einfriedigung für die Antilopen war umgestürzt, und erschrocken liefen die Tiere überall umher.

Zermatt und seine Begleiter kamen bald nach dem Batteriehügel, und natürlich war es Jack, der als erster auf dem Gipfel erschien.

»Hierher! Kommt herauf!« rief er voller Ungeduld.

Zermatt, Wolston und Ernst beeilten sich, dem Rufe zu folgen.

Das Schutzdach, worunter die beiden Kanonen standen, war in der Nacht angezündet worden und zeigte nur noch einzelne rauchende Überreste. Die ihrer vollen Länge nach gespaltene Flaggenstange lag inmitten eines halb verkohlten Haufens von Gras und Laub. Die Bäume, deren Zweige sich sonst noch über der Batterie kreuzten, waren bis zu den Wurzeln zersplittert und man sah noch die Spuren der Flammen, die ihre oberen Zweige verzehrt hatten.

Die beiden Geschützrohre lagen auf ihren Lafetten. Sie waren zu schwer, als daß sie ein noch so heftiger Windstoß hätte umwerfen können.

Ernst und Jack hatten Schlagröhren mitgebracht zum Ersatze der alten, die jedenfalls unbrauchbar geworden waren, und sie hatten sich auch mit mehreren Kartuschen versehen, um Antwortschüsse geben zu können, wenn von der See her Kanonenschüsse zu hören wären.

Jack stand am ersten Geschütz und entzündete dessen neue Schlagröhre.

Diese brannte bis hinunter ab, ein Schuß ging aber nicht los.

»Die Ladung ist offenbar verdorben«, meinte Wolston, »und hat nicht mehr explodieren können.«

»So wollen wir sie wechseln«, sagte der ältere Zermatt. »Nimm den Wischer, Jack, und ziehe auch die Kartusche vorsichtig heraus; dann setzen wir eine andere ein.«

Als der Wischer aber in das Rohr eingeführt wurde, gelangte dieser, zur großen Verwunderung Jacks, bis zum Grunde der Seele hinunter. Die am Ausgange der schönen Jahreszeit eingesetzte Kartusche befand sich nicht mehr darin, und bei dem zweiten Geschütze war dasselbe der Fall.

»Die Kanonen sind also abgefeuert worden?« rief Wolston erstaunt.

»Abgefeuert?« wiederholte der ältere Zermatt.

»Ja... beide«, erklärte Jack.

»Doch von wem?«

»Von wem?« antwortete Ernst nach kurzer Überlegung, »ei nun, vom Blitz in eigener Person.«

»Vom Blitz?« fragte der ältere Zermatt.

»Ohne Zweifel, Vater. Bei dem letzten schweren Donner, den wir gestern hörten, hat der Blitz auf den Hügel hier eingeschlagen. Das Schutzdach ist infolgedessen abgebrannt, und nachdem das Feuer die beiden Geschütze erreicht hatte, sind die Schüsse einer nach dem anderen losgegangen.«

Diese Erklärung drängte sich angesichts der verkohlten

Trümmer, die auf der Erde umherlagen, ganz von allein auf. Welche Angst und Unruhe hatten aber die Insassen von Felsenheim in der scheinbar endlosen Gewitternacht ausgestanden!

»Da seh' mir einer den Blitz, der zum Artilleristen wird«, rief Jack, »diesen *Jupiter tonans,* der sich in Sachen mengt, die ihn gar nichts angehen!«

Die Geschütze wurden wieder geladen und die Schaluppe verließ die Haifischinsel, wo der ältere Zermatt sich vornahm, sobald die Witterung es erlaubte, ein neues Schutzdach herzustellen.

In der vergangenen Nacht war also kein Schiff im Gewässer der Insel gewesen, war kein Fahrzeug an den Klippen der Neuen Schweiz gescheitert.

Zwölftes Kapitel

In Falkenhorst. – In Waldegg. – In Zuckertop. – Auf dem Prospekt-Hill. – Das verlassene Meer. – Vorbereitungen zum Zuge nach dem Innern. – Wer abreist und wer daheim bleibt. – Begleitung bis zum Engpaß der Kluse. – Abschied.

Die Regenzeit, die dieses Jahr länger als gewöhnlich angehalten hatte, ging mit der letzten Augustwoche zu Ende. Mit Rücksicht auf den geplanten Ausflug nach dem Innern der Insel, wurde die Bearbeitung der Felder und die Aussaat sofort in Angriff genommen. Der ältere Zermatt gedachte jene Fahrt nicht vor der zweiten Hälfte des September anzutreten, und die Zeit bis dahin mußte für die zuerst notwendigen Arbeiten bequem ausreichen.

Diesmal entschieden sich die beiden Familien nicht für ein Verweilen in Falkenhorst. Das dortige »Luftschloß« hatte durch die letzten Stürme doch manchen Schaden erlitten, der eine gründlichere Ausbesserung verlangte. Deshalb sollte jetzt der Aufenthalt daselbst nur wenige Tage dauern, bis die Aussaat, das Beschneiden der Reben vollendet und für die hier untergebrachten Tiere gesorgt war. Ebenso wollte man den Aufenthalt in Waldegg, in Zuckertop und auf dem Prospekt-Hill nach Möglichkeit abkürzen.

»Wir dürfen nicht vergessen«, bemerkte der ältere Zermatt,

»daß nach der Heimkehr unserer Abwesenden, nach dem Eintreffen der neuen Freunde, des Obersten Montrose, Ihres Sohnes James und dessen Gattin, lieber Wolston, und vielleicht einer gewissen Anzahl von Kolonisten, in Falkenhorst, wie in den übrigen Meiereien, mancherlei Vergrößerungen notwendig werden dürften. Hilfskräfte für diese wahrscheinlich recht umfänglichen Arbeiten werden uns dann sicherlich willkommen sein. Für jetzt wollen wir uns deshalb nur mit unseren Feldern, Ställen und Geflügelhöfen beschäftigen. In den zwei Monaten bis zur voraussichtlichen Ankunft der ›Licorne‹ wird das gerade genug Arbeit geben.«

Da das Verbleiben der Frau Zermatt und Frau Wolston in Felsenheim unerläßlich war, versprachen diese beiden auch, daß sie alles in der Wohnung und draußen, die Haustiere, das Geflügel auf dem Gänseteiche und die Gemüseanpflanzung im Garten besorgen würden. Sie gestatteten sogar Anna, ihren Vater beim Besuche der Meiereien zu begleiten, und wenn das junge Mädchen darüber erfreut war, so war es Ernst nicht minder. Der Ausflug war auch mit keinerlei Anstrengung verknüpft, da der mit zwei Büffeln bespannte Wagen und die drei jungen Esel zur Beförderung durch das Gebiet des Gelobten Landes dienen sollten. Im Wagen sollten der ältere Zermatt, Ernst, Wolston und Anna Platz nehmen, während Jack, der ja immer gern die Rolle eines Kundschafters spielte, auf dem Onagre Leichtfuß, seinem Lieblingsreittiere, voraustraben wollte. Schwankte er auch anfänglich zwischen dem Stier Brummer und dem Strauße Brausewind, so entschied er sich schließlich doch für den Onagre (Wildesel), und Brummer und Brausewind mußten sich schon dareinfinden, in Felsenheim zurückzubleiben.

Am 25. August wurde in Falkenhorst zum ersten Male haltgemacht, da sich hier eine Anzahl Haustiere in einer Umfriedigung befanden. Es war schönes Wetter und von der Rettungsbucht her wehte ein leichter Wind bei einer noch recht mäßigen Luftwärme. Die Fahrt durch die schattige, längs des Ufers verlaufende Allee glich mehr einer angenehmen Spazierfahrt.

Zu dieser Zeit des Jahres verspürten wieder Zermatt und seine Söhne den tiefen, wohltuenden Eindruck, den die Rückkehr des Frühlings immer auf sie gemacht hatte, jene heilsame Einwirkung der Natur in den ersten herrlichen Tagen, die, wie das Haupt der Familie sich in einem Berichte über seine Erlebnisse ausdrückte: »wiederkehrte, wie ein seit Monaten abwesender Freund, der ihnen Vergnügen und Segen brachte«.

Feldarbeiten blieben während des Aufenthaltes in Falkenhorst ausgeschlossen, da die zu besäenden Ackerstücke bei den entfernteren Meiereien lagen. Hier handelte es sich nur um die Besorgung und Verpflegung der Tiere, um die Herbeischaffung weiterer Futtervorräte, sowie um einige unaufschiebliche Ausbesserungen an den Stallungen und um das Säubern und Ausschlämmen des kleinen Baches, der die hiesige Anlage mit Wasser versorgte.

Die prächtigen Bäume des benachbarten Waldes hatten dem tollen Ansturme des Windes gut widerstanden und nur einzelne schwächere Äste verloren. Dieses abgestorbene Holz wurde natürlich gesammelt und in den Holzställen der Einfriedigung untergebracht.

Es zeigte sich auch, daß einer der riesigen Mangobäume vom Blitze getroffen worden war. Obwohl das dem, der die hohe Wohnung trug, nicht widerfahren war, kam Ernst doch der Gedanke, daß es ratsam sei, diesen durch einen Blitzableiter zu schützen, dessen Fangstange ein gutes Stück über den Wipfel hinausreichen und mittels eines Drahtes mit dem Erdboden verbunden wäre. Er nahm sich deshalb vor, über eine solche Anlage reiflich nachzudenken, denn im Sommer traten sehr häufig Gewitter auf, und das elektrische Fluidum hätte Falkenhorst doch ernstlich beschädigen können.

Die Arbeiten hier nahmen drei volle Tage in Anspruch, so daß der ältere Zermatt erst am vierten nach Felsenheim zurückkehrte. Seine Gefährten und er brachen schon nach vierundzwanzig Stunden wieder von hier auf, und Wagen und Reittiere schlugen nun die Richtung nach Waldegg ein.

Die Strecke zwischen Felsenheim und dieser Meierei wurde im Laufe des Vormittags zurückgelegt. Gleich nach der Ankunft ging jedermann an die Arbeit. Hier befand sich die Schäferei mit Schafen und Ziegen, deren Zahl von Jahr zu Jahr zunahm, und daneben ein Hühnerhof mit Hunderten von Bewohnern. Der Futterboden, der die Vorräte von der letzten Ernte her enthielt, erforderte einige Reparaturen. An der Wohnung zeigte sich nichts davon, daß sie unter dem schlechten Wetter gelitten hätte. Freilich war diese auch nicht mehr die Hütte aus biegsamem Rohr und dünnen geschmeidigen Ruten, wie in der allerersten Zeit. Das jetzige Häuschen bestand aus Mauerwerk, außen mit einem Bewurf aus Sand und fettem Ton und im Innern mit einem Fußboden aus Gips, der jedes Eindringen von Feuchtigkeit verhinderte. Zermatt überzeugte sich andererseits zu seiner großen Befriedigung, daß die Baumwollanpflanzungen in der Nachbarschaft von Waldegg ein vortreffliches Aussehen zeigten. Dasselbe war der Fall mit dem zu einem richtigen Maisfelde verwandelten Moore, dessen Boden die Regenfälle nicht hatten fortwaschen können. Auf der anderen Seite bedrohte, obwohl der Schwanensee einen hohen Wasserstand aufwies, der fast dem der Flüsse gleichkam, doch keine Überschwemmung die Felder in der Umgebung. Zahllose Wasservögel belebten den kleinen See, z. B. Reiher, Pelikane, Sumpfschnepfen, Spießenten, Wasserhühner und, die anmutigsten von allen, Schwäne mit völlig schwarzem Gefieder, die paarweise dahinschwammen.

Jack konnte hier nach Belieben einige von den Vögeln abschießen, die gewöhnlich auf der Mittagstafel der Farm von Waldegg erschienen. Er erlegte also einige Dutzend Enten und daneben, unter den Uferbäumen, noch ein tüchtiges Wasserschwein, das der Wagen mit nach Felsenheim befördern sollte.

Was die Affenvölker betraf, konnte man um derentwillen beruhigt sein. Jetzt war keiner mehr zu sehen von den schadenbringenden Vierhändern, die so gewandt sind, Tannenzapfen als Wurfgeschosse zu benützen und die früher in den Wäldern der Nachbarschaft hausten, wo sie damals recht empfindlichen Schaden anrichteten. Seitdem man ihnen aber eins ordentlich aufs Fell gebrannt hatte, waren sie klug genug gewesen, Fersengeld zu geben.

Nach Beendigung der ersten Arbeiten begann man auf den Feldern von Waldegg mit der Aussaat. Der höchst fruchtbare Boden brauchte weder gepflügt, noch mit dem Abraum, den die Meierei mehr als genug hätte liefern können, gedüngt zu werden; die von den jungen Eseln darüber hingezogene Egge reichte zu seiner Aufbereitung schon vollständig aus. Diese Saatarbeit beanspruchte jedoch die Beteiligung aller, selbst Annas, und die Rückkehr nach der Wohnung in Felsenheim konnte erst am 6. September erfolgen.

Zermatt und seine Gefährten hatten alle Ursache, Frau Wolston und Betsie wegen der Tätigkeit zu loben, die diese während ihrer Abwesenheit entwickelt hatten. Viehhof und Ställe befanden sich im besten Zustande; der Küchengarten war in Ordnung gebracht, gejätet und die Gemüse standen in schönster Linie eingepflanzt. Die beiden Hausfrauen hatten auch alle Wohnräume ausgewaschen, das Bettzeug gesommert und ausgeklopft, kurz, alles getan, was zu einer ordentlichen Wirtschaftsführung gehört. Langeweile hatten sie wahrlich nicht empfunden, doch verhehlten sie auch nicht den Wunsch, diese Besuche der Meiereien, woran sie nicht teilnehmen konnten, bald beendigt zu sehen.

Daraufhin wurde beschlossen, daß in den nächsten Tagen nur noch ein einziger Ausflug nach den übrigen Anlagen unternommen werden sollte. Dieser sollte gemeinsam den Meiereien von Zuckertop und am Prospekt-Hill gelten. Ihn bis zum Kap der Getäuschten Hoffnung auszudehnen, hätte gewiß acht Tage in Anspruch genommen und die Rückkehr bis Mitte September verzögert.

»Die Einsiedelei Eberfurt«, bemerkte dazu der ältere Zermatt, »können wir bei unserem Zuge nach dem Innern der Insel mit aufsuchen, denn das Gelobte Land bietet ja keinen anderen Ausgang, als durch den Engpaß der Kluse, der ohnehin in der Nähe jener Meierei liegt.«

»Ganz richtig«, bestätigte Wolston. »Sind dort aber nicht noch Kulturarbeiten auszuführen, die unter einer Verzögerung leiden könnten?«

»Wir haben, lieber Wolston«, antwortete der ältere Zermatt, »mit solchen Zeit, bis die Heu- und die Getreideernte uns wieder dorthin ruft, und das wird unter mehreren Wochen nicht der Fall sein. Wir wollen also mit Zuckertop und dem Prospekt-Hill die kleineren Ausflüge beschließen.«

Dieser Vorschlag fand Zustimmung und gleichzeitig wurde ausgemacht, daß Anna ihren Vater nicht begleiten solle, da die Fahrt sich wohl über eine Woche ausdehnen könnte. Frau Wolston wäre diese Abwesenheit zu lang erschienen. Ihre Tochter würde ihr auch in Felsenheim für verschiedene häusliche Arbeiten sehr nützlich sein können, wie bei der großen Wäsche und bei der Ausbesserung von Kleidungsstücken und Bettzeug. Harke und Jäthacke traten jetzt gegen Bügeleisen und Nähnadel zurück. Ohne von ihrer Besorgnis als Mutter zu reden, machte Frau Wolston diese Gründe so überzeugend geltend, daß Anna sich ihnen, wenn auch mit Bedauern, fügen mußte.

Ernst fand diese Gründe begreiflicherweise nicht recht nach seinem Geschmacke und er legte sich deshalb auch die

Frage vor, ob nicht auch sein Verbleiben in Felsenheim geboten erscheine.

Da war es nun der wackere Jack, der ihm mit gewohnter Kameradschaftlichkeit helfend unter die Arme griff. Am Abend vor der Abfahrt brachte er deshalb, als alle im gemeinschaftlichen Zimmer versammelt waren, diese Frage zum Gespräch.

»Ich weiß recht gut, Vater«, begann er, »daß Frau Wolston, ihre Tochter und meine Mutter keinerlei Gefahr laufen, wenn sie in Felsenheim allein zurückbleiben. Soll das aber eine ganze Woche dauern . . . ja, wer weiß . . . ob es da nicht besser wäre . . .«

»Ganz gewiß, Jack«, stimmte der ältere Zermatt ein, »ich würde in unserer Abwesenheit keine ruhige Stunde haben . . . wenn auch keine Gefahr zu befürchten sein mag. Bisher sind wir immer nur höchstens zwei bis drei Tage weggewesen; diesmal würde es eine ganze Woche werden! . . . Das ist zu lange. Und doch wäre es zu beschwerlich, wenn wir alle zusammen fortgehen wollten . . .«

»Wenn Sie es wünschen«, fiel Wolston ein, »erbiete ich mich, in Felsenheim zu bleiben.«

»O nein, mein lieber Wolston«, erwiderte Zermatt, »Sie gerade weniger als jeder andere. Schon wegen der zukünftigen Arbeiten ist es notwendig, daß Sie uns nach Zuckertop und dem Prospekt-Hill begleiten. Wenn einer meiner Söhne zustimmte, bei seiner Mutter zu bleiben, würde ich beruhigt sein. Das ist schon wiederholt vorgekommen. Jack zum Beispiel . . .«

Jack konnte sich des Lächelns kaum enthalten und warf Ernst einen Seitenblick zu.

»Wie«, rief er, »mich . . . mich wollt ihr bestimmen, das Haus zu behüten? Einem Jäger wollt ihr die Gelegenheit rauben, Groß- und Kleinwild zu pürschen? Wenn denn einer in Felsenheim bleiben muß, warum denn nicht Ernst? . . .«

»Ernst oder Jack, das ist ja gleich, nicht wahr, Frau Wolston?« fragte Zermatt.

»Gewiß, Herr Zermatt!«

»Und wenn Ernst hier ist, wird sich niemand fürchten, auch Sie nicht, Anna, oder du, liebe Betsie?«

»Nicht im geringsten«, antwortete das junge Mädchen leicht errötend.

»So sprich doch, Ernst«, ermahnte diesen sein Bruder; »du

sagst ja kein Wort dazu, ob dir diese Verabredung paßt!«

Natürlich paßte sie Ernst, und der ältere Zermatt konnte zu dem verständigen und mutigen jungen Manne auch das beste Vertrauen haben.

Die Abfahrt wurde auf den nächsten Tag festgesetzt. Schon mit Anbruch des Tages verabschiedeten sich der ältere Zermatt, Wolston und Jack mit der Zusicherung, ihre Abwesenheit soviel wie möglich zu verkürzen.

Der nächste Weg von Felsenheim nach Zuckertop verlief in schräger Richtung zu dem nach Waldegg, der längs der Küste hinführte.

Der Wagen, worauf die Herren Zermatt und Wolston Platz nahmen, war noch mit Säcken und Saatgetreide, einer Anzahl Werkzeuge und Geräte, mit Lebensmitteln und einem reichlichen Vorrat an Schießbedarf beladen.

Jack, der sich von Leichtfuß nicht hatte trennen wollen, trottete nebst seinen Hunden Braun und Falk daneben her.

Anfänglich schlug man die Richtung nach Südwesten ein, um den Schwanensee zur Rechten zu lassen. Große Wiesenflächen, natürliche Weiden, erstreckten sich von hier bis zum Ableitungskanale des Schakalbaches hin, und dieser selbst wurde, etwa eine Lieue von Falkenhorst, auf der kleinen, alten Brücke überschritten.

In dieser Richtung gab es zwar keine eigentlich fahrbare Straße, gleich der nach der Meierei Waldegg, die vielen Fahrten mit schweren Karren und Wagen hatten den Boden aber doch etwas eingeebnet und den Pflanzenwuchs darauf vernichtet. Von den beiden kräftigen Büffeln gezogen, kam denn der Wagen auch ohne zu große Anstrengung ziemlich schnell vorwärts.

Die gegen drei Lieues lange Strecke bis Zuckertop wurde in vier Stunden zurückgelegt.

Zermatt, Wolston und Jack kamen in der dortigen Wohnung also zur Frühstückszeit an. Nachdem sie mit gutem Appetit gegessen hatten, ging es sofort an die Arbeit.

Zunächst mußten mehrere Planken der Einfriedigung, worin die Schweine die Regenzeit verbracht hatten, aufgerichtet werden. In diese Einfriedigung waren auch andere Vertreter der Schweinerasse, nämlich Tajams oder Moschusschweine, die schon früher bei Zuckertop bemerkt worden waren, eingedrungen und lebten hier mit den anderen in bester Freundschaft. Natürlich hütete man sich, sie etwa wieder zu verjagen. Der ältere Zermatt wußte recht gut, daß das Fleisch dieser Tiere genießbar war, wenn man nur den stark aromatischen Moschusbeutel, der bei ihnen am Rücken sitzt, sorgsam entfernte.

Die Anpflanzungen dieser Anlage erwiesen sich, dank ihrer größeren Entfernung vom Meere, völlig unverletzt. Es war eine wahre Freude, den guten Zustand der Goyaven, Bananen, des Palmkohles und vorzüglich der »Ravendsaras« mit dickem Stamme und pyramidenförmigem Kopfe zu sehen, deren Rinde den Geschmack des Zimts und der Gewürznelken vereinigt.

Als der ältere Zermatt mit seinen Söhnen zum erstenmal hierhergekommen war, bildete die Örtlichkeit nur einen Sumpf, der nachher der Zuckerrohrsumpf genannt worden war. Sie hatten diese Stelle schon in den ersten Tagen besucht, nachdem sie an der Insel gestrandet waren. Jetzt umrahmten weite angebaute Felder die Farm von Zuckertop, und daneben Grasflächen, worauf einige Kühe weideten. Anstelle der früheren einfachen Hütte aus Zweigen erhob sich ein Häuschen, das gut geschützt unter Bäumen lag. Nicht weit davon stand ein ausschließlich aus Bambus bestehendes Dickicht, einer Bambusart mit spitzigen Dornen, die als Nägel dienen konnten, und wer durch das Dickicht hätte dringen wollen, wäre nur mit völlig zerrissener Kleidung wieder herausgekommen.

Der Aufenthalt in Zuckertop dauerte acht Tage, die mit der Aussaat von Hirse, Weizen, Hafer und Mais ausgefüllt wurden. Alle Getreidearten wuchsen in dem, von einer Ableitung aus dem Schwanensee bewässerten Boden rasch und kräftig empor. An dieser Seite hatte Wolston nämlich einen seichten Einschnitt am Westrande des Sees gemacht, und das von allein überfließende Wasser verteilte sich von da aus auf dem ganzen Gebiete. Infolge dieser Einrichtung konnte Zuckertop auch als die reichste der drei Meiereien gelten, die im Bezirke des Gelobten Landes angelegt worden waren.

Selbstverständlich hatte Jack im Laufe dieser Woche seiner leidenschaftlichen Jagdlust ausgiebig gehuldigt. Sobald eine Unterbrechung der Arbeit es ihm gestattete, zog er mit seinen Hunden aus, und die Speisekammer füllte sich dabei reichlich mit Wachteln, Waldhühnern, Rebhühnern und Trappen an Federwild, und mit Wasserschweinen und Agutis an Haarwild.

Von Hyänen, die sich in der Umgebung früher gezeigt hatten, traf Jack ebensowenig eine, wie irgendein anderes Raubtier an. Offenbar flohen diese Bestien vor dem Menschen.

Als er einmal seitwärts vom See hinausdrang, fand Jack, der vom Glücke mehr als vor einigen Jahren sein Bruder Ernst begünstigt wurde, Gelegenheit, ein Tier von der Größe eines tüchtigen Esels mit dunkelbraunem Felle zu schießen, eine Art Rhinozeros ohne Horn von der Familie der Tapire. Es war ein Anta, der auf die erste Kugel des jungen Jägers, die dieser aus zwanzig Schritt Entfernung abgeschossen hatte, zwar nicht schon fiel, als er sich aber auf diesen stürzen wollte, durch eine zweite Kugel ins Herz getroffen zusammenbrach.

Die gesamte Arbeit bei Zuckertop war am Abend des 15. September beendigt. Am nächsten Tage, und nachdem das Haus gut verschlossen und der Eingang zur Einfriedigung hinter den Planken noch durch einen festen Balken gesperrt worden war, rollte der Wagen nach Norden davon, um zum Prospekt-Hill in der Nähe des Kaps der Getäuschten Hoffnung zu gelangen.

Zwei Lieues trennten die Meierei von dieser Landspitze, die wie ein Geierschnabel zwischen der Nautilusbucht und dem offenen Meere hinausragte. Der größte Teil der Fahrt verlief auf ebenem Boden, der das Fortkommen erleichterte. Nur in der Nähe des Steilufers neigte sich das Land merklicher abwärts.

Zwei Stunden nach dem Aufbruche und jenseits einer grünen, fetten Landschaft, die durch die Regenzeit wie verjüngt erschien, erreichten der ältere Zermatt, Wolston und Jack das Affenholz, das seit dem Verschwinden seiner schlimmen Bewohner diesen Namen eigentlich nicht mehr verdiente. Am Fuße des Hügels angelangt, machten sie halt.

Der Abfall des Prospekt-Hill war nicht so steil, daß die Büffel und das Onagre diesen auf einem sich aufwärts windenden Wege nicht hätten überwinden können. Sie mußten sich zwar, mehrfach angefeuert, tüchtig anstrengen, der Wagen gelangte aber bis zum Gipfel.

Das den Ost- und Nordwinden, die das Kap ungebrochen trafen, stark ausgesetzte Haus da oben hatte unter den letzten Stürmen mehrfach gelitten. Es erforderte verschiedene schleunige Reparaturen, denn sein Dach war an mehreren Stellen abgerissen worden. Trotzdem war es zur Sommerzeit noch immer bewohnbar und die Ankömmlinge konnten sich darin für einige Tage recht gut einquartieren.

Was den Viehhof betraf, den das Hühnervolk mit seinem Glucksen und munteren Treiben belebte, mußten verschiedene, in der schlechten Jahreszeit entstandene Beschädigungen ausgebessert werden. Daneben galt es noch, die Mündung der kleinen frischen Quelle zu reinigen, die nahe dem Gipfel des Hügels entsprang.

Bei den Anpflanzungen, vorzüglich denen der Kapern- und der Teesträucher, beschränkte sich die Arbeit auf die Wiederaufrichtung derer, die durch die Gewalt des Windes niedergebogen worden waren, während ihre Wurzeln noch im Boden hafteten.

Bei dem Aufenthalte hier lustwandelten die Besucher mehrmals nach dem Ende des Kaps der Getäuschten Hoffnung hinaus. Von diesem Punkte aus umfaßte der Blick eine weite Strecke des Meeres im Osten und einen Teil der Nautilusbucht im Westen. Oh, wie oft hatten die Schiffbrüchigen seit so vielen Jahren von hier aus vergeblich hinausgelugt, ob ein Schiff draußen auf dem Meere erschiene!

Als sich Zermatt nebst seinen zwei Begleitern nun heute eben dahin begab, veranlaßte das Jack zu folgender Bemerkung:

»Vor zwölf Jahren, als wir uns voll Schmerz überzeugt hatten, keinen unserer Gefährten vom ›Landlord‹ wiederfinden zu können, verdiente das Kap zwar den Namen der Getäuschten Hoffnung; sollten wir es aber heute, wenn etwa die ›Licorne‹ von der hohen See her auftauchte, nicht lieber das ›Kap Willkommen‹ nennen?«

»Gewiß, lieber Jack«, antwortete Wolston, »dieser Fall ist nur leider sehr unwahrscheinlich. Die ›Licorne‹ schwimmt noch mitten im Atlantischen Ozeane, und es müssen fast noch zwei Monate vergehen, ehe sie die Gewässer der Neuen Schweiz erreichen kann.«

»Ja, wer weiß ... wer weiß, Herr Wolston«, wiederholte Jack. »Und wenn nicht die ›Licorne‹, warum könnte nicht ein anderes Schiff die Insel finden und von ihr Besitz nehmen wollen? Dessen Kapitän hätte freilich Anlaß, sie die Insel der Getäuschten Hoffnung zu nennen, da sie bereits in Besitz genommen ist.«

Übrigens wurde auch heute kein Schiff auf dem hohen Meere gesehen, es lag also kein Grund vor, den ihm früher gegebenen Namen des Kaps zu ändern.

Am 21. September waren alle Arbeiten am und beim Landhause des Prospekt-Hill beendigt und der ältere Zermatt setzte die Abfahrt auf die ersten Stunden des folgenden Tages an.

An diesem Abende konnten die Gäste des Prospekt-Hill, die auf der kleinen Terrasse vor dem Hause beisammensaßen, einen prächtigen Sonnenuntergang bewundern, dessen Reinheit durch keine Dunstschicht am Horizonte beeinträchtigt wurde. Dabei lag, gegen vier Lieues von hier, das Kap im Osten in tiefem Schatten, der nur durch die im Widerscheine funkelnde Brandung an dessen Felsengrunde unterbrochen wurde. Vollkommen ruhig zeigte sich das Meer bis hinauf zur Rettungsbucht. Unterhalb des Hügels verschmolz der grüne Teppich der von einzelnen Bäumen beschatteten Wiesen mit dem gelblichen Farbentone des Strandes. Rückwärts, nach Süden zu und gegen acht Lieues entfernt, zeigten sich die Umrisse der die Insel durchschneidenden Bergkette, an der Wolstons Blicke unverwandt hingen, und deren Kamm die letzten Sonnenstrahlen mit goldigem Scheine schmückten.

Am folgenden Morgen rollte der Wagen erst den abschüssigen Weg vom Prospekt-Hill hinab und dann so rasch weiter, daß er gegen zwei Uhr vor der Einfriedigung von Felsenheim ankam. Hier empfing man dessen Insassen, die nicht weniger als zwei volle Wochen abwesend gewesen waren, mit herzlichster Freude. Zwei Wochen sind ja keine allzu lange Zeit, der Schmerz einer Trennung ist aber nicht immer nur nach deren Dauer zu bemessen.

Selbstverständlich hatten auch Frau Zermatt, Frau Wolston und Anna in diesen vierzehn Tagen ihre Zeit nicht vergeudet. Die große Wäsche war bereits ziemlich beendet, und es war wirklich eine Freude, das Bettzeug, die Tischtücher und die Servietten, alle sorgsam ausgebessert und in ihrer Weiße sich leuchtend von dem Grün des Küchengartens abhebend, auf den von Baum zu Baum ausgespannten Leinen hin und her wedeln zu sehen.

Auch Ernst hatte inzwischen nicht gefeiert. Wenn die Frauen seiner Hilfe nicht bedurften, hatte er sich in die Bibliothek zurückgezogen, ohne zu sagen, womit er sich da beschäftige. Vielleicht mochte er aber wenigstens Anna in sein Geheimnis eingeweiht haben.

Kurz, als die beiden Familien am Abend zum ersten Male wieder im gemeinschaftlichen Zimmer beisammen waren, berichtete der ältere Zermatt erst über die Fahrt nach den Meiereien, und dann legte Ernst ein Blatt Papier auf den Tisch, das eine Zeichnung in farbigen Linien aufwies.

»He, was ist denn das?« rief Jack. »Etwa der Plan für die zukünftige Hauptstadt der Neuen Schweiz?«

»Nein, das noch nicht«, erklärte Ernst.

»Nun, dann errate ich nicht...«

»Oh, das ist eine Vorlage zur inneren Ausschmückung unserer Kapelle«, sagte Anna.

»So ist es, Jack«, bestätigte Ernst; »und es war wohl an der Zeit, daran zu denken, da die Mauern schon bis zu ihrer halben Höhe aufgestiegen sind.«

Diese Erklärung machte allen eine große Freude, und Ernst wurde wegen seiner Arbeit aufrichtig gelobt. Man fand sie ebenso vollkommen bezüglich der Eleganz wie der gesamten Anordnung.

»Bekommt sie denn auch einen Turm?« erkundigte sich Jack.

»Natürlich«, versicherte Anna.

»Mit einer Glocke darin?«

»Ei freilich, mit der Glocke vom ›Landlord‹.«

»Und unserer Anna«, sagte Ernst, »wird die Ehre zufallen, sie zum ersten Male zu läuten!«

Bald war der 24. September und damit der Zeitpunkt herangekommen, wo der schon lange bestehende Plan Wolstons zur Ausführung kommen sollte. Freilich wußte ja niemand, welches Ergebnis diese nähere Besichtigung des Innern der Neuen Schweiz haben werde. Seit einem Dutzend von Jahren hatten sich die Schiffbrüchigen kaum über die Grenzen des Gelobten Landes hinaus begeben, und wir wissen ja, daß dieser Landstrich für ihre Ernährung und alle sonstigen Bedürfnisse alles in reichlicher Menge lieferte. Abgesehen von der Unruhe, die ihr die Abwesenheit einiger der Ihrigen allemal verursachte, trug sich Frau Zermatt, wenn sie es auch nicht aussprach, doch mit dem Glauben, daß dieser Ausflug eher beklagenswerte Folgen haben werde.

Als sie noch an diesem Abende dann mit ihrem Gatten im Schlafzimmer allein war, gestand Frau Zermatt diesem ihre Besorgnis unumwunden ein.

»Liebe Betsie«, hielt Zermatt für ratsam, ihr zu antworten, »wären wir noch in denselben Verhältnissen wie in der ersten Zeit nach unserer Hierherkunft, so würde ich dir zustimmen, daß dieser Ausflug nicht angezeigt sei. Selbst wenn Wolston und seine Familie durch einen Schiffbruch auf unsere Insel verschlagen worden wären, würde ich zu ihnen gesagt haben: Was uns bisher genügt hat, wird auch Ihnen genügen, und es ist nicht nötig, sich in Abenteuer zu stürzen, wenn diese keinen sicheren Nutzen versprechen und vielleicht gar mit Gefahren verknüpft sind. Die Neue Schweiz hat aber jetzt eine festgestellte geographische Lage, und im Interesse ihrer zukünftigen Kolonisten erscheint es wichtig, ihre Ausdehnung, den Verlauf und die Natur ihrer Küsten kennenzulernen und sich zu überzeugen, was sie an Hilfsquellen bietet.«

»Schön, mein Lieber, recht schön«, erwiderte Frau Zermatt, »könnte die Lösung dieser Aufgabe aber nicht den etwaigen neuen Ankömmlingen überlassen bleiben?«

»Ja freilich, mit dem Zuwarten würde nichts versäumt werden, und das Unternehmen könnte wohl unter noch besseren Verhältnissen ausgeführt werden. Du weißt aber, Betsie, daß die Sache unserem Wolston sehr am Herzen liegt, und daß auch Ernst seine Karte der Neuen Schweiz zu vervollständigen wünscht. Ich meine also, wir müssen beider Wünschen schon Rechnung tragen.«

»Ich würde nichts dagegen haben, mein Lieber«, antwortete Frau Zermatt, »wenn das nicht wieder mit einer Trennung verknüpft wäre...«

»Oh, es handelt sich nur um eine Abwesenheit von höchstens vierzehn Tagen.«

»Ja, wenn Frau Wolston, Anna und ich noch die Fahrt mitmachen könnten...«

»Das wäre unklug, liebe Frau«, entgegnete Zermatt. »Dieser Ausflug kann, wenn auch keine Gefahren, doch große Schwierigkeiten und Anstrengungen mit sich bringen. Es wird sich darum handeln, unter brennender Sonne über ein unfruchtbares, ödes Stück Land hinzuziehen; die Ersteigung der Bergkette dürfte auch recht beschwerlich werden.«

»Also Frau Wolston, Anna und ich, wir sollen bestimmt in Felsenheim zurückbleiben?«

»Jawohl, Betsie, doch ich denke euch nicht allein zu lassen. Nach reiflicher Überlegung bin ich zu folgendem Entschlusse gekommen, der hoffentlich allgemeine Billigung finden wird: Wolston mag den Ausflug mit unseren zwei Söhnen unternehmen, mit Ernst, der dabei seine Aufnahmen machen wird, und mit Jack, der sich eine solche Gelegenheit, auf Entdeckungen auszuziehen, doch niemals entgehen lassen würde. Ich selbst aber gedenke in Felsenheim zu bleiben. Nun, ist dir das recht, Betsie?«

»Brauchst du das erst zu fragen, mein Bester?« rief Frau Zermatt. »Auf Herrn Wolston können wir uns ja getrost verlassen. Er ist ein verständiger Mann und wird sich zu keiner Unbedachtsamkeit verleiten lassen; mit ihm als Führer laufen unsere Söhne gewiß keine Gefahr.«

»Ich hoffe«, fuhr der ältere Zermatt fort, »diese Ordnung der Angelegenheit wird auch Frau Wolstons und Annas Beifall finden.«

»Bis auf das eine, daß die letztere das Fernsein unseres Ernst bedauern dürfte«, meinte Frau Zermatt.

»So gut wie es Ernst bedauern wird, ohne sie fortzugehen«, setzte ihr Gatte hinzu. »Ja, die beiden guten Wesen fühlen sich zueinander hingezogen, und in der Kapelle, wozu er den Plan entworfen hat, wird ja Ernst eines Tages mit der, die er liebt, vereinigt werden.«

»Davon sprechen wir zu gelegener Zeit wieder«, sagte Frau Zermatt, »von diesem Ehebündnisse, das Herrn und Frau Wolston ebenso beglücken dürfte, wie uns.«

Als der ältere Zermatt mit seinem Vorschlage hervortrat, fand er allseitige Zustimmung. Ernst und Anna mußten sich wohl oder übel den dafür sprechenden Gründen fügen. Der eine gab auch zu, daß sich Frauen nicht an einem Ausfluge dieser Art beteiligen dürften, da sie ihn verzögern oder gar seinen Erfolg infrage stellen könnten, und die andere sah wohl ein, daß Ernst unbedingt daran teilnehmen müsse, um jenen in erwünschter Weise durchzuführen.

Da die Vorfragen hiermit erledigt waren, wurde schon der 25. September als Tag der Abreise festgesetzt.

Von diesem Tage an beschäftigten sich alle mit den nötigen Vorbereitungen, die ja schnell erledigt werden mußten. Wolston und die beiden jungen Männer hatten sich verabredet, die Reise zu Fuß auszuführen. Das Land, das an den Fuß der Berge grenzte, konnte ja ebenso schwer zugänglich sein, wie das, das den schon bekannten Oberlauf des Montrose-Flusses durchschnitt.

Es sollte also gewandert werden, gewandert mit dem Stock in der Hand und der Flinte auf dem Rücken und begleitet von den beiden Hunden. Daß Jack ein vorzüglicher Schütze war, unterlag keinem Zweifel, doch leisteten Wolston und Ernst in dieser Hinsicht auch nicht zu wenig, und die drei Jäger waren im voraus überzeugt, daß sie ihren Nahrungsbedarf unterwegs reichlich decken würden.

Wegen der bevorstehenden Überführung der beiden Familien nach der Einsiedelei Eberfurt mußten aber auch der Wagen und das Büffelgespann zurechtgemacht werden. Wie erinnerlich, wollte der ältere Zermatt diese Gelegenheit gleichzeitig zu einem Besuche dieser an der Grenze des Gelobten Landes gelegenen Farm benutzen. Mit Befriedigung wurde auch der Gedanke aufgenommen, dabei Herrn Wolston, Jack und Ernst bis jenseits des Engpasses der Kluse zu begleiten. Vielleicht machte es sich nötig, den Aufenthalt in Eberfurt auf vierundzwanzig oder gar achtundvierzig Stunden auszudehnen, wenn das Wohnhaus dort Ausbesserungen erforderte, bei denen alle Hände helfen mußten.

Am frühen Morgen des 25. verließ der Wagen Felsenheim; Braun und Falk sprangen lustig daneben her. Alle Personen hatten auf jenem Platz gefunden. Das Ziel der Fahrt lag gute drei Lieues entfernt, die Büffel mußten es aber ohne Überanstrengung noch vor der Mittagsstunde erreichen können.

Das Wetter war schön; Schäfchenwolken bedeckten den Himmel und milderten die heißen Sonnenstrahlen.

Gegen elf Uhr und nach einer Fahrt schräg durch eine grüne und fruchtbare Landschaft, erreichte der Wagen die Einsiedelei Eberfurt.

In dem kleinen, davor liegenden Gehölz bemerkte man etwa noch ein Dutzend Affen. Diesen mußte das Umhertreiben hier verleidet werden und sie flüchteten denn auch bei den ersten Gewehrschüssen.

Als der Wagen haltgemacht hatte, begaben sich alle sogleich in das Wohnhaus. Von den Bäumen ringsum gut geschützt, hatte dieses durch das frühere schlimme Wetter nur wenig gelitten. Während dann Frau Zermatt, Frau Wolston und Anna das Frühstück zurechtmachten, entfernten sich die Männer etwa auf Büchsenschußweite, um den Engpaß der Kluse, das Ausgangstor nach dem Inselinnern, zu besichtigen.

Hier bot sich ihnen freilich eine wichtige und schwere Arbeit, denn kräftige wilde Tiere hatten offenbar versucht, die Sperrung des Weges zu sprengen, und es erwies sich als notwendig, diese noch weiter zu verstärken. Es sah fast so aus, als hätte sich ein Trupp Elefanten den Weg durch die Schlucht zu erzwingen gesucht, und im Fall, daß ihnen dies gelang, wären schwere Verwüstungen nicht allein der Einsiedelei Eberfurt, sondern auch den Meiereien Waldegg und Zuckertop gewiß nicht ausgeblieben. Ja, es konnte dabei vielleicht so weit kommen, daß man sich sogar in Felsenheim eines Überfalles der riesigen Dickhäuter hätte erwehren müssen.

Die Aufstellung neuer Pfähle und Planken nahm den heutigen Nachmittag und noch den folgenden Tag in Anspruch. Alle Arme waren nicht zuviel, die schweren Holzmassen an Ort und Stelle zu schaffen und sie ordentlich zu befestigen, danach aber hatte der ältere Zermatt auch die Überzeugung, daß kein Tier mehr durch den Engpaß eindringen könne.

Wir brauchen wohl kaum hervorzuheben, daß die Einsiedelei Eberfurt jetzt nicht mehr die dürftige Kamtschadalenhütte war, die, zwischen vier Baumstämmen eingeklemmt, zwanzig Fuß hoch über dem Erdboden schwebte. Nein, jetzt erhob sich hier eine geschlossene und mit Palisaden umgebene Wohnstätte mit mehreren Einzelräumen, die beide Familien bequem aufnehmen konnten. Auf beiden Seiten davon lagen große Ställe unter den unteren Ästen von Magnolien und immergrünen Eichen. Hier wurden die Büffel eingestellt und reichlich mit Futter versorgt. Die gut abgerichteten, kräftigen Tiere konnten darin in Ruhe wiederkäuen.

Erwähnung verdient auch, daß es in der Umgebung von Wild aller Art, von Hasen, Kaninchen, Rebhühnern, Wasserschweinen, Agutis, Trappen, Auerhühnern und Antilopen, geradezu wimmelte, so daß es Jack leicht gemacht war, seiner Jagdlust zum Besten des gemeinsamen Tisches zu frönen. Ein Teil des Wildes, der über der flackernden Flamme des Herdes geröstet worden war, wurde übrigens für die drei Ausflügler zurückgestellt. Mit der Jagdtasche an der Seite, den Rucksack auf dem Rücken, versorgt mit Zündschwamm, um sich Feuer machen zu können, konnten sie, wenn ihnen geröstetes Fleisch genügte, bei dem vorhandenen Überfluß an Pulver und Blei und einem reichlichen Branntweinvorrat in ihren Kürbisflaschen über die Frage ihrer Ernährung völlig beruhigt sein. Außerdem boten ihnen die schon bekannten fruchtbaren Ebenen sowohl jenseits des Grüntales als auch im Süden der Perlenbucht genug eßbare Wurzeln und Früchte, die sie nur auszuziehen oder zu pflücken brauchten.

In den ersten Morgenstunden des 27. September begaben sich noch einmal alle nach dem Engpaß der Kluse, wo endlich gegenseitig Abschied genommen wurde. Vierzehn Tage lang sollte man ja ohne Nachrichten von den Abwesenden bleiben! Wie lange würde das allen erscheinen!

»Ohne Nachrichten?« sagte da Ernst, »nein, Mutterherz, nein, liebe Anna, ihr werdet schon solche erhalten...«

»Durch Eilboten...?« fragte Jack lächelnd.

»Jawohl, doch durch einen fliegenden Eilboten. Seht ihr denn gar nicht die zwei Tauben, die ich in diesem kleinen Käfig mitgenommen habe? Meint ihr vielleicht, ich hätte sie in Eberfurt zurücklassen wollen? Nein, die lassen wir vom Rücken der Bergkette aus fliegen und sie werden euch Nachricht von der kleinen Karawane bringen.«

Jedermann freute sich über diesen glücklichen Einfall, und Anna nahm sich vor, tagtäglich nach dem Eintreffen der Ernstschen Sendboten auszulugen.

Wolston und die beiden Brüder gingen nun durch eine schmale Öffnung in der Plankenwand, die hinter ihnen wieder sorgsam geschlossen wurde, und bald verschwanden sie hinter einer Biegung des felsigen Engpasses.

Dreizehntes Kapitel

Über das Grüntal hinaus. – Das Gebiet der Ebenen. – Die Waldgegend. – Noch einmal die Affen. – Am Fuße der Bergkette. – Die Nacht in einer Grotte. – Die erste und die zweite Zone der Bergmasse. – Am Fuße des Gipfels.

Das Wandern ist so recht eigentlich die Reiseart des Touristen. Es gestattet, alles zu sehen und dazu Umwege zu machen, es gibt Gelegenheit, beliebig haltzumachen und erlaubt jede gewünschte Verzögerung. Der Fußgänger begnügt sich mit dem schmalsten Pfade, wenn es ihm an einer Straße fehlt. Er kann seinen Weg nach Lust und Laune wählen, er schreitet wohlgemut dahin, wo auch das leichteste Gefährt und das geübteste Reittier nicht mehr fortkommen könnten, und er klimmt den steilsten Abhang hinan und ersteigt die höchsten Gipfel der Berge.

Auch Wolston und die beiden jungen Leute hatten, selbst auf die Gefahr hin, sich den größten Mühseligkeiten auszusetzen, gar nicht gezaudert, die noch unbekannten Gebiete des Innern, vorzüglich auch, weil sie eine Ersteigung des höchsten

Punktes der Bergkette geplant hatten, zu Fuße zu durchmessen.

Die Wanderfahrt sollte, wie der Leser weiß, nur sieben bis acht Lieues lang sein, wenn es möglich war, in gerader Richtung nach dem Fuße der Berge vorzudringen. Es handelte sich hier also um keine weite Reise, diese sollte aber durch ganz neue Landstrecken führen, und die drei Bergsteiger hofften dabei, manche wichtige und nützliche Entdeckung zu machen.

Der ungeduldigste und eifrigste der drei war natürlich Jack. Hatte er sich trotz seiner abenteuerlichen Neigungen auch auf der »Licorne« nicht mit eingeschifft, um in Europa die Länder wiederzusehen, die er in früher Kindheit verlassen hatte, so rechnete er doch darauf, sich einst dafür noch schadlos zu halten, wenn die Lage seiner Angehörigen erst nach allen Seiten hin gesichert wäre. Inzwischen gewährte es ihm eine große Befriedigung, die Grenzen des Gelobten Landes zu überschreiten und die ausgedehnten Ebenen zu durchwandern, die ihm jenseits des Grüntales und des Engpasses der Kluse noch ganz unbekannt waren. Zum Glücke hatte er weder seinen wilden Esel Leichtfuß, noch den Büffel Brummer oder den Strauß Brausewind hier, um darauf zu reiten, sondern er hatte nur den Hund Falk mitgenommen. Unter diesen Verhältnissen war es auch dem Herrn Wolston ermöglicht, das gewohnte Ungestüm des jungen Mannes etwas zu zügeln.

Zunächst und nach dem Austritte aus der Talmulde wandten sich alle drei der kleinen Anhöhe zu, die man als Araberturm zu bezeichnen pflegte, und zwar in Erinnerung an jene Herde von Straußen, die der ältere Zermatt und seine Kinder bei ihrem ersten Besuche des Grüntales für eine Rotte berittener Beduinen gehalten hatten. Von diesem »Turme« aus bogen sie nach der Bärengrotte ab, wo Ernst einst nahe daran gewesen war, von der gar zu handfesten Umarmung eines braunen Plattfüßlers erstickt zu werden.

Übrigens konnte nicht davon die Rede sein, dem Laufe des Ostflusses zu folgen, der vom Süden des Landes her und dann nach Westen hin strömte. Mit der Verfolgung dieser Richtung wäre eine beträchtliche Verlängerung der Wegstrecke verknüpft gewesen, da sich die Abhänge der Bergkette, von hier aus gesehen, im Süden erhoben.

Hierauf Bezug nehmend, bemerkte Ernst:

»Was wir bei dem Ostflusse zu unterlassen haben, hätten

wir beim Montrose-Flusse tun müssen. Sicherlich wäre es der kürzeste Weg gewesen, dem einen oder anderen seiner Ufer zu folgen.«

»Ja, und ich frage mich«, setzte Jack hinzu, »warum die Pinasse uns nicht ganz einfach bis zu seiner Mündung gebracht hat. Von da aus konnten wir mit dem Boote bis zur Barre, also fünf bis sechs Lieues näher an die Bergkette herangelangen.«

»Das hätte freilich keinerlei Schwierigkeiten gehabt, lieber Jack«, antwortete Wolston, »die unfruchtbare, vom Montrose durchflossene Gegend bietet nur nicht das geringste Interesse. Es empfahl sich also von vornherein mehr, die Gebiete zwischen der Rettungsbucht und den Bergen zu durchstreifen.«

Die Wanderung ging weiter in der Landsenke des Grüntales, das eine Länge von etwa zwei Lieues hatte und paralell mit den Grenzhöhen des Gelobten Landes verlief. Reichlich tausend Toisen breit, enthielt es dichtere Waldmassen, mehr vereinzelte Baumgruppen und große, an den Abhängen übereinanderliegende Wiesenflächen. Auch ein Wasserlauf schlängelte sich durch das Tal unter dichtem Schilfe murmelnd dahin, ein Bach, der entweder in den Ostfluß oder in die Nautilusbucht ausmünden mochte.

Herrn Wolston und die beiden Brüder drängte es, das Ende des Grüntales zu erreichen und einen ersten Überblick über die sich nach Süden hin ausdehnende Gegend zu gewinnen. Soweit es möglich war, bestimmte Ernst mittels seines Taschencompasses wiederholt die Himmelsgegenden und schrieb sich das ebenso wie die zurückgelegten Wegstrecken auf.

Gegen Mittag wure im Schatten einer mächtigen Goyave und in ziemlicher Nähe einer Stelle, wo viele Euphorbien (Wolfsmilcharten) wucherten, einmal haltgemacht. Mehrere Rebhühner, die Jack unterwegs erlegt hatte, wurden gerupft, ausgenommen, über hellem Feuer gebraten und bildeten nebst einigen Kassavekuchen das erste Frühstück. Der Rio lieferte dazu klares Wasser, dem man ein wenig Branntwein aus den Kürbisflaschen zusetzte, und die jetzt schön reifen Goyaven bildeten eine schmackhafte Nachspeise.

Gesättigt und frisch gekräftigt, brachen die drei Ausflügler bald nach der Mahlzeit wieder auf. Das Ende des Tales lag zwischen zwei steilen und hohen Felswänden. An dieser ziemlich engen, schluchtartigen Stelle bildete der Rio eine kurze Stromschnelle, und gleich dahinter öffnete sich der Ausgang.

Ein fast ganz ebenes Land mit der üppigen Fruchtbarkeit der Tropenzonen dehnte sich hier bis zu den ersten Ausläufern der Bergkette aus. Welcher Unterschied gegenüber dem vom Oberlauf des Montrose bewässerten Gebiete! Ungefähr eine Lieue weit im Süden schlängelte sich ein in den Sonnenstrahlen glitzernder Wasserlauf hin, der wahrscheinlich dem Bette des Montrose zuströmte.

Im übrigen wechselten nach Süden zu und auf eine Strecke von sechs bis sieben Lieues hin freie Ebenen und Hochwald miteinander ab. Den Erdboden bedeckten Grasarten von fünf bis sechs Fuß Höhe, da und dort stacheliges, hochaufgeschossenes Schilf und breite Flächen von Zuckerrohr, das bis über Sehweite hinaus im Winde schwankte. Ohne Zweifel hätten diese Naturerzeugnisse, jenerzeit die wertvollsten Schätze der überseeischen Kolonien, auch hier mit gutem Erfolge ausgebeutet werden können.

Vier volle Stunden marschierten Wolston und die beiden jungen Leute unverdrossen dahin.

»Ich dächte, wir könnten nun haltmachen«, sagte dann Ernst.

»Schon wieder?« rief Jack, der, so wenig wie sein Hund Falk, etwas von Müdigkeit in den Beinen spürte.

»Ich stimme Ernst bei«, erklärte Wolston. »Diese Stelle scheint mir dazu vorzüglich geeignet; wir könnten wohl auch die Nacht hier am Saume des kleinen Zirbelkiefergehölzes zubringen.«

»Nun, meinetwegen, so lagern wir uns hier«, lenkte Jack nun ein. »Wir wollen auch schleunigst etwas essen, denn ich habe einen recht hohlen Magen!«

»Sollten wir vielleicht ein Feuer anzünden und es bis zum Anbruche des Tages unterhalten?« fragte Ernst.

»Ja, das wäre klug und weise«, meinte Jack, »denn es ist und bleibt doch das beste Mittel, gefährliche Tiere fernzuhalten.«

»Ganz gewiß«, bestätigte Wolston; »dann müßten wir aber abwechselnd wach bleiben, und ich halte es doch für besser, tüchtig auszuschlafen, denn ich glaube kaum, daß wir hier etwas zu fürchten haben.«

»Nein«, erklärte Ernst, »nirgends hat sich eine verdächtige Spur gezeigt, so wenig wie irgendein Heulen oder Brüllen zu hören war, seitdem wir das Grüntal verlassen haben. Da ist es wohl richtiger, wir ersparen uns die Anstrengung, einer nach dem anderen zu wachen.«

Jack widersprach nicht weiter, und alle drei machten es sich bequem, um ihren Hunger zu stillen.

Die Nacht versprach, herrlich zu werden, eine jener Nächte, wo die Natur friedlich einschlummert und deren Ruhe kein Windhauch stört. Kein Blatt rührte sich an den Bäumen, kein Geräusch unterbrach die Stille der weiten Ebene. Auch der Hund verriet kein Zeichen von Beunruhigung. Selbst aus der Ferne ertönte kein heiseres Gebell von Schakalen, obwohl diese Raubtiere auf der Insel so zahlreich hausten. Kurz, es konnte als keine Unklugheit angesehen werden, sich hier dem Schlafe unter freiem Himmel zu überlassen. Wolston und die beiden Brüder verzehrten also, was vom Frühstück noch vorhanden war, und einige Eier von kleinen Schildkröten, die Ernst gefunden und in der heißen Asche gekocht hatte, nebst frischen Früchten von Pinien, die es in der Nähe im Überfluß gab und deren Kern einen würzigen Nußgeschmack hat.

Der erste, der die Augen schloß, war Jack, er war ja auch der müdeste von allen. Unausgesetzt hatte er die Dickichte und Gebüsche durchstreift und sich zuweilen so weit entfernt, daß sich Wolston gezwungen sah, ihn zurückzurufen. Wie er aber als der erste einschlief, war er auch der erste, der beim Tagesgrauen wieder erwachte.

Sofort brachen die Ausflügler wieder auf. Nach einer Stunde mußten sie durch einen kleinen Wasserlauf waten, der sich jedenfalls zwei bis drei Lieues weiterhin in den Montrose-Fluß ergoß, wenigstens glaubte Ernst das wegen seines Verlaufes nach Südosten zu annehmen zu dürfen.

Überall dehnten sich weite Grasflächen aus oder waren große Strecken mit Zuckerrohr bedeckt. Auf feuchteren Bodenniederungen erhoben sich da und dort Gruppen jener Leuchterbäume, die an dem einen Zweige Blüten, an dem anderen Früchte tragen. Endlich zeigte sich dichter Hochwald anstelle mancher, an den Abhängen des Grüntales nur vereinzelt vorkommender Bäume, wie von Zimtbäumen, Palmen verschiedener Art, von Feigen- und Mangobäumen und auch eine Menge solcher, die keine eßbaren Früchte liefern, wie Weiden, immergrüne und See-Eichen – doch alle von prächtigem Wuchse. Außer den Stellen, wo Leuchterbäume standen, zeigte die Gegend hier nirgends sumpfigen Boden. Dieser stieg vielmehr nach und nach an, was Jack aller Hoffnung beraubte, gelegentlich auf ein Volk von Wasservögeln zu stoßen. Er mußte sich also mit dem übrigens sehr zahlreichen Wild der Ebene und des Waldes begnügen.

Wolston glaubte seinem jungen Begleiter in dieser Beziehung sogar noch folgendes ans Herz legen zu müssen:

»Offenbar, mein lieber Jack«, sagte er, »brauchen wir uns doch nicht zu beklagen, nur auf Sultanhühner, Rebhühner, Wachteln, Trappen und Auerhähne verwiesen zu sein, von den Antilopen, Wasserschweinen und Agutis gar nicht zu reden; es erscheint mir aber richtiger, unseren Bedarf immer erst zu decken, wenn wir haltmachen, um unsere Jagdtasche nicht unnötig zu belasten.«

»Ja, da haben Sie wohl recht, Herr Wolston«, antwortete der eifrige Jäger. »Immerhin ist es gar so schwierig, sich immer zu zügeln, und wenn gerade ein Stückwild in bequemer Schußweite vorüberstreicht...«

Jack befolgte übrigens die Empfehlung des Herrn Wolston. Es dauerte bis elf Uhr, ehe zwei Flintenschüsse anzeigten, daß der Bedarf für das erste Frühstück gedeckt worden sei. Wer am Fleische freilich einen etwas hervortretenden Wildgeschmack liebt, der wäre von den zwei Hähnen und den drei Waldschnepfen, die Falk aus dem Unterholz apportierte, gerade nicht entzückt gewesen. Die Bewohner der Neuen Schweiz hatten es zu einer solchen Geschmacksverirrung aber noch nicht gebracht, und die drei Genossen ließen denn auch nichts von den Stücken übrig, die über einem Feuer aus dürrem Holze gebraten worden waren. Der Hund sättigte sich mit den zarten Geflügelknochen, die ihm fast in zu großer Menge zugeworfen wurden.

Im Laufe des Nachmittags machten sich immerhin noch ein paar Flintenschüsse nötig, als es sich darum handelte, minder gern gesehene und wegen ihrer großen Zahl sogar etwas gefährliche Tiere zu verscheuchen. Ja, es kamen sogar alle drei Gewehre in Tätigkeit zur Verjagung einer Herde wilder Katzen derselben Art, die man schon nahe den Grenzen des Gelobten Landes bemerkt hatte, als dem Grüntale der erste, sich weiter ausdehnende Besuch abgestattet wurde. Mit greulichem Geschrei, einem Mittelding zwischen Miauen und Heulen, flüchtete das Katzenvolk, von dem nicht wenige verwundet waren. Vielleicht erschien es doch ratsam, sich in der folgenden Nacht wegen eines Überfalles durch diese Tiere etwas sorgsamer vorzusehen.

War das hiesige Gebiet, ohne von dem eigentlichen Federwilde zu reden, von Vögeln – wie von Papageien, leuchtend roten Aras, von den kleinen Pfefferfressern mit grünen, mit Gold besetzten Flügeln, großen blauen Hähern von Virginien und hochgewachsenen Flamingos – stark bevölkert, so fehlte es ihm auch nicht an Antilopen, Elchhirschen, Cuaggas, Onagres und Büffeln. Sobald diese Tiere aber die Anwesenheit von Menschen, selbst auf sehr große Entfernung hin, witterten, flüchteten alle so eilig, daß es ganz unmöglich gewesen wäre, an sie heranzukommen.

Auf der ganzen, nach der Bergkette zu aufsteigenden Strecke zeigte das Land überall die gleiche Fruchtbarkeit, die sich mit der des nördlichen Inselteiles recht wohl messen konnte. Bald sollten nun Wolston, Ernst und Jack aber eine stark bewaldete Gegend erreichen. Bei der Annäherung an den Fuß der Bergkette wure ein weit hinausreichender, scheinbar sehr dichter Hochwald sichtbar. Für den nächsten Tag waren also beim weiteren Marsche jedenfalls größere Schwierigkeiten zu erwarten.

Am heutigen Abende verzehrten die hungrig gewordenen Wanderer eine Anzahl Haselhühner, von denen jeder sein Teil aus einem Volke von solchen erlegt hatte, das Falk unterwegs aus dem hohen Grase aufgescheucht hatte. Als Lagerplatz wählte man dann eine Stelle am Rande eines Waldes von herrlichen Sagopalmen, die von einem kleinen Wasserlaufe durchschnitten wurde, welcher, infolge der Neigung des Erdbodens in einen Sturzbach verwandelt, nach Südwesten zu abströmte.

Diesmal bestand Wolston darauf, für die Zeit des Nachtlagers eine sorgsame Bewachung anzuordnen und ein bis zum Morgenrot andauerndes Feuer zu unterhalten. Die Nacht über mußte man einander dazu also regelmäßig ablösen, denn vereinzeltes Geheul ließ sich schon jetzt aus größerer Nähe hören.

Am nächsten Tage trat man die weitere Wanderung schon in den ersten Morgenstunden an. Noch drei Lieues, und der Fuß der Berge mußte erreicht sein. Vielleicht war, vorausgesetzt, daß sich dem Marsche keine unerwarteten Hindernisse entgegenstellten, diese zweite Wegstrecke im Laufe des Tages zu überwinden. War dann die Wand des Bergrückens an dessen nördlichem Abhange einigermaßen gangbar, so konnte am nächsten Morgen der Aufstieg nur noch wenige Stunden in Anspruch nehmen.

Doch welchen Unterschied zeigte das Land hier gegenüber dem am südlichen Ausgange des Grüntales! Zur Rechten und zur Linken starrten hohe Stämme empor. Fast ausschließlich bestand der Wald aus den harzreichen Baumarten, die man gewöhnlich auf größeren Höhen antrifft und die hier von verschiedenen lärmenden und nach Osten abstürzenden Rios bewässert wurden. Ob Nebenarme und Zuflüsse des Montrose-Flusses, jedenfalls trockneten diese in der Sommerhitze so gut wie gänzlich aus, und auch jetzt kam man beim Durchschreiten derselben nur bis zum halben Unterschenkel ins Wasser.

Im Laufe des Vormittags erachtete es Wolston für ratsamer, um einige dieser Holzbestände herumzugehen, zwischen denen sich da und dort kleinere freie Flächen befanden. Wurde der Weg dadurch auch etwas verlängert, so kam man auf diese Weise doch leichter vorwärts, als wenn man versucht hätte, durch das mit Lianen verflochtene Unterholz des Hochwaldes hindurchzudringen.

In dieser Weise wurde die Wanderung bis elf Uhr fortgesetzt und dann haltgemacht, um zu essen und um auszuruhen, denn der Weg war immerhin anstrengend genug gewesen. An Wild hatte es dabei niemals gefehlt. Überdies war es Jack gelungen, eine junge Antilope zu erlegen, von der er die leckersten Stücke mitbrachte, und davon blieb auch noch genug für das Abendessen übrig.

Man konnte sich beglückwünschen, diesen Vorrat mitgenommen zu haben, denn am Nachmittage war wenigstens von Federwild nichts zu sehen. Da mag einer nun ein noch so treffsicherer Jäger sein, es nützt ihm ja nichts, wenn er keine Gelegenheit findet, ein paar wohlgezielte Schüsse abzugeben.

Gegen Mittag machte man also halt, und zwar im Schatten einer mächtigen Seekiefer, an deren Fuße Ernst ein Feuer aus abgestorbenem Holze anzündete. Während dann ein Antilopenviertel, von Jack sorgsam überwacht, röstete, entfernten sich Wolston und sein Bruder noch auf einige hundert Schritte, um die nächste Umgebung zu besichtigen.

»Dehnt sich dieses waldige Gebiet bis zur Bergkette hin aus«, sagte Ernst, »so ist anzunehmen, daß es auch deren untere Abhänge bedeckt. Das glaubte ich schon heute morgen zu bemerken, als wir von unserer Lagerstelle aufbrachen.«

»In diesem Falle«, antwortete Wolston, »werden wir wohl oder übel hindurchdringen müssen, denn es dürfte unmöglich sein, es rechts oder links zu umgehen, ohne den Weg sehr beträchtlich zu verlängern oder gar bis zur Küste im Osten geführt zu werden.«

»Und diese Küste, Herr Wolston«, erklärte Ernst, »dürfte, wenn meine Schätzung zutrifft, etwa zehn Lieues von hier entfernt sein. Ich meine dabei den Teil der Küste, nach dem wir mit der Pinasse an die Mündung des Montrose gekommen waren... ja wenigstens zehn Lieues von hier.«

»Wenn es an dem ist, lieber Ernst, können wir gar nicht daran denken, die Berge von Osten her zu ersteigen. Wie es im Westen davon aussieht...«

»Davon wissen wir eigentlich gar nichts, Herr Wolston, höchstens daß die Bergkette, wenn man sie von den Anhöhen des Grüntales aus betrachtet, sich sehr weit nach Abend hin auszudehnen scheint.«

»Da uns also keine Wahl bleibt«, erklärte Wolston, »werden wir es unternehmen müssen, mitten durch den Wald zu ziehen und uns einen Weg bis zu dessen oberem Saume zu brechen. Erweist es sich als unmöglich, das in einem Tage durchzuführen, nun, so wenden wir eben zwei, wenn es sein muß, auch drei Tage daran, zum Ziele aber müssen wir auf jeden Fall gelangen.«

Die beiden Brüder teilten völlig die Ansichten des Herrn Wolston, da sie je ebenso wie er entschlossen waren, den Ausflug bis zur Höhe der Bergkette auszudehnen. Über diesen Punkt wurde also gar nicht weiter verhandelt.

Das über glühenden Kohlen vollends gar geröstete Antilopenfleisch, einige Maniokkuchen und ein halbes Dutzend Früchte von den nächsten Bäumen, von Bananen, Goyaven- und Zimtapfelbäumen, lieferten die Einzelgerichte der Mahlzeit, die nur einen einstündigen Aufenthalt erforderte. Darauf drangen, Waffen und Jagdtaschen auf den Schultern und auf dem Rücken, Wolston, Ernst und Jack unter das Zweiggewölbe des Waldes ein.

Zwischen dessen gradstämmigen und etwas voneinander abstehenden Tannen mit wenig unebenem Erdboden, der mit Gras oder vielmehr mit einer Art Moos gepolstert und nur stellenweise mit Brombeerbüschen und Gesträuch bewachsen war, ging der Marsch recht bequem vorwärts, jedenfalls besser als in anderen Wäldern, die vielfach von Schmarotzergewächsen und einem Netze von Lianen durchsetzt waren. Hier in dem umfänglichen Tannengehölze, wie überhaupt in solchen, konnte man ohne nennenswerte Hindernisse vorwärts dringen. Einen Pfad gab es natürlich nicht, nicht einmal eine Fährte von Tieren, doch boten die Bäume wenigstens, einige Abweichungen von der geraden Richtung abgerechnet, einen freien Durchgang.

Sperrte nun kein unüberschreitbarer Wasserlauf – z. B. ein wilder Bergstrom – weiterhin den Weg, so hatte man sich hier wirklich nicht zu beklagen. Wolston, Ernst und Jack marschierten unter dem Schutze der dichtbewachsenen Baumgipfel hin, die trotz des hohen Standes der Sonne kein Strahl durchdrang, und das war gewiß eine Wohltat für einfache Fußgänger, die übrigens doch der durchdringende Harzduft der Bäume erquickte.

Obwohl das Wild hier selten geworden war, sahen sich Wolston und Jack, ja sogar Ernst doch genötigt, unterwegs wiederholt ihre Gewehre abzufeuern. Es handelte sich hier zwar nicht um so gefährliche Raubtiere, wie um Löwen, Tiger, Panther oder Cuaggas, die früher schon in der Nähe des Gelobten Landes und in den Grenzgebieten der Perlenbai aufgetaucht waren, dafür aber um eine sehr zahlreiche, hinterlistige Rotte von Vierhändern.

»Oh, diese Spitzbuben!« rief Jack. »Sollte man nicht glauben, sie hätten sich alle in diesen Wald geflüchtet, seit wir sie aus den Gehölzen bei Waldegg und bei Zuckertop verjagt haben!«

Und nachdem ihn mehrere, von einem kräftigen Arme geschleuderte Tannenzapfen mitten auf die Brust getroffen hatten, beeilte er sich, die beiden Läufe seines Gewehres auf die frechen Burschen abzufeuern.

Diese Abwehr mußte, selbst auf die Gefahr einer Erschöpfung der Munition hin, eine volle Stunde lang fortgesetzt werden; dann lagen gegen zwanzig schwer oder tödlich verwundete Vierhänder auf der Erde. Wenn sie von Zweig zu Zweig herunterpurzelten, stürzte sich Falk auf die, die nicht mehr zu fliehen imstande waren, und machte ihnen mit den Zähnen vollends den Garaus.

»Wären es nur Kokosnüsse gewesen«, meinte Jack, »die jene Spitzbuben uns als Geschosse zugeworfen hätten, dann ließe man sich ein solches Bombardement eher gefallen.«

»Sapperment«, erwiderte Wolston, »ich zieh denn doch Tannenzapfen den Kokosnüssen vor. Jene sind weniger hart...«

»Ja, sie liefern dafür aber kein Nahrungsmittel«, entgegnete Jack. »Von einer Kokosnuß kann man doch essen und trinken!«

»Zugegeben«, fiel jetzt Ernst ein, »wir wollen aber froh sein, daß die Affen jetzt im Inselinnern und nicht in der Nähe unserer Meiereien hausen. Wir haben ja genug Mühe gehabt, ihre Verwüstungen zu verhindern und sie durch Fallen und andere Mittel zu vernichten. Mögen sie hier im Tannenwalde bleiben und niemals nach dem Gelobten Lande zurückkehren, das ist alles, was man von ihnen verlangt...«

»Und recht höflich obendrein!« setzte Jack hinzu, der zum Beweise dieser Höflichkeit schnell noch einen letzten Schutz abgab.

Nach der Abwehr dieses Angriffes ging die Wanderung weiter, deren einzige Schwierigkeit darin bestand, die beste Richtung nach den Bergen hin einzuhalten.

Das dichte und von oben her undurchdringliche Tannengehölz nahm noch immer kein Ende und wies auch keine Lücke auf, auf der man die Stelle hätte sehen können, wo sich die im Sinken begriffene Sonne eben befand. Nirgends zeigte sich eine Waldblöße, nirgends ein umgestürzter Baum. Wolston konnte sich beglückwünschen, weder Wagen noch Gespann mitgenommen zu haben. Die Büffel oder der Wildesel Jacks hätten da und dort, wo die Bäume so dicht standen, daß sie sich fast berührten, gar nicht hindurchkommen können, und dann wäre ein Umkehren gar nicht zu vermeiden gewesen.

Gegen sieben Uhr abends erreichten Wolston, Ernst und Jack die südliche Grenze des Tannengehölzes. Der Boden war schon so stark angestiegen, daß der Wald noch die ersten Bergabsätze bedeckte und die Gipfel wurden erst in dem Augenblicke sichtbar, wo die Sonne hinter den letzten westlichen Vorbergen der Kette versank.

Hier lagen nun Felsstücke umher, Trümmer, die sich vom Gipfel des Berges gelöst hatten. An manchen Stellen sprudelten auch Wasserfäden hervor, die wahrscheinlich die Quellen des Montrose bildeten und der Bodenneigung entsprechend nach Osten zu hinabflossen.

Den Aufstieg noch an demselben Abend zu unternehmen und vielleicht die ganze Nacht daran zu wagen, das wäre offenbar gefährlich gewesen. Trotz ihres Verlangens nach Erreichung des letzten Zieles, kam auch weder Herrn Wolston noch den zwei Brüdern ein solcher Gedanke. Sie suchten und fanden nur eine Aushöhlung in der Felsmasse, in der sie die Nacht geschützt zubringen konnten. Während sich Ernst dann mit der Vorbereitung des Abendessens beschäftigte, sammelten Wolston und Jack bei den letzten Bäumen noch dürres Gras und Moos ein, um den steinigen Boden der Grotte damit zu bedecken. Dann verzehrte man einige eben erlegte Tetras, eine Art kleiner Auerhähne, nachher aber dachten alle bei ihrer großen Ermüdung nur noch daran, bald eine erquickende Ruhe zu finden.

Einige Vorsichtsmaßregeln mußten indes vorher doch noch getroffen werden. Mit einbrechender Dunkelheit ließ sich wiederholt ein nahes Heulen hören und es schien sogar, als ob sich dem ein Brüllen beimischte, über dessen Natur kein Zweifel herrschen konnte.

Deshalb wurde am Grotteneingange ein Feuer angezündet und die ganze Nacht über mit dem trockenen Holze unterhalten, das Wolston und Jack in großer Menge herbeigeschafft hatten.

Hierauf übernahmen Ernst als der erste, Jack als der zweite und Wolston als der letzte, bei dreistündiger Ablösung, bis zum Sonnenaufgang die Wache.

Schon sehr früh waren alle drei wieder auf den Füßen.

»Hallo, Herr Wolston«, rief da Jack mit weithin schallender Stimme, »nun ist der große Tage gekommen!... Binnen wenigen Stunden wird Ihr sehnlichster Wunsch erfüllt sein und Sie werden endgültig unsere Flagge auf dem höchsten Punkte der Neuen Schweiz aufgepflanzt haben!«

»Binnen wenigen Stunden... nun ja... wenn die letzte Bergstrecke nicht allzuviele Schwierigkeiten bietet«, bemerkte Ernst.

»Jedenfalls, ob es nun heute ist oder morgen«, antwortete Wolston, »werden wir bald über den Umfang der Insel aufgeklärt sein...«

»Mindestens« fiel Jack ein, »wenn sie sich von ihrem südlichen Teile nach Westen zu nicht bis über Sehweite hin ausdehnt.«

»Was gar nicht unmöglich wäre«, setzte Ernst hinzu.

»Ich glaube das nicht«, antwortete Wolston, »denn dann wäre sie bisher nicht den Seefahrern entgangen, die diesen Teil des Indischen Ozeans besuchen.«

»Nun, wir werden ja sehen!« schloß Jack das Gespräch.

Nach einem Frühstück von kaltem Wild wurde der Überrest sorglich mitgenommen, denn auf dem steilen Abhange, den zu erklimmen selbst Falk keine besondere Lust verriet, fehlte es gewiß ganz an jagdbaren Tieren. Da nach dem Verlassen der Grotte ein Angriff von Raubtieren nicht mehr zu befürchten war, wurden die Gewehre an ihrem Gurt übergehängt. Dann begannen, Jack an der Spitze, Ernst hinter ihm und Wolston als Nachtrab, alle drei den Aufstieg nach den ersten Absätzen.

Nach einer Schätzung Ernsts mochte die Höhe des Bergrückens elf- bis zwölfhundert Fuß betragen. Ein vereinzelter Kegel, der sich gegenüber dem Tannenholze erhob, überragte die Kammlinie noch etwa um fünfzig Toisen. Auf dem Gipfel dieses Bergkegels beabsichtigte Wolston die Flagge der Neuen Schweiz zu hissen.

Hundert Schritte von der Grotte nahm die Waldzone der Gegend ein plötzliches Ende. Darüber zeigten sich einzelne grünende Bodenstücke, Grasflächen mit Gebüschen, Aloen, Mastixsträuchern, Myrthen und Heidekraut, bis auf sechs- bis siebenhundert Fuß Höhe – wo die zweite Bergzone abschloß. Die Steilheit der Abhänge war aber schon so groß, daß sie stellenweise fünfzig Grade überschritt. Infolgedessen mußte der Weg etwas verlängert werden, indem man abwechselnd nach links und nach rechts schräg emporstieg.

Das Hinaufdringen wurde übrigens dadurch begünstigt, daß der Boden überall einen sicheren Stützpunkt bot. Noch brauchte man nicht die Hände zum Klettern zu Hilfe zu nehmen oder gar auf allen vieren zu kriechen. Der Fuß stand immer fest auf dem Grün, das durch Wurzeln und steinige Spitzen uneben war. Ein Sturz war also kaum zu befürchten, und schlimmstenfalls wäre man dabei höchstens einige Fuß tief auf eine dichte Moosdecke gepurzelt.

Der Aufstieg vollzog sich also ohne Unterbrechung, wenn auch im Zickzack, um den Steigungswinkel zu verkleinern, obwohl das eine längere Anstrengung kostete. Der Gipfel konnte indes nicht erreicht werden, ohne daß die Bergsteiger sich einige Male genötigt sahen, haltzumachen, um Atem zu schöpfen. Fühlten sich auch Ernst und Jack, zwei kräftige, junge Leute mit täglicher Übung in allerlei Körperanstrengungen, nicht allzusehr erschöpft, so konnte es ihnen Wolston, schon infolge seines Alters, an Kraftaufwand und Geschmeidigkeit nicht gleichtun. Er erklärte jedoch, schon zufrieden sein zu wollen, wenn er und seine Gefährten zur Frühstückszeit bis zum Fuße des Bergkegels gelangt wären. Dann mußten eine oder zwei Stunden genügen, den höchsten Gipfel zu erreichen.

Wiederholt wurde Jack ermahnt, nicht so kühn wie eine Gemse emporzuklimmen, da ihn die Natur nun einmal nicht zur Klasse dieser Klettertiere verwiesen hätte. So ging es denn immer weiter bergauf, und Wolston war fest entschlossen, um seinetwillen keinen Halt machen zu lassen, ehe nicht der Fuß des Kegels, die obere Grenze der zweiten Bergzone, erreicht wäre. Immerhin war es noch nicht erwiesen, ob man das schlimmste Stück Weges dann schon hinter sich hätte. Von der jetzt erreichten Höhe aus konnte man wohl die Gegend nach Norden, Osten und Westen hin, nicht aber das Land überblicken, das noch nach Süden hin liegen mochte. Dazu mußte erst der Gipfel des Kegelberges erstiegen werden. Was die nach dem Grüntale zu gelegenen Landstrecken betraf, so waren diese zwischen der Mündung des Montrose und dem letzten Vorberge an der Perlenbucht ja bereits bekannt. Die sehr natürliche und völlig berechtigte Neugier der Bergsteiger konnte also nur Befriedigung finden, wenn diese den Gipfel selbst erreichten oder, im Falle, daß das unausführbar wäre, wenn sie um diesen herumgelangen konnten.

Nach Überwindung der zweiten Zone mußte an deren Grenze einmal haltgemacht werden. Eine so große Anstrengung erforderte wenigstens einige Ruhe. Es war jetzt Mittag, und nach eingenommenem zweiten Frühstück sollte der Marsch über den obersten Abhang sogleich wieder angetreten werden. Übrigens waren alle recht hungrig geworden. Nun steht es zwar fest, daß starke physische Anstrengungen für den Magen nicht gerade vorteilhaft sind, sondern seine Verdauungstätigkeit nicht unwesentlich beeinträchtigen; doch ohne Rücksicht darauf, ob das Frühstück gut oder schlecht verdaut würde, galt es jetzt in erster Linie, ein solches zu verzehren. Übrigens beschränkte sich dieses in der Hauptsache auf die letzten Stücke der gebratenen jungen Antilope.

Nach Verlauf einer Stunde erhob sich Jack wieder, sprang trotz der Warnungen Wolstons auf die ersten Steinblöcke des steilen Abhanges und rief:

»Wer mich lieb hat, folgt mir nach!«

»Na, wir wollen ihm diesen Beweis von Zuneigung nicht schuldig bleiben, lieber Ernst«, antwortete Wolston, »vor allem aber, um ihn vor Unklugheiten zu behüten!«

Vierzehntes Kapitel

Die Ankunft auf dem Gipfel des Kegels. – Umschau nach allen Seiten. – Was im Norden, Osten und Westen zu sehen war. – Das Land im Süden. – Ein Schiff am Horizonte. – Die britische Flagge.

Drei- bis vierhundert Fuß ... das übertrifft nicht einmal die Höhe der großen Pyramide von Ägypten. Freilich hätte man an den Seiten des Bergkegels vergeblich die riesigen Stufen gesucht, die die Erklimmung des Pharaonenbauwerkes von Gizeh erleichtern und ohne die es ganz unmöglich wäre, nach seiner Spitze zu gelangen. Die Winkel, den die schrägen Seitenlinien des Kegels mit der Senkrechten bildeten, waren übrigens hier etwas größer als bei der großen Pyramide.

Das Ganze bildete eigentlich nur einen ungeheuren Haufen regellos aufgetürmter Felsstücke, die meist recht unzulänglich gestützt zu liegen schienen. Daran gab es aber genug hervorspringende Ränder, Kanten, Ecken und Wulste, die dem Fuß einen sicheren Stützpunkt boten. Jack, der immer voraus war, prüfte die Sicherheit, tastete rechts und links hin, und indem Wolston und Ernst ihm ohne Übereilung folgten, schwangen sie sich nach und nach von Block zu Block empor.

Doch welch trostlose Unfruchtbarkeit herrschte in dieser dritten Zone! Nirgends entdeckte man eine Spur von Pflanzenwuchs, höchstens einige Büschel jenes mageren Sandkrautes, das mit ein paar Krümchen Erde vorlieb nimmt, und größere Bodenstücke mit trockenen Flechtenarten, die dem Felsen eine graugrüne Färbung verliehen.

Die Hauptschwierigkeit bestand jetzt darin, ein Abgleiten zu verhüten, denn der Abhang war zuweilen so glatt wie ein Spiegel. Hier wäre ein Sturz, bei dem man bis zum Fuße des Kegels hinabrollen mußte, jedenfalls tödlich gewesen. Außerdem verlangte es große Vorsicht, die wirr durcheinander geworfenen Bruchstücke nicht ins Wanken zu bringen und eine Lawine auszulösen, die bis zum Fuß der Bergkette hinabgepoltert wäre.

Das mächtige Gerippe des Berges bestand übrigens ausschließlich aus Kalkstein und Granit; nichts davon verriet einen vulkanischen Ursprung. Das ließ also annehmen, daß die Neue Schweiz von Eruptionen und Erderschütterungen als Wirkung unterirdischer Kräfte verschont bleiben werde.

Wolston, Jack und Ernst gelangten ohne Unfall bis zur halben Bergeshöhe. Selbst beim behutsamsten Klettern hatten sie aber doch zuweilen Felsstücke ins Rollen gebracht. Dann stürzten auch stets drei oder vier größere Blöcke mit hinab, die, erst an den Bergflanken aufschlagend, sich zwölfhundert Fuß weiter unten im Wande verloren und deren Hinabdonnern das Echo der Bergkette weckte.

Über dieser Höhe schwebten noch einige große Vögel, die einzigen Vertreter des Tierlebens in der dritten Zone, auf der sie aber nirgends zu rasten suchten. Kleinere Vögel zeigten sich gar nicht, diese hielten sich wohl immer in dem ausgedehnten Tannenwalde auf. Einige Pärchen prächtiger Luftsegler zogen langsamen Flügelschlags noch über den trotzigen Geipfel des Kegels hin. Da zitterte Jack schon das Gewehr in den Händen und gern hätte er eine Kugel hinaufgejagt nach den zu den »Umbus« gehörigen Geiern oder nach den riesigen Kondors, die offenbar über das Erscheinen von Menschen in dieser traurigen Einöde erstaunten.

Mehr als einmal war der junge Jäger schon dabei, das Gewehr an die Schulter zu legen.

»Was könnt' es nützen?« rief ihm Wolston zu.

»Wie ... nützen ...?« erwiderte Jack. »Es wäre doch ...«

Er vollendete den Satz jedoch nicht, sondern sprang, nachdem er die Waffe wieder umgehängt hatte, weiter auf den Blöcken hinauf.

In gleicher Weise blieb einem prächtigen Malabaradler das Leben erhalten. Statt diesen zu erlegen, wäre es ratsamer gewesen, ihn einzufangen. Er hätte dann Fritzens treuen Begleiter ersetzen können, der bei der Kajakfahrt zur Aufsuchung des Rauchenden Felsens im Kampfe mit dem Tiger umgekommen war.

Je mehr man sich der Kegelspitze näherte, desto schroffer fiel der Abhang ab. Der letzte Teil des Berges glich schon mehr einem Zuckerhute. Wolston zweifelte schon daran, ob ganz oben für drei Personen Platz genug sein werde. Alle mußten sich gegenseitig, oder richtiger einer dem anderen helfen. Jack zog erst Ernst und dieser dann Herrn Wolston zu sich empor. Eine Umgehung des Kegels wäre eine vergebliche Mühe gewesen. Hier an der Nordseite bot dieser noch die geringsten Schwierigkeiten.

Gegen zwei Uhr nachmittags ließ sich eine vibrierende Stimme vernehmen – die Stimme Jacks – wohl die erste, die auf diesem Gipfel erschallt war.

»Eine Insel . . . es ist eine Insel!«

Eine letzte Kraftanstrengung brachte Wolston und Ernst an die Seite Jacks. Erschöpft, schachmatt, keuchend und kaum noch der Sprache mächtig, dehnten sie sich auf der zwei Quadrattoisen großen Gipfelfläche erst einmal ordentlich aus, um wieder zu Atem zu kommen.

Daß die Neue Schweiz eine Insel war, unterlag ja seit dem Hierherkommen der »Licorne« keinem Zweifel mehr. Umschloß sie das Meer auch von allen Seiten, so war das doch hier vom Berge aus in verschiedener Entfernung der Fall. Weit ausgedehnt im Süden, etwas beschränkter im Westen und Osten und zu einem bläulichen Landstreifen zusammengeschrumpft im Norden, erglänzte die Insel unter den Strahlen der Sonne, die jetzt nur wenige Grade unter ihrem Kulminationspunkte stand.

Der erste Blick lehrte Ernst schon, daß der Bergrücken nicht durch die Mitte des Landes verlief. Dieser stieg vielmehr im südlichen Teile auf und beschrieb nach Osten und nach Westen hin einen ziemlich regelmäßigen Bogen.

Von diesem, fünfzehnhundert Fuß über der Meeresfläche gelegenen Punkte aus konnte man bis zum Horizonte ungefähr siebzehn bis achtzehn Lieues weit sehen. Die Neue Schweiz hatte aber keine entsprechend große Oberfläche.

Wolston stellte an Ernst eine hierauf bezügliche Frage.

»Meiner Schätzung nach«, antwortete dieser, »dürfte unsere Insel einen Umfang von sechzig bis zweiundsechzig Lieues haben. Das ergäbe immerhin eine erhebliche Oberfläche, mindestens eine größere als die des Kantons Luzern.«

»Wie groß wäre sie also annähernd?« fragte Wolston weiter.

»Soweit ich das abzuschätzen vermag, und wenn ich ihre Gestaltung eines Ovals in Rechnung ziehe«, erklärte Ernst, »kann sie wohl vierhundert Quadratlieues, etwa halb so viel wie Sizilien, messen.«

»Oh«, rief Jack, »es gibt eine Menge bekannte und wichtige Inseln, die lange nicht so groß sind!«

»Ganz recht«, stimmte Ernst ein, »und täuscht mich mein Gedächtnis nicht, so hat eine der wichtigsten Inseln des Mittelmeeres, die für England von ganz besonderer Bedeutung ist, nur neun Lieues in der Länge bei vieren in der Breite . . .«

»Welche denn?«

»Malta.«

»Malta!« rief Wolston, dessen Britendünkel bei diesem Namen erwachte. »Nun, warum sollte die Neue Schweiz nicht zu einem Malta des Indischen Ozeans werden? ...«

In Jack stieg dabei freilich die Frage auf, warum denn die alte Schweiz sie nicht ebensogut für sich behalten und hier vielleicht eine blühende helvetische Kolonie anlegen könnte.

Der Himmel war sehr klar und die Luft bis zum Horizonte völlig frei von Dünsten. Keine Spur von Feuchtigkeit war zu bemerken und das Land mit allen seinen Unebenheiten ganz deutlich zu übersehen.

Da der Abstieg jedenfalls dreimal weniger Zeit erforderte als der Aufstieg, blieben Wolston und den beiden Brüdern einige Stunden übrig, ehe sie nach dem Tannenwalde hinunter wieder aufbrechen mußten. Mit dem von Hand zu Hand gehenden Fernrohre betrachteten sie aufmerksam das weite Land, das sich vor ihnen ausdehnte.

Ernst hatte Taschenbuch und Bleistift hervorgeholt und zeichnete die Linien des Ovals ab, die den neunzehnten Grad südlicher Breite mit einer Länge von etwa vierundzwanzig Lieues und den hundertvierzehnten Meridian mit einer solchen von neunzehn Lieues durchschnitten.

Auf einer Strecke, die in der Luftlinie zehn bis elf Lieues messen mochte, ließ sich nach Norden zu folgendes erkennen:

Zunächst begleitete ein schmaler Meeresstreifen jenseits der Küste den Teil, der zwischen dem Kap der Getäuschten Hoffnung und dem Vorgebirge lag, das die Perlenbucht abschloß.

»Nein, da ist kein Irrtum möglich«, meinte Jack, »und ich brauche gar kein Fernrohr, das Gelobte Land und die Küste bis zur Rettungsbucht zu erkennen ....«

»Gewiß nicht«, setzte Wolston hinzu, »und dort an der entgegengesetzten Seite sieht man das Kap im Osten, das die ›Licorne‹-Bai beschützt.«

»Leider kann man«, versetzte Jack, »selbst mit Ernstens vorzüglichem Fernrohre die Gegend in der Umgebung des Schakalbaches nicht sehen.«

»Das kommt«, erwiderte Ernst, »daher, daß sie von der sie im Süden begrenzenden Felsenwand verdeckt wird. Da man von Felsenheim und Falkenhorst aus den höchsten Gipfel der Berge nicht zu sehen vermag, kann man auch von der Höhe der Kette aus Falkenhorst und Felsenheim nicht sehen. Das ist doch logisch, meine ich . . .«

»Vollkommen, du Erzlogiker, du!« antwortete Jack. »Das müßte aber ebenso für das Kap der Getäuschten Hoffnung Geltung haben, und doch ist das jenes weit nach Norden hinausreichende Vorgebirge, das man von hier aus erkennen kann . . .«

»Ja, doch so sicher es ist«, fuhr Ernst fort, »daß man von jenem Kap und selbst vom Prospekt-Hill aus den Kegelberg hier wahrnehmen kann, gehört doch vor allem dazu, daß man einmal danach hinblickt. Wahrscheinlich haben wir das noch nie mit der nötigen Aufmerksamkeit getan.«

»Aus dem allen«, meinte Wolston, »geht hervor, daß die eigentliche Bergkette doch von den Anhöhen des Grüntales aus sichtbar sein müßte.«

»Gewiß, Herr Wolston«, erklärte Ernst, »und eben diese Höhen verbergen Felsenheim unseren Blicken.«

»Das bedaure ich«, fiel Jack ein, »denn ich bin überzeugt, daß wir da meinen Vater, meine Mutter, Frau Wolston und Anna hätten unterscheiden können, und wenn es ihnen eingefallen wäre, sich nach dem Prospekt-Hill zu begeben, wette ich, daß wir sie einzeln hätten erkennen können . . . natürlich mit dem Fernrohre. Jetzt weilen sie nun da unten, sprechen von uns, zählen die Stunden und sagen sich vielleicht: Gestern mußten unsere Ausflügler am Fuße der Berge, und heute werden sie auf deren Kamme sein. Sie fragen sich wohl auch, welche Ausdehnung die Neue Schweiz haben möge, und ob sie sich im Indischen Meere hübsch sehen lassen könne . . .«

»Sehr schön, lieber Sohn, es ist, als ob wir sie hörten!« sagte Wolston.

»Und als ob wir sie sähen«, versicherte Jack. »Doch einerlei, ich beklage immerhin, daß jene Höhen uns den Schakalbach und unsere Wohnung in Felsenheim verhüllen . . .«

»Überflüssiges Bedauern«, meinte Ernst, »dem man sich besser nicht hingibt.«

»Daran ist nur der dumme Gipfel hier schuld!« sagte Jack. »Warum ist er denn nicht noch etwas höher? Stiege er nur noch einige hundert Fuß mehr in die Luft auf, so würden unsere Angehörigen uns auch von da unten aus sehen . . . sie würden uns Zeichen geben . . . würden auf dem Felsenheimer Taubenhause eine Flagge aufziehen . . . und wir sendeten ihnen einen Gruß mit der unserigen . . .«

»Aha, Jack ist wieder im Durchgehen!« spöttelte Wolston gutmütig.

»Auch bin ich überzeugt, Ernst sähe da die Anna...«

»Oh, die sehe ich immer...«

»Natürlich, auch ohne Fernglas«, rief Jack. »Sapperlot, wie weit reichen doch die Augen des Herzens!«

Vom Gelobten Lande war also keine Einzelheit zu sehen. Unter diesen Umständen erübrigte es sich, die Gesamtinsel sorgsam zu betrachten, um ihre Umfassungslinien sowie ihren geologischen Aufbau kennenzulernen.

Die Küste im Osten, also das Land hinter der »Licorne«-Bai, zeigte einen felsigen Rand, der den ganzen unfruchtbaren Teil, der schon seit der ersten Fahrt der Pinasse bekannt war, völlig einrahmte. Weiterhin erniedrigte sich das Steilufer, dagegen stieg das Land bis zur Mündung des Montrose mehr auf, lief endlich in einen spitzen Vorberg aus und bildete einen rückläufigen Bogen bis zu der Stelle, wo die eigentliche Bergkette im Südosten ihren Anfang nahm.

Gleich einem leuchtenden Faden glänzten in einiger Entfernung die Windungen des Montrose. In seinem Unterlaufe bewässerte dieser eine grünende und bewaldete Gegend, im Oberlaufe dagegen eine ganz nackte Landstrecke. Von zahlreichen, aus den unteren Teilen des Tannenholzes hervorrieselnden Rios ernährt, machte der Fluß zahlreiche Umwege und Schleifen. Jenseits des dichten Hochwaldes und zwischen Hainen und vereinzelten Baumgruppen verstreut, zeigten sich Ebenen und Grasflächen bis zur äußersten Westgrenze der Insel, wo wieder ein ziemlich hoher Hügel aufragte, gegen den sich, fünf bis sechs Lieues von hier, das andere Ende der Bergkette stützte.

Geometrisch dargestellt, hatte die Insel fast genau die Gestalt eines etwas breiteren als langen Blattes, dessen Stiel nach Süden hinausragte. Den Blattnerven entsprachen die Felsenkämme, dem Zellgewebe die grünen Flächen, die den größten Teil der Oberfläche bedeckten.

Im Westen glitzerten im Sonnenschein noch andere Wasserläufe, die zusammen ein ansehnliches hydrographisches System bildeten, jedenfalls ein mehr lückenloses Netz als das im Osten, das sich auf den Montrose und den Ostfluß beschränkte.

Kurz, die Neue Schweiz zeigte, nördlich von der Bergkette, mindestens zu fünf Sechsteln ihrer Oberfläche eine reiche

Fruchtbarkeit und mußte recht gut einige tausend Einwohner ernähren können.

Was ihre Lage in diesem Teile des Indischen Ozeans betraf, lag es vor Augen, daß sie mit keiner Inselgruppe, mit keinem Archipel in Verbindung stand. Auch durch das Fernrohr war am äußersten Horizonte keine Spur von Land zu entdecken. Die nächste Küste wäre erst in der Entfernung von dreihundert Lieues zu suchen gewesen, und das war, wie wir wissen, die von Neu-Holland.

Fehlte der Insel also auch ein Kranz von ihrem Ufer abgetrennter Eilande, so erhob sich wenigstens, etwa vier Lieues westlich von der Perlenbucht, ein einzelnes Felsgebilde. Jack richtete das Fernrohr danach hin.

»Der Rauchende Berg... der nicht raucht«, rief er, »und ich stehe dafür ein: Fritz hätte ihn auch schon mit unbewaffnetem Auge erkannt!«

Die Neue Schweiz eignete sich demnach in ihrem größten Teile zur Anlegung einer bedeutenden Kolonie. Was der Norden, Osten und der Westen dazu bot, hätte man vom Süden freilich nicht verlangen können.

Gleich einem Bogen gekrümmt, lehnten sich die beiden Ausläufer der Bergkette in fast gleicher Entfernung vom Fuße des Kegels, der also gerade die Mitte einnahm, gegen das Ufer. Der hierdurch abgeschlossene Landesteil war nach dem Meere zu von einer Reihe steiler Uferwände begrenzt, deren Untergrund man nicht sehen konnte, die aber lotrecht abzufallen schienen.

Welch ein Unterschied zwischen diesem sechsten Teile der Insel und den fünf anderen, die von der Natur so freigebig begünstigt waren! Hier herrschte die furchtbare Einöde einer Wüstenei, das abschreckendste Chaos. Die obere Zone der Bergkette reichte bis zum südlichen Ende der Insel hin – ein Hochgebiet, das völlig unübersteigbar zu sein schien. Vielleicht lief sie nach dieser Seite hin über ein Ufer mit Einschnitten, Spalten oder Escarenen aus, wie man stark gefurchte, steile Uferabhänge zu nennen pflegt. Der äußerste Strich Landes, ein sandiger oder mit Geröll bedeckter Streifen, an dem eine Landung möglich gewesen wäre, beschränkte sich wahrscheinlich auf einen schmalen, nur bei der Ebbe trockenliegenden Strand.

Schweigend betrachteten Wolston, Jack und Ernst das trostlos wüste Bild, das sich hier vor ihren Augen eintrollte.

Endlich fand Ernst wieder das Wort zu folgender gerechtfertigten Bemerkung:

»Wären wir nach dem Schiffbruche des ›Landlord‹ an diese Küste geworfen worden, so wäre unser Tonnenboot ohne Zweifel in Trümmer gegangen und wir wären von dem schrecklichen Hungertode bedroht gewesen!«

»Ganz richtig, lieber Ernst«, sagte Wolston, »an diesem Ufer wäre schwerlich auf Rettung zu hoffen gewesen. Stießt ihr damals freilich nur wenige Lieues weiter nördlich ans Land, da hätte sich schon fruchtbarer Boden und eine wildreiche Gegend gezeigt. Ich vermute übrigens, diese schreckliche Gegend stehe mit dem Innern in keinerlei Verbindung, und glaube auch nicht, daß es möglich sei, nach ihr zu gelangen, wenn man einen Abstieg über die Südseite der Bergkette versuchte...«

»Ja, das ist wohl kaum anzunehmen«, setzte Jack hinzu; »wenn wir aber um die Küste herumfuhren, hätten wir ja die Mündung des Montrose und den fruchtbaren Teil der Insel erreicht gehabt...«

»Gewiß«, antwortete Ernst, »doch unter der Bedingung, daß unser Boot nach Westen oder nach Osten hin gelangen konnte. Die ganze Südküste hätte ihm keine Bucht geboten, wie unsere Rettungsbucht, wo wir ohne zu viele Mühe landen konnten!«

Es war in der Tat ein Glück zu nennen, daß die Schiffbrüchigen vom »Landlord« an das nördliche Ufer der Neuen Schweiz geworfen worden waren. Wie hätten sie sonst, hier am Fuße des riesigen Felsengewirrs, einer der schrecklichsten Todesarten entrinnen können?

Wolston, Ernst und Jack wollten bis um vier Uhr nachmittag auf dem Gipfel des Kegels bleiben. Sie machten, so gut das anging, alle nötigen Aufnahmen, um eine Karte der Neuen Schweiz zu entwerfen, eine Karte, die nur im Süden eine Lücke aufwies, weil sie den dahin gelegenen Teil nicht vollständig übersehen konnten. Diese Lücke sollte jedoch nach dem Eintreffen der »Licorne« ergänzt werden, wenn der Lieutenant Littlestone die hydrographische Aufnahme der Insel vollendet hätte.

Ernst hatte eben ein Blatt aus einem Notizbuche gerissen und begann darauf folgenden Zeilen zu schreiben:

»Heute, am 30. September 1817, nachmittag vier Uhr, und auf dem Gipfel des...«

Da unterbrach er sich.

»Ja, wie wollen wir denn den Kegelberg taufen?... Es scheint mir übrigens, er wäre richtiger mit dem Worte Pik statt mit Bergkegel zu bezeichnen.«

»Zugegeben, also ›Pik des Bedauerns‹«, schlug Jack vor, »weil wir Felsenheim von hier aus nicht sehen konnten.«

»Nein, der ›Pik Jean Zermatt‹, zu Ehren eures Vaters, meine jungen Freunde!« lautete der Vorschlag Wolstons.

Dieser Vorschlag fand beifällige Annahme. Jack holte einen kleinen Becher aus der Jagdtache und Wolston und Ernst taten das gleiche. Jeder wurde mit einer Kleinigkeit Branntwein gefüllt, und beim Trinken ein dreifaches Hurra ausgebracht.

Darauf fuhr Ernst fort zu schreiben.

»... auf dem Gipfel des Pik Jean Zermatt richten wir an Euch, geliebte Eltern, an Sie, verehrte Frau Wolston und an Dich, meine liebe Anna, diese wenigen Zeilen, die unserem getreuen Boten anvertraut werden sollen, der – glücklicher als wir – bald wieder in Felsenheim eintreffen wird.

Unsere Neue Schweiz, die vereinzelt in diesem Teile des Indischen Ozeans aufragt, dürfte sechzig bis siebzig Lieues Umfang haben. Auf dem größten Teile ihrer Oberfläche höchst fruchtbar, ist sie vom Südabhange der Bergkette an ganz dürr und scheint dort völlig unbewohnbar zu sein.

Binnen zweimal vierundzwanzig Stunden – da der Rückweg weniger Zeit beanspruchen wird – hoffen wir, wieder bei denen zu sein, die wir von Herzen lieben, und vor Ablauf von drei Wochen werden wir, so Gott will, auch die anderen, so sehnsüchtig erwarteten Abwesenden wiedergesehen haben.

Von uns allen, Herrn Wolston, meinem Bruder und Euerem Sohn, übermittelt den geliebten Eltern, der Frau Wolston und seiner herzlieben Anna die innigsten Grüße Ernst.«

Die Taube wurde aus ihrem kleinen Bauer genommen, und nachdem das Blättchen an ihrem linken Fuße befestigt worden war, ließ Ernst sie auffliegen.

Anfänglich erhob sich das Tierchen noch dreißig bis vierzig Fuß über die Gipfelfläche hinaus, als suchte es einen noch größeren Gesichtskreis zu gewinnen, dann eilte es – von seinem außerordentlichen Orientierungsinstinkte, diesem sechsten Sinne, der jedem Tiere verliehen zu sein scheint, geleitet – raschen Flügelschlages in der Richtung nach Norden hin und war bald den Blicken der drei Männer entschwunden.

Nun galt es nur noch, die Flagge auf der Spitze des Pik Jean Zermatt zu hissen, und als Flaggenmast wurde der lange Bergstock Wolstons zwischen den obersten Felsblöcken befestigt. War das geschehen, so brauchten die Ausflügler nur noch bis zum Fuße der Bergkette hinunterzusteigen und sich nach der Grotte zu begeben, um dort eine tüchtige Mahlzeit zu verzehren, wozu ja die Jagd alles nötige zu liefern versprach, und schließlich konnten sie sich der nach einem so anstrengenden Tage wohlverdienten Ruhe hingeben.

In der Frühe des folgenden Tages sollte dann der Rückmarsch angetreten werden. Folgten die Ausflügler dabei dem ihnen schon bekannten Wege, so erschien es nicht unmöglich, Felsenheim vor Ablauf von achtundvierzig Stunden zu erreichen.

Wolston und Jack gingen also daran, den Stock tief im Gestein zu befestigen, um ihn auch gegen die in dieser Höhe sehr heftigen Windstöße widerstandsfähig zu machen.

»Es kommt vor allem darauf an«, bemerkte Jack, »daß unsere Flagge bis zum Eintreffen der ›Licorne‹ hier oben wehe, damit der Lieutenant Littlestone sie schon bei der Annäherung an die Insel erblicken kann. Oh, wie wird Fritz und Jenny, Franz, Ihren Kindern, Herr Wolston, aber auch uns selbst das Herz freudiger klopfen, wenn wir erst die einundzwanzig Kanonenschüsse hören, die die Flagge der Neuen Schweiz begrüßen!«

Der Stock ließ sich bequem in einem Felsenspalt aufstellen und wurde darin mittels kleiner Steine unbeweglich festgeklemmt.

Gerade als Wolston dann das Flaggentuch an dessen oberem Ende anbringen wollte, hielt er, starr nach Westen hinausschauend, plötzlich inne, so daß Jack ihn verwundert ansah.

»Was gibt es denn, Herr Wolston?« fragte er.

»Mir schien, als sähe ich doch ...« antwortete dieser, während er das Okular des Fernrohres vors Auge brachte.

»Als sähen Sie?...« fiel Ernst ein.

»Einen Rauchstreifen dort über dem Ufer«, antwortete Wolston, »wenn es sich nicht wieder um Dunstmassen handelt, wie ich sie schon einmal beobachtete, als die Pinasse der Montrose-Mündung gegenüber lag.«

»Zerstreut sich denn die Rauchwolke?« fragte Ernst.

»Nein«, erwiderte Wolston, »und sie scheint an derselben

Stelle wie früher, über dem Ende der Bergkette zu schweben. Sollten etwa seit mehreren Wochen Schiffbrüchige oder gar Wilde auf jener Stelle der Küste lagern?«

Jetzt betrachtete Ernst aufmerksam den bezeichneten Punkt, konnte dort aber nichts besonderes entdecken.

»Oh, Herr Wolston«, rief da Jack, »auf dieser Seite ist nichts zu sehen ... dagegen hier ... nach Süden zu ...«

Er wies dabei mit der Hand über das hohe Ufer hinweg nach dem Meere.

»Das ist ja ein Segel!« sagte Ernst.

»Ja ... unzweifelhaft ... ein Segel!« wiederholte Jack.

»Dort befindet sich ein Schiff in Sicht der Insel«, fuhr Ernst fort, »und es scheint auf diese zuzusteuern.«

Wolston, der jetzt das Fernrohr wieder ergriff, konnte sehr deutlich einen Dreimaster erkennen, der mit allen Segeln zwei bis drei Lieues von der Küste dahinzog.

Da rief Jack aufspringend und jubelnd«

»Das ist die ›Licorne‹ ... das kann nur die ›Licorne‹ sein! ... Sie sollte erst gegen Mitte Oktober eintreffen und kommt nun schon Ende September, vierzehn Tage früher ...«

»Unmöglich wäre das ja nicht«, meinte Wolston. »Ehe wir das aber beurteilen können, müssen wir genau wissen, nach welcher Seite jenes Fahrzeug segelt.«

»Es hält auf die Neue Schweiz zu«, versicherte Jack. »Morgen früh wird es im Westen der Rettungsbucht auftauchen, und wir werden zu seinem Empfange nicht anwesend sein! ... Vorwärts, Herr Wolston, wir wollen die ganze Nacht hindurch wandern!«

Ein letzter Blick Ernsts nach dem Meere hinaus hielt jedoch Jack zurück, der sich schon zum Abstieg wendete und gleich an der Seite des Kegels hinuntergleiten wollte.

»Nein, nein«, sagte er. »Sehen Sie nur noch einmal genau hin, Herr Wolston, das Fahrzeug steuert einen anderen Kurs.«

»Ja ja, so ist es«, erklärte dieser, nachdem er die Bewegung des Schiffes einige Augenblicke beobachtet hatte.

»Dann wäre es also die ›Licorne‹ nicht?« rief Jack halb enttäuscht.

»Nein«, versicherte Ernst.

»Die ›Licorne‹ würde übrigens«, setzte Wolston hinzu, »im Nordwesten ans Land gehen, während jenes Fahrzeug nach Südosten segelt und sich von der Insel entfernt.«

Ein Irrtum war jetzt ganz ausgeschlossen. Das Schiff in der Ferne steuerte mehr nach Osten zu und schien die Neue Schweiz gar nicht weiter zu beachten.

»Nun gut«, sagte Jack, »die ›Licorne‹ muß aber doch bald eintreffen, und mindestens werden wir dann zur Stelle sein, der Korvette Sr. Majestät Wilhelms III. die gebührende Ehrenbezeugung zu erweisen.«

Die Flagge wurde nun auf dem Gipfel des Pik Jean Zermatt gehißt und flatterte bald lustig im Winde, während sie Jack mit zwei Gewehrschüssen begrüßte.

Fünfzehntes Kapitel

In Felsenheim. – Beunruhigende Verzögerung. – Nach der Einsiedelei Eberfurt. – Herr Wolston und Ernst. – Was geschehen war. – Bei der Verfolgung der Elefanten. – Ein Vorschlag Wolstons. – Widrige Winde. – Jack!

Am Abende des nämlichen Tages hatten sich Zermatt und seine Gattin, nebst Frau Wolston und deren Tochter nach redlich getaner Arbeit im Bibliothekzimmer zusammengefunden.

Plaudernd saßen sie nahe dem nach dem rechten Ufer des Schakalbaches hinausgehenden Fenster, und selbstverständlich betraf ihr Gespräch die in der Ferne Weilenden, die nun schon vier Tage lang fort waren. Wegen des Erfolges dieses Ausfluges beruhigte sie vorzüglich der Umstand, daß die Witterung sich gut gehalten hatte und die Hitze für den Anfang der schönen Jahreszeit keine unerträgliche gewesen war.

»Wo mögen sie jetzt wohl sein?« fragte Betsie.

»Meiner Ansicht nach«, antwortete der ältere Zermatt, »müssen sie den Gipfel der Bergkette erreicht haben. Haben sie keine Verzögerung erfahren, so werden ihnen drei Tage genügt haben, zum Fuße der Berge vorzudringen, und am vierten wird der Aufstieg erfolgt sein...«

»Doch wer weiß, unter welchen Beschwerden... welchen Gefahren?« fiel Anna ein.

»Gefahren? Nein, liebes Kind«, beruhigte sie Zermatt. »Was die Beschwerden betrifft, so befindet sich Ihr Vater ja noch im kräftigsten Alter, und meine Söhne haben schon ganz andere Anstrengungen ausgehalten.«

»Ernst hat aber nicht die zähe Ausdauer seines Bruders«, konnte sich das junge Mädchen zu erwidern nicht enthalten.

»Nicht ganz dieselbe«, bestätigte Frau Zermatt; »er hat von jeher das Studieren den Körperübungen vorgezogen.«

»Na, na . . . schon gut, Betsie!« sagte Zermatt. »Mache nur aus deinem Sohne keinen halben Mann und kein halbes Weib! Hat er fleißig mit dem Kopfe gearbeitet, so hat er das mit den Armen und Beinen doch nicht minder getan. Ich denke also, diese Auskundschaftung wird für alle nur einen Touristenausflug bedeuten. Hätte ich es überwinden können, Sie, Frau Wolston und Anna, und dich, meine Liebe, hier in Felsenheim allein zurückzulassen, so wäre ich trotz meiner siebenundvierzig Jahre flott mit abmarschiert und hätte an diesem Entdeckungszuge mit Freuden teilgenommen.«

»Nun, warten wir bis morgen«, äußerte Frau Wolston. »Vielleicht kommt die von Ernst mitgenommene Brieftaube morgen zeitig mit einer Nachricht für uns zurück . . .«

»Warum nicht schon heute Abend?« . . .« unterbrach sie Anna. »Die Taube würde ihren Schlag doch auch in der Nacht wiederfinden; nicht wahr, Herr Zermatt?«

»Ganz gewiß, Anna. Dieser Vogel fliegt ja so außerordentlich schnell – man sagt, zwanzig Lieues in der Stunde – daß er die Strecke von der Bergkette bis zu uns binnen sechzig bis siebzig Minuten müßte zurücklegen können.«

»Wenn ich nun auf seine Rückkehr bis zum Morgen wartete? . . .« schlug das junge Mädchen vor.

»Ah«, bemerkte Frau Zermatt, »unser liebes Kind hat große Sehnsucht, etwas von ihrem Vater zu hören . . .«

»Und auch von Ihren Söhnen, Frau Zermatt«, gestand Anna, sie umarmend.

»Es ist wirklich zu bedauern«, ließ Frau Wolston sich vernehmen, »daß jene Bergkette von der Höhe bei Felsenheim nicht zu sehen ist. Mit Hilfe eines guten Fernrohres hätten wir uns sonst wohl unterrichten können, ob die Flagge bereits auf der Spitze des Piks flattert . . .«

»Das ist freilich bedauerlich, Frau Wolston«, antwortete Zermatt. »Für den Fall, daß die Taube morgen früh noch nicht eingetroffen wäre, denke ich, unseren Leichtfuß zu satteln und mich nach der Einsiedelei Eberfurt zu begeben, von wo aus man die Pik, der die Kette überragt, ja sehen kann.«

»Recht schön, mein Schatz«, sagte Frau Zermatt, »doch wozu vorzeitige Beschlüsse? Da jetzt Essenszeit ist, wollen wir zunächst zu Tische gehen. Wer weiß denn, ob dann inzwischen und ehe wir uns niederlegen nicht die Taube mit einigen Worten von Ernst angelangt sein wird.«

»Freilich, es ist ja nicht das erste Mal, daß wir von Ernst auf gleichem Wege Nachricht erhielten. Du entsinnst dich wohl, Betsie, wenn's auch schon lange her ist, daß unsere Söhne uns über Waldegg, Prospekt-Hill und Zuckertop Mitteilungen sendeten – leider betrübende; sie betrafen die dort von Affen und anderen schädlichen Tieren angerichteten Verwüstungen – und diese erhielten wir ebenfalls durch Taubenpost. Ich hoffe, der geflügelte Bote bringt uns diesmal bessere!«

»Da ... da ist er schon!« rief Anna, ans Fenster eilend.

»Du hast die Taube anfliegen sehen?« fragte ihre Mutter.

»Nein, ich hörte sie nur in den Schlag zurückkehren«, antwortete das junge Mädchen.

Ein kurzes, trockenes Geräusch hatte ihre Aufmerksamkeit geweckt. Das rührte von der kleinen Falltür her, die den über der Bibliothek angelegten Taubenschlag an dessen unterem Teile abschloß.

Der ältere Zermatt ging sofort hinaus; Anna, Frau Zermatt und Frau Wolston folgten ihm. Vor dem Taubenschlage lehnte er eine Leiter gegen die Felswand, stieg deren Sprossen hinauf und sah in das Taubenhaus hinein.

»Sie ist wirklich da!« sagte er.

»Oh, ergreifen Sie sie ... fangen Sie die Taube, Herr Zermatt!« bat Anna voller Ungeduld.

Sobald sie die Taube in Händen hatte, drückte sie ihr einen Kuß auf das bläuliche Köpfchen und streichelte sie nach Ablösung des an einem Fuße befestigten Zettels aufs neue. Dann wurde das Tierchen freigegeben und es flatterte nach seinem Verschlage zurück, wo eine Handvoll Körner seiner wartete.

Anna las Ernsts Mitteilung mit lauter Stimme vor. Die wenigen Zeilen, die das Blatt enthielt, beruhigten alle bezüglich der Abwesenden und meldeten den vollen Erfolg des Ausfluges. Für jeden fand sich ein freundliches Wort darin, und Anna erhielt davon, wie wir wissen, nicht das kärgste Teil.

Mit dem beglückenden Gedanken, daß die Heimkehr in achtundvierzig Stunden erfolgen solle, zogen sich der ältere Zermatt und seine Gattin, sowie Frau Wolston mit ihrer Tochter nach ihren Zimmern zurück. Der eingetroffene Bote hatte die erwünschtesten Nachrichten gebracht ... alle dankten Gott dafür und schlummerten dann friedlich bis zum Aufgange der Sonne.

Der Tag wurde nur häuslichen Verrichtungen gewidmet. Natürlich hatte der ältere Zermatt infolge der Ankunft der Taube seine Absicht, sich nach den Höhen der Schlucht der Kluse zu begeben, fallen lassen. Hätte ein gutes Fernrohr es auch ermöglicht, von dort aus die auf der Spitze des Piks flatternde Fahne zu erkennen, so erfuhr man dadurch doch nichts neues. Es unterlag übrigens keinem Zweifel, daß Wolston, Ernst und Jack jetzt schon auf dem Heimwege begriffen waren.

Am folgenden Tage gab es wieder ein tüchtiges Stück Arbeit, das sich nicht aufschieben ließ. Ein großer Schwarm Lachse war in die Mündung des Schakalbaches eingedrungen. Diese Fische stiegen zur gleichen Jahreszeit stets den Wasserlauf hinauf. Leider vermißte man die drei Abwesenden jetzt recht schmerzlich, denn mit ihrer Unterstützung wäre der Fang der schmackhaften Fische gewiß noch weit reichlicher ausgefallen.

Am Nachmittage ließen Herr und Frau Zermatt, Frau Wolston und Anna ihre Arbeit ruhen, überschritten die Familienbrücke und machten sich auf den Weg in der Richtung nach der Einsiedelei Eberfurt. Wolston, Ernst und Jack konnten nun den Eingang zur Kluse erreicht haben und binnen zwei Stunden die Entfernung, die die Meierei von Felsenheim trennte, recht wohl überwinden.

Der Tag verging jedoch, ohne daß etwas auf ihre Annäherung hindeutete. Die Hunde, die ihre Herren sicherlich gewittert hätten, schlugen nicht an, auch hörte man keinen Schuß, und Jack hätte seine Rückkehr gewiß mit einem solchen verkündigt.

Um sechs Uhr stand die Mahlzeit bereit – ein reichliches und nahrhaftes Essen, genügend, auch den stärksten Appetit zu befriedigen. Man wartete auf die Ausflügler, doch da diese nicht kamen, fiel es gar niemand ein, sich zu Tische zu setzen.

Noch ein letztes Mal gingen die beiden Zermatts mit Frau Wolston und Anna eine Viertelstunde weit den Weg am Schakalbach hinauf. Türk und Braun, die daneben mitliefen, blieben still und stumm. Gott weiß, wie freudig sie gebellt, wie tolle Sprünge sie gemacht hätten, wenn die zwei Brüder etwa nur noch einige hundert Schritte entfernt gewesen wären!

Die vier mußten sich endlich wohl oder übel entschließen, nach Felsenheim zurückzugehen, und wenn sie sich auch etwas beunruhigt fühlten, sagten sie sich zum Troste doch, daß die Heimkehr der anderen sich kaum viel verzögern könne. Beklommen und gespannt nach draußen horchend, ging man zu Tische, doch berührten die einen und die anderen kaum die Gerichte, von denen die Abwesenden wohl nichts übriggelassen hätten.

»Nur ruhig... nur geduldig!« sagte endlich der ältere Zermatt. »Wir dürfen nichts übertreiben! Da es dreier Tage bedurft hat, den Fuß der Berge zu erreichen, warum sollte die Rückkehr nicht ebensoviel Zeit erfordern?«

»Sie können wohl recht haben, Herr Zermatt«, antwortete Anna, »doch sagt die Mitteilung Ernsts nicht ausdrücklich, daß dazu achtundvierzig Stunden genügen würden?«

»Jawohl, mein liebes Kind«, redete Frau Zermatt ihr zu. »Der gute Junge hat aber jedenfalls ein so großes Verlangen, uns wiederzusehen, daß er etwas versprochen hat, was er nicht halten kann.«

Alles in allem war jetzt keine ernstere Befürchtung berechtigt, was der ältere Zermatt mit gutem Grunde betonte. Immerhin fand keiner der Insassen von Felsenheim diese Nacht einen so ruhigen Schlummer, wie in der vorigen.

Wie erklärlich, verschärfte sich die erste Besorgnis am folgenden Morgen zur wirklichen Unruhe und schließlich zur quälenden Beängstigung, denn der Abend des 3. Oktober kam heran, ohne daß Wolston, Ernst oder Jack wieder erschienen wären. Eine derartige Verzögerung erschien bei den kräftigen und unermüdlichen Fußgängern doch kaum erklärbar. Natürlich dachte jedermann nun an einen Unfall. Hindernisse konnten doch dem Rückwege auch nicht mehr entgegenstehen, als dem Hinwege, und die einzuhaltende Richtung war ja bekannt, wenn sie nicht beschlossen hatten, einen anderen, schwierigeren und längeren Weg einzuschlagen.

»Nein, nein!« versicherte Anna. »Bei der Wahl eines anderen Weges hätte Ernst nicht gemeldet, daß sie binnen achtundvierzig Stunden hier sein würden!«

Dagegen war leider nichts zu sagen. Betsie und Frau Wolston begannen schon, alle Hoffnung zu verlieren. Anna konnte ihre Tränen nicht zurückhalten, und womit hätte der ältere Zermatt sie zu trösten vermocht?

Man einigte sich also dahin, wenn die Abwesenden auch am folgenden Tage in Felsenheim noch nicht erschienen wären, nach der Einsiedelei Eberfurt zu fahren, da jene unbedingt durch den Einschnitt der Kluse zurückkehren mußten. Ging man ihnen aber entgegen, so konnte man sie um zwei Stunden früher begrüßen.

Der Abend kam, die Nacht verrann; von Herrn Wolston, von Ernst und Jack zeigte sich keine Spur. Da hätte nun nichts mehr in Felsenheim alle die zurückhalten können, die jene unter tödlicher Angst erwarteten, und das hätte jetzt niemand mehr eine Übertreibung nennen können.

Schnell wurden schon am Morgen die Vorbereitungen zur Abfahrt getroffen, der Wagen gespannt und mit einigem Mundvorrat versehen, worauf alle darin Platz nahmen. Das Gefährt rollte davon; Braun sprang ihm voraus. Nach Überschreitung des Schakalbaches folgte es den Wäldern und den Ackerfeldern, die an der Straße nach Eberfurt lagen, so schnell es eben anging.

Der Wagen war in der Entfernung von einer Lieue nahe dem Stege angelangt, der den in den Schwanensee mündenden Abzugskanal überspannte, als Zermatt plötzlich haltmachte.

Braun, der immer lauter bellte, war schon weiter vorausgesprungen.

»Da sind sie! ... Da sind sie?« rief Frau Wolston erfreut.

Wirklich tauchten in der Entfernung von dreihundert Schritten an einer Wegbiegung zwei Männergestalten auf.

Es waren Wolston und Ernst.

Wo war denn Jack? ... Er konnte doch nicht weit, jedenfalls nur um einige Flintenschußlängen zurück sein ...

Laute Freudenrufe empfingen Wolston und Ernst, da diese aber keinen Schritt vorwärts taten, eilten die anderen auf sie zu.

»Und Jack? ... Wo ist Jack?« fragte Frau Zermatt.

Weder Jack noch sein Hund Falk war zur Stelle.

»Was aus unserem armen Jack geworden ist, wissen wir leider nicht.«

Wolston berichtete darauf, wiederholt durch das Schluchzen seiner Zuhörer unterbrochen, etwa das Folgende:

Der Abstieg vom Pik bis zum Fuße der Kette war binnen zwei Stunden erfolgt. Jack, der zuerst unten anlangte, erlegte am Saume des Tannenwaldes einiges Wild. Man aß noch vor der Grotte zu Abend, ließ das draußen entzündete Feuer brennen und zog sich in das Innere zurück. Einer überwachte den Eingang, während allemal die beiden anderen, doch zu jeder

Abwehr gerüstet, je einige Stunden schliefen.

Die Nacht verlief ohne Zwischenfall, höchstens war von Zeit zu Zeit in der Ferne das Brüllen von Raubtieren zu vernehmen.

Am nächsten Morgen machten sich Wolston und die beiden Brüder bei Sonnenaufgang wieder auf den Weg.

Vom Gipfel des Piks aus hatte Ernst erkannt, daß der Wald sich nach Osten zu mehr lichtete, und auf seinen Vorschlag hin wandten sich alle drei nach dieser Seite. Sie kamen damit schneller vorwärts, während der Weg von der Bergkette bis zum Grüntale sich höchstens um eine Lieue verlängerte.

Gegen elf Uhr wurde Rast gemacht. Nach eingenommenem Frühstück drangen alle in den weniger dichten Hochwald ein, der ein bequemeres Fortkommen gestattete.

Gegen zwei Uhr ließ sich ein Geräusch von schweren Schritten vernehmen und gleichzeitig erschallten unter den Bäumen einige trompetenähnliche Töne.

Eine Täuschung blieb hier ausgeschlossen: Das war ein Trupp von Elefanten, die durch das Tannenholz trotteten.

Ein Trupp?... Nein, es zeigten sich nur drei dieser Dickhäuter, zwei sehr große, der Vater und die Mutter, und ein dritter, ein Elefantenbaby, das jene begleitete.

Jack hatte, wie der Leser weiß, schon immer das lebhafte Verlangen gehabt, ein solches Tier einzufangen, um es zu zähmen. Der kühne junge Mann wollte die sich hier bietende Gelegenheit benutzen, und das führte dazu, daß man ihn verlor.

Gegenüber der Möglichkeit eines Angriffes hatten sich Wolston, Jack und Ernst zur Verteidigung bereitgemacht und warteten mit den schußfertigen Gewehren in der Hand, trotzdem aber etwas besorgt um den möglichen Ausgang eines Kampfes mit den gewaltigen Tieren.

Als die Elefanten die Waldblöße erreicht hatten, blieben sie stehen, doch als sie drei Menschen bemerkten, wendeten sie sich, ohne gerade zu eilen, nach links und trotteten tiefer in den Hochwald hinein.

Jede Gefahr war also schon vorüber, als Jack, von unbezwinglicher Jagdlust getrieben, hinter den Elefanten, nur von seinem Falk begleitet, verschwand.

»Jack!... Jack!« rief Wolston.

»Jack, komm doch zurück! Komm zurück!« rief Ernst.

Entweder hörte der Unkluge nicht oder – wahrscheinlicher – wollte er nichts hören.

Noch einmal tauchte er im Dickicht auf, dann verlor man ihn aus den Augen.

Arg beunruhigt folgten Wolston und Ernst seinen Spuren und hatten in wenigen Augenblicken die Lichtung erreicht. Sie war leer.

In diesem Augenblicke hörte man wieder das Stampfen schwerer Füße, doch ließ sich kein Schuß vernehmen.

Hatte nun Jack sich seines Gewehres nicht bedienen wollen oder hatte er das nicht mehr gekonnt?

Jedenfalls mußte es schwierig werden, ihn einzuholen, da es auf dem mit dürren Zweigen und welken Blättern bedeckten Erdboden ganz unmöglich war, Fußspuren von ihm zu erkennen.

Allmählich erstarb in der Ferne jedes Geräusch; einige Zweige, die sich vorher bewegt hatten, wurden wieder ruhig, und nichts unterbrach mehr das Schweigen des Waldes.

Wolston und Ernst durchstreiften bis zum Abende die Umgebung der Lichtung; sie drängten sich in das dichteste Buschwerk und riefen nach Jack, so laut sie konnten. Sollte der Unglückliche das Opfer seiner Unbedachtsamkeit geworden sein? Hätte er einem Angriffe der Elefanten nicht ausweichen können? Läge er regungslos oder gar tot in irgendeinem Winkel des dunklen Gehölzes?

Kein Ruf, kein Schrei drang Wolston und Ernst zu Ohren; Flintenschüsse, die sie wiederholt abgaben, blieben ohne Antwort.

Als es Nacht geworden war, sanken beide, erschöpft vor Anstrengung und gequält von Unruhe, am Fuße eines Baumes nieder, lauschten aber immer gespannt auch auf das leiseste Geräusch. Sie hatten ein tüchtiges Feuer angezündet, in der Hoffnung, daß Jack, durch den Schein der Flammen geleitet, sie auffinden könnte, und sie schlossen auch selbst die Nacht über kein Auge.

Zu hören war in den langsam hinschleichenden Stunden aber nichts als das Heulen und Brüllen von Raubtieren, die zuweilen recht nahe zu sein schienen. Das erweckte den Gedanken, daß Jack, wenn er sich auch nicht gegen die Elefanten zu verteidigen gehabt hätte, doch einem noch gefährlicheren Angriffe durch Tiger, Löwen oder Pumas erlegen sein könnte.

Dennoch durften sie ihn noch nicht als verloren aufgeben. Der ganze nächste Tag wurde deshalb verwendet, im Tannenwalde nach Spuren von ihm zu suchen. Vergeblich. Wolston und Ernst erkannten wohl hier und da an niedergetretenem Grase, zerbrochenen Zweigen und ausgerissenen Büschen, daß die Elefanten an diesen Stelle vorübergekommen waren, von Jack aber fanden sie nichts ... weder etwas von den Sachen, die er bei sich trug, noch sein Gewehr oder seine Jagdtasche, ebensowenig aber eine Andeutung, daß er verwundet worden wäre ... kein blutiges Fleckchen, doch auch keine Fußstapfen, die auf seine Fährte hätten leiten können.

So herzzerreißend der Gedanke, ohne ihn zurückzukehren, auch war, mußten sie nach ihren vergeblichen Bemühungen doch zu einem Entschlusse kommen. Wolston suchte deshalb Ernst zu überzeugen, daß es auch im Interesse seines Bruders wäre, nun schleunigst nach Felsenheim zurückzukehren und von dort aus die Nachforschungen unter günstigeren Bedingungen wieder aufzunehmen.

Ernst wäre gar nicht imstande gewesen, hierüber erst noch zu verhandeln. Er fühlte es, daß Wolston recht habe, und folgte ihm, fast ohne Bewußtsein dessen, was er tat. Beide durchstreiften zum letzten Male den Teil des Tannenwaldes, den sie schon am Abend vorher abgesucht hatten. Dann wanderten sie die Nacht hindurch und den ganzen folgenden Tag, gönnten sich nur wenige Stunden der Ruhe und brachen ungesäumt wieder auf, und am Morgen waren sie dann am Eingange der Schlucht der Kluse angelangt.

»Mein Sohn! Mein armer Sohn!« hatte Frau Zermatt wiederholt schluchzend gerufen.

Als diese Worte dann noch einmal ihren Lippen entflohen, war sie, zusammenbrechend, Frau Wolston und deren Tochter, die neben ihr niederknieten, in die Arme gefallen.

Der ältere Zermatt und Ernst konnten, von Schmerz übermannt, kein Wort hervorbringen.

Da begann endlich Wolston entschlossenen Tones:

»So hört, was wir zu tun haben, ohne einen Augenblick zu zögern ...«

Der ältere Zermatt trat auf ihn zu.

»Nun ... was denn?« fragte er.

»Wir begeben uns eiligst nach Felsenheim und machen uns dort noch heute wieder auf, um Jacks Spuren aufzusuchen. Ich habe alles reiflich überdacht, lieber Zermatt, und bitte Sie, meinen Vorschlag anzunehmen.«

Ja, sie mußten sich wohl Wolstons Beschlüssen fügen. Er allein hatte sich genug Kaltblütigkeit bewahrt, einen klugen Rat zu geben, und ihm hatten sie blindlings zu folgen.

»Jack ist in dem nahe der Küste gelegenen Teile des Waldes verschwunden«, fuhr er fort. »Nach dieser Gegend haben wir uns auf kürzestem Wege zunächst zu begeben. Doch dahin wieder durch die Kluse ud über das Land zu gehen, das wäre zu weit. Wir wollen lieber die Pinasse benützen. Der Wind ist jetzt günstig, das Kap im Osten zu umschiffen, und nachher segeln wir mit dem Seewinde längs des Ufers hin. Fahren wir noch heut' abend ab, so erreichen wir vor Tagesanbruch die Mündung des Montrose; diese lassen wir hinter uns und gehen an dem Teile des Ufers vor Anker, wo die Bergkette ausläuft. Dorthin zu war Jack, der durch den Tannenwald lief, verschwunden. Begeben wir uns zu Wasser nach dieser Gegend, so ersparen wir gut zwei Tage!«

Der Vorschlag fand ohne Widerrede Annahme. Da er den Vorteil eines Zeitgewinnes versprach, durfte man nicht zaudern und keine Stunde verlieren, wenn man noch den Wind ausnützen wollte, der es der »Elisabeth« bei zwei- bis dreimaligem Kreuzen ermöglichen konnte, über das Kap im Osten hinauszukommen.

Die beiden Familien bestiegen wieder den Wagen, dessen Gespann so lebhaft angetrieben wurde, daß es anderthalb Stunden später schon in Felsenheim anlangte.

Nun war es die erste Sorge, die Pinasse zur sofortigen Abfahrt klarzumachen und für mehrere Tage zu verproviantieren. Frau Zermatt, Frau Wolston und Anna wollten mitfahren; sie hätten niemals zugestimmt, jetzt in Felsenheim zurückzubleiben, und dem älteren Zermatt kam es auch gar nicht in den Sinn, ihnen das zuzumuten.

Am Nachmittage, als die Tiere alle für eine Woche mit Futter versorgt waren, sollte die Pinasse eben absegeln, als sie plötzlich ein widriger Umstand davon abhielt. Gegen drei Uhr begann der Wind, der eine Zeitlang abgeflaut war, heftig aus Osten zu wehen. Obwohl draußen schon ein starker Seegang herrschen mochte, hätte die »Elisabeth« doch nicht gezögert, sich über das Kap im Osten hinauszuwagen. Wie konnte sie jetzt aber gegen die mächtigen Wellen, die von der offenen See her hereinrollten, aufkommen? Schon von ihrem Ankerplatze abzukommen, bot die größten Schwierigkeiten, und an der Haifischinsel vorüberzusegeln, mußte ganz unmöglich sein.

Das war zum Verzweifeln!... Warten sollen, warten, wo vielleicht die geringste Verzögerung den Erfolg der Nachforschungen vereitelte. Und wenn nun der Gegenwind anhielt, wenn sich am Abend und in der nächsten Nacht der Zustand der Atmosphäre nicht änderte oder vielleicht gar verschlimmerte, was dann?

»Vorwärts also«, sagte Wolston wie als Antwort auf die Fragen, die jetzt allen auf den Lippen lagen, »was wir zu Wasser nicht ausführen können, versuchen wir zu Lande. Der Wagen trete an Stelle der Pinasse! Machen wir ihn fertig, den Weg nach Eberfurt einzuschlagen!«

Sofort begann man mit den nötigen Vorbereitungen. Ging die Reise mit dem Wagen vor sich, so mußte eine Richtung nach Südosten eingeschlagen werden, um den Tannenwald zu umgehen, durch den – wenigstens in dem Teile vor der Bergkette, den Wolston und Ernst durchmessen hatten – kein Fuhrwerk hätte fortkommen können. Von da aus wollte man versuchen, das Ostende des Hochwaldes, also nahezu die Stelle, zu erreichen, wo die »Elisabeth« ankern sollte, wenn der Wind ihr das Auslaufen gestattet hätte. Leider ergab sich hieraus eine Verzögerung von sechsunddreißig Stunden, die sich jedoch in keiner Weise vermeiden ließ.

Die Hoffnung auf einen Umschlag des Wetters ging nicht in Erfüllung. Immer mehr auffrischend wehte der Wind aus Nordosten. Am Abend donnerten gewaltige Wogen an das Ufer bei Felsenheim. Die Nacht drohte noch schlimmer zu werden, und unter diesen Umständen blieb nichts anderes übrig, als auf die Seefahrt zu verzichten.

Wolston ließ also die bereits an Bord geschafften Mundvorräte wieder herausholen und nach dem Wagen schaffen. Gleichzeitig besorgte man noch alles für die beiden Büffel und den Onagre für die morgen ganz früh geplante Abfahrt.

Frau Zermatt war ein Bild des Jammers und konnte kaum reden.

»Mein Sohn! Mein armer Sohn!« seufzte sie nur mit halb geschlossenen Lippen.

Plötzlich, gegen acht Uhr, zeigten sich die Hunde Türk und Braun sehr aufgeregt. Wolston, der sie beobachtete, verwunderte sich nicht wenig, sie immer längs der Einfriedigung hin- und herlaufen zu sehen. Braun vor allem konnte sich gar nicht an ein und derselben Stelle halten.

Zwei Minuten später ließ sich von der Ferne her ein deutliches Bellen vernehmen.

»Das ist Falk!« rief Ernst.

Falk ... Der Hund Jacks! Braun und Türk erkannten ihn ebenfalls und antworteten mit lautem, freudigem Gebell.

Frau Zermatt und ihr Gatte, Frau Wolston und Anna stürmten vor die Wohnung hinaus.

Fast gleichzeitig erschien Jack an der Eingangstür und warf sich seiner Mutter in die Arme.

»Ach ja ... gerettet«, rief er, »doch vielleicht droht uns eine ernste Gefahr?«

»Eine Gefahr? Welche?« fragte Zermatt, der seinen Sohn heranzog und ans Herz drückte.

»Die Wilden«, antwortete Jack, »die Wilden, die auf der Insel gelandet sind!«

Sechzehntes Kapitel

Jacks Bericht. – Im Walde verirrt. – Die Wilden auf der Insel. – Zunehmende Beunruhigung. – Das Ausbleiben der »Licorne«. – Drei Wochen des Wartens. – Bei der kleinen Kapelle von Felsenheim.

Die beiden Familien kehrten, trotz Jacks beunruhigender Mitteilung freudig klopfenden Herzens, nach dem Speisezimmer zurück. Alle dachten ja nur an das eine: Jack ist wieder da!

Und doch hätte man sich eine ernsthaftere Kunde, als die von der Anwesenheit jener Wilden an der Küste der Neuen Schweiz, kaum vorstellen können. Jetzt gewann man auch die Überzeugung, daß der leichte Dunst, den Wolston bemerkt hatte, als die Pinasse damals von der Mündung des Montrose-Flusses wegfuhr, und dann noch einmal, als sie alle drei auf dem Gipfel des Piks sich befanden, der Rauch aus einem an diesem Teile der Küste aufgeschlagenen Lager gewesen sei.

Jack brach vor Hunger fast zusammen. Er mußte sich erst etwas stärken und nahm an dem Tische Platz, an den sich alle gesetzt hatten. Dann begann er seine Abenteuer zu berichten.

»Liebe Eltern, ich bitte dringend um Verzeihung wegen des Kummers, den ich euch bereitet habe ... ja, ich gestehe es, ich ließ mich nur durch den Wunsch, einen jungen Elefanten zu fangen, so arg verleiten. Ich hörte nicht auf Herrn Wolston und auf Ernst, die mich zurückriefen, und es ist fast ein Wunder, daß ich noch heil und gesund zurückgekommen bin. Meine Unbesonnenheit wird aber wenigstens die eine gute Folge haben, daß es uns nun ermöglicht ist, eine bessere Verteidigung vorzubereiten, falls die Wilden bis zum Gelobten Lande vordrängen und Felsenheim entdeckten.

Ich war also bei der Verfolgung der drei Elefanten tief in den Tannenwald eingedrungen, ohne eigentlich zu wissen, wie es mir gelingen könnte, den kleinsten abzufangen. Dessen Vater und Mutter gingen ruhig dahin, brachen sich durch alles Buschwerk Bahn und bemerkten wohl gar nicht, daß ich ihnen nachschlich. Freilich verbarg ich mich möglichst sorgsam vor ihren Blicken, dachte aber kaum daran, wohin sie mich und Falk – der nicht weniger beutelustig schien als ich – verleiten könnten, und auch nicht daran, ob es mir möglich sein würde, mich rückwärts zurechtzufinden. Eine unwiderstehliche Macht trieb mich vorwärts und dabei irrte ich über zwei Stunden lang immer weiter, vergeblich darauf bedacht, wie ich den kleinen Elefanten von dem großen Paare trennen könnte.

Hätte ich versuchen wollen, die großen Tiere zu erlegen, so würde das zahllose Kugeln gekostet haben, ehe es zum Ziele führen konnte, und vielleicht wäre die einzige Folge davon die gewesen, daß die beiden Riesen wütend wurden und über mich herfielen.

Inzwischen kam ich immer tiefer und tiefer in den Tannenwald hinein, dachte dabei aber weder an die verflossene Zeit, noch an die Entfernung, in der ich mich befand, ebenso weder an die Schwierigkeit, Herrn Wolston und Ernst wiederzufinden, noch – mögen sie mir darum nicht gar zu sehr zürnen! – an die schlimme Lage, in die ich sie versetzte, wenn sie nach mir suchen wollten.

Meine Schätzung nach hatte ich, ohne jeden Erfolg, wohl zwei reichliche Lieues nach Osten hin zurückgelegt. Damals kam ich, in Rücksicht auf meine Lage vielleicht etwas spät, mehr zur Vernunft. Da die drei Tiere nicht Anstalt machten, einmal stehenzubleiben, sagte ich mir, es sei für mich wohl das beste, einfach umzukehren.

Es mochte gegen vier Uhr sein. Rings um mich standen die Bäume jetzt weiter voneinander ab und ließen auch da und dort wirliche Lichtungen frei. Hier muß ich im Vorübergehen einfügen, daß man sich geraden Wegs nach Südosten zu wenden hat, wenn jemand nach dem Pik Jean Zermatt gehen will...«

»Ja... der Zettel von Ernst hat es uns gemeldet... Ihr habt ihm meinen Namen gegeben«, fiel der ältere Zermatt ein.

»Lieber Vater«, antwortete Ernst, »das geschah auf den Vorschlag des Herrn Wolston hin.«

»Versteht es sich denn nicht von selbst, mein guter Freund«, setzte Wolston hinzu, »daß der höchste Punkt der Neuen Schweiz nach dem Namen des Familienoberhauptes getauft wurde?«

»Na, meinetwegen, so mag es bei dem Pik Jean Zermatt bleiben«, antwortete der ältere Zermatt mit einem Danke an Wolston. »Jetzt mag aber Jack weiter erzählen und uns über die Wilden berichten.«

»Sie sind nicht mehr weit«, erklärte Jack.

»Nicht weit?« rief Frau Wolston erschrocken.

»In meiner Geschichte nämlich, liebste Mutter, in meiner Geschichte treten sie nun bald auf. Tatsächlich dürften sie von Felsenheim gut zehn Lieues entfernt sein.«

Diese Antwort war ja in gewissem Maße beruhigend, und Jack fuhr nun mit folgenden Worten fort:

»Ich befand mich also vor einer ziemlich ausgedehnten Blöße im Tannenwalde und wollte, entschlossen, nicht weiter zu gehen, haltmachen, als die Elefanten ebenfalls stehenblieben. Falk wäre gleich auf sie zugeeilt, wenn ich ihn nicht zurückgehalten hätte.

Sollten die Tiere, so fragt' ich mich, hier ihr gewohntes Lager haben, hier, wo sich ein Rio durch das hohe Gras hinschlängelte? Die Burschen – ich betrachtete sie schon als meine Beute – löschten aus dem Wasserlauf, indem sie die Rüssel senkten, ihren Durst.

War's ein Wunder, daß mein Jagdfeuer wieder aufloderte, als ich sie so ruhig, so ahnungslos dastehen sah? Mich packte ein unwiderstehliches Verlangen, den kleinen zu isolieren, nachdem ich die beiden anderen erlegt hätte, und sollte mir das auch meinen letzten Schuß Pulver kosten! Vielleicht genügten ja schon zwei Kugeln, wenn sie nur die richtige Stelle trafen, und welcher Jäger vertraut nicht, gerade wenn er's braucht, auf sein Glück? Daran, wie ich den kleinen Elefanten einfangen sollte, wenn ich die beiden großen erlegt hätte, oder wie es mir gelingen sollte, ihn dann nach Felsenheim zu bringen, dachte ich im ersten Augenblicke nicht im geringsten. Ich legte das mit Kugeln geladene Gewehr an; zwei Schüsse krachten, und wenn sie auch die Elefanten trafen, so waren diese doch offenbar nicht ernstlich verwundet, denn sie begnügten sich, die Ohren zu schütteln und sich noch einmal eine tüchtige Menge Wasser ins Maul zu gießen.

Kurz, sie drehten sich nicht einmal um, um zu sehen, von wo aus die Schüsse gekommen wären, ud bekümmerten sich auch gar nicht um das Bellen Falks. Ehe ich ein zweites Mal feuern konnte, waren sie weitergetrottet, diesmal aber so schnellen Schrittes, fast gleich dem Galopp eines Pferdes, daß ich auf ihre Verfolgung verzichten mußte.

Noch ein paar Minuten hindurch tauchten die Kolosse zwischen den Bäumen und den Büschen auf, von denen sie mit dem Rüssel grüne und dürre Zweige abknickten, und dann waren sie völlig verschwunden.

Jetzt handelte es sich für mich darum, den Rückweg zu finden und zunächst um die Richtung, die ich einschlagen sollte. Die Sonne neigte sich dem Untergange zu und im Tannenwalde mußte es bald dunkel werden. Selbstverständlich mußte ich nach Westen zu gehen, doch ob ich mich dabei mehr nach links oder nach rechts zu halten hätte, dafür fehlte mir jeder Anhalt. Ich hatte weder Ernsts Kompaß zur Hand, noch verfügte ich über das ihm eigene Orientierungsvermögen, das ja fast dem eines Chinesen gleichkommt. Natürlich war ich in nicht geringer Verlegenheit.

Schließlich mußte es mir doch gelingen, meine eigene Fährte oder wenigstens die der Elefanten zu entdecken, wenn das auch durch die zunehmende Dunkelheit erschwert wurde. Außerdem kreuzten sich im Walde zahlreiche Fährten. Aus der Ferne hörte ich auch die Trompetenstößen ähnlichen Laute von Elefanten; die Tiere kamen wahrscheinlich des Abends nach dem kleinen Wasserlaufe zusammen.

Ich sah bald ein, daß ich meinen Weg vor dem Aufgang der Sonne nicht wiederfinden würde, und auch Falk fand sich trotz seines Instinktes offenbar nicht mehr zurecht.

Eine Stunde lang irrte ich so aufs Geratewohl dahin, ohne zu wissen, ob ich der Küste näher kam oder mich von ihr entfernte. Ach, liebe Mutter, glaube mir, daß ich mir meiner Unüberlegtheit wegen schwere Vorwürfe gemacht habe, am meisten bekümmerte mich aber der Gedanke, daß Herr Wolston und Ernst es wahrscheinlich noch nicht aufgegeben hätten, nach mir zu suchen. Das mußte ihre Rückkehr nach Felsenheim verzögern und euch hier nicht wenig Sorge machen, indem wir nicht zu der auf Ernsts Zettel angesagten Zeit ankamen. Für diesen und Herrn Wolston bedingte das noch weitere Beschwerden, und alles das war meine Schuld!«

»Ja freilich, deine Schuld, mein Sohn«, sagte der ältere Zermatt, »und wenn du, als du allein davongingst, nicht an dich dachtest, hättest du doch an deine Begleiter und an uns denken sollen.«

»Das ist nicht zu bestreiten«, fiel Frau Zermatt, ihren Sohn umarmend ein, »er hat einen großen Fehler begangen, einen Fehler, der ihm hätte das Leben kosten können. Doch da wir ihn wieder haben, sei ihm das verziehen!«

Jack erzählte weiter.

»Ich komme nun zu dem Teile meiner Abenteuer, wo sich meine Lage arg verschlimmerte.

Bisher hatte ich ja keine ernste Gefahr zu erleiden gehabt. Mit meinem Gewehre konnte ich für die nötige Nahrung sorgen, selbst wenn eine ganze Woche verging, ehe ich den Weg nach Felsenheim wiederfand. Folgte ich nur der Küste, so mußte ich ja früher oder später dahin kommen. Mit den Raubtieren, deren es in jenem Teile der Insel viele zu geben scheint, hoffte ich ebensogut fertig zu werden, wie bei so mancher früheren Gelegenheit.

Vorzüglich zürnte ich mir, weil ich annehmen mußte, daß Herr Wolston und Ernst sich so vergeblich abmühen würden, meine Fährte zu entdecken. Vielleicht hatten sie, wie ich, eine östliche Richtung durch den hier weniger dichten Wald eingeschlagen und waren womöglich gar nicht so weit entfernt von der Stelle, wo ich haltgemacht hatte ...

Der schlimmste Umstand war, daß es nun bald Nacht werden mußte. Deshalb hielt ich es für das beste, gleich an jener Stelle zu bleiben und hier ein Feuer anzuzünden, einmal, weil Herr Wolston und Ernst das vielleicht hätten bemerken können, und dann, weil dessen Glutschein jedenfalls die verdächtigen Tiere verscheuchte, die ich in der Umgebung heulen, grunzen und brüllen hörte.

Vorher rief ich aber noch einmal nach allen Himmelsgegenden die Namen meiner verlorenen Gefährten hinaus.

Keine Antwort.

Nun blieb mir nur übrig, einige Schüsse abzufeuern. Das tat ich wiederholt.

Kein Flintenknall antwortete mir.

Dagegen glaubte ich, rechts von mir ein Rascheln im Gestrüppe zu vernehmen.

Ich horchte und wollte schon wieder rufen ... da fiel mir aber ein, daß Herr Wolston und Ernst doch unmöglich von dieser Seite kommen könnten; sie hätten wohl auch schon nach mir gerufen und wir wären einander schon in die Arme gesunken gewesen ...

Hier schlichen also offenbar Tiere heran ... Raubtiere ... vielleicht gar eine Schlange.

Ich fand nicht mehr die Zeit, mich zur Abwehr zu rüsten. Vier große Gestalten von menschlicher Form tauchten aus dem Schatten auf, nicht etwa Affen, wie ich im ersten Augenblick glaubte. Auf mich zuspringend, riefen sie einander in einer mir unverständlichen Sprache irgend etwas zu, und ich konnte nicht mehr zweifeln, es hier mit Wilden zu tun zu haben.

Wilde Menschen auf unserer Insel!

Sofort wurde ich niedergeworfen und fühlte, daß zwei Knie auf meiner Brust lasteten; dann wurden mir die Hände gefesselt, ich mußte mich erheben, wurde an den Schultern gepackt, und die abscheulichen Kerle trieben mich rasch vorwärts.

Einer von ihnen hatte mein Gewehr ergriffen, ein anderer sich meine Jagdtasche angeeignet. Es schien aber, wenigstens vor der Hand, nicht so, als ob sie mir nach dem Leben trachteten.

Die ganze Nacht über marschierten wir weiter ... in welcher Richtung, davon hatte ich keine Ahnung. Ich bemerkte nur, daß der Hochwald nach und nach lichter wurde; der Mondschein drang bis auf den Erdboden, und jedenfalls näherten wir uns der Küste.

Ach, jetzt dachte ich wahrlich nicht mehr an mich, sondern nur an euch, meine Lieben! Ich stellte mir die Gefahren vor, die die Anwesenheit von Eingeborenen auf unserer Insel mit sich brachte. Diese brauchten ja nur am Ufer bis zum Montrose-Flusse hinaufzuziehen und diesen zu überschreiten, um das Kap im Osten zu erreichen; dann konnten sie leicht bis nach Felsenheim hinunterschwärmen. Kamen sie aber hierher noch vor dem Wiedereintreffen der ›Licorne‹, so würdet ihr kaum imstande gewesen sein, sie zurückzutreiben.«

»Hast du nicht vorhin gesagt, Jack«, fragte der ältere Zermatt, »daß jene vom Gelobten Lande noch recht entfernt wären?«

»Gewiß, Vater, sechs bis sieben Lieues südlich vom Montrose, also etwa zehn Lieues von hier.«

»Nun also: vor Ablauf von vierzehn, vielleicht nur von acht Tagen, wird die ›Licorne‹ in der Rettungsbucht vor Anker liegen«, bemerkte der ältere Zermatt, und dann haben wir nichts mehr zu fürchten. Doch, erzähle erst weiter.«

Jack fuhr mit folgenden Worten fort:

»Erst in der Morgenfrühe und nach einem sehr langen Marsche, der durch keine Rast unterbrochen wurde, kamen wir an dem die Küste beherrschenden Steilufer an.

Unten an diesem war ein Lager aufgeschlagen, in dem sich noch gegen hundert jener ebenholzschwarzen Spitzbuben aufhielten – lauter halbnackte Kerle, die da und dort in Aushöhlungen am Ufer der Felswand hockten. Meiner Ansicht nach waren es Fischer, die von dem stürmischen Ostwinde nach unserer Insel verschlagen sein mochten. Ihre Pirogen hatten sie nach dem Strande heraufgezogen.

Alle kamen auf mich zugelaufen. Sie betrachteten mich ebenso überrascht wie verwundert, als wäre es zum ersten Male, daß sie einen weißen Mann sähen. Das dürfte übrigens zutreffen, da europäische Schiffe diesen Teil des Indischen Ozeans ja kaum jemals durchkreuzen.

Nachdem sie alles an mir genau besichtigt und untersucht hatten, verfielen sie wieder ihrer angeborenen Indifferenz. Mißhandelt wurde ich nicht. Man reichte mir einige geröstete Fische, die ich begierig verzehrte, denn ich starb schon fast vor Hunger, und meinen Durst konnte ich mit Wasser aus einem Rio stillen, der vom Steilufer herunterstürzend über den Strand hin verlief.

Eine gewisse Befriedigung gewährte es mir, daß mein Gewehr, dessen Gebrauch die Wilden offenbar nicht kannten, und meine, übrigens unversehrt gebliebene Jagdtasche am Fuße eines Felsblockes niedergelegt worden waren, und ich nahm mir vor, bei sich bietender Gelegenheit den Burschen meine Gefangennahme mit ein paar Schüssen heimzuzahlen.

Da sollte ein unerwarteter Zwischenfall die Sachlage plötzlich ändern.

Abends gegen neun Uhr erhob sich am Saume des Waldes, der an das Steilufer grenzte, ein gewaltiges Geräusch, bei dem den Eingeborenen der Schrecken in alle Glieder fuhr. Wie erstaunte ich aber, zu erkennen, daß dieser Lärm von einer

Herde Elefanten – es mochten wohl ihrer dreißig sein – herrührte. Sie trotteten ruhig im Bette des Rio dahin...

Ah, das gab aber ein Entsetzen! Unzweifelhaft sahen sich die Wilden zum ersten Male den riesigen Vierfüßlern gegenüber, Tieren mit furchtbar langer Nase und einer Art Finger daran.

Als die Rüssel sich dann erhoben, wieder hinabkrümmten, durcheinanderfuchtelten und die bekannten Trompetentöne von sich gaben, da war bei den Wilden kein Halten mehr! Die einen flüchteten in das Felsengewirr, die anderen suchten ihre Pirogen eiligst flottzumachen, die Elefanten aber sahen dem Getümmel mit größter Gemütsruhe zu.

Ich erblickte in dem Vorfalle nur die sofort zu benützende Gelegenheit zum Entkommen, und ohne mich darum zu kümmern, wie dieses Zusammentreffen der Eingeborenen mit den Elefanten enden würde, lief ich dem Steilufer zu, kletterte einen Spalt darin hinauf und flüchtete in das Gehölz, wo ich meinen Falk wiederfand, der hier, mich suchend, umherirrte. Natürlich hatte ich Gewehr und Jagdtasche, die mir ja ganz unentbehrlich waren, vorher aufgerafft und mitgenommen.

Nun wanderte ich die ganze Nacht, den ganzen nächsten Tag hindurch, erlegte mir einiges Wild zur Nahrung und rastete nur, um dieses zuzubereiten und zu verzehren, und nach vierundzwanzig Stunden erreichte ich das rechte Ufer des Montrose, nicht weit von dessen Barre.

Jetzt wußte ich endlich, wo ich war. Ich ging bis zu dem Bache hinunter, den mein Vater und ich schon einmal stromaufwärts gefahren waren. Weiterhin hatte ich über freies Flachland und durch Wälder zu marschieren, wobei ich mich in der Richtung nach dem Grüntale hielt, und da langte ich heute am Nachmittag glücklich an. Ich ging durch die Schlucht der Kluse; wie traurig wäre es für mich aber gewesen, liebe Eltern und liebe Freunde, wenn ihr schon ausgezogen gewesen wäret, mich vielleicht irgendwo an der Küste zu suchen, wenn ich euch in Felsenheim nicht angetroffen hätte!«

Das war der eingehende Bericht, den Jack erstattete, und der nur zwei- oder dreimal durch Bemerkungen, die wohl Beachtung verdienten, unterbrochen worden war.

Zunächst handelte es sich um die Frage, wer jene Eingeborenen wären und woher sie gekommen sein möchten. Jedenfalls von der Westküste Australiens, des hier am nächsten gelegenen Landes, wenn sich in diesem Teile des Indischen Ozeans nicht eine noch ebenso unbekannte Inselgruppe befand, wie die Neue Schweiz vor dem Eintreffen der englischen Korvette. Waren jene Wilden aber Australier, gehörten sie der auf der untersten Sprosse der Stufenleiter der Menschheit stehenden Rasse an, so war es kaum erklärlich, daß sie an Bord ihrer Pirogen eine Strecke von etwa dreihundert Lieues hätten zurücklegen können. Wahrscheinlich konnte sie dann nur das stürmische Wetter so weit verschlagen haben.

Jetzt, wo sie Jack getroffen hatten, wußten sie, daß die Insel von Leuten einer anderen Rasse als der ihrigen bewohnt war. Was würden sie nun beginnen? War etwa zu befürchten, daß sie mit den Pirogen längs der Küste hinführen und schließlich die Rettungsbucht und die Wohnstätte Felsenheim entdeckten?

Die »Licorne« mußte ja nun bald wiederkommen. Nach einer, höchstens zwei Wochen donnerten ihre Kanonen gewiß zur Begrüßung. Ankerte sie erst in wenigen Kabellängen Entfernung, so war keine Gefahr mehr zu fürchten.

Heute, am 5. Oktober, war nahezu ein Jahr seit der Abfahrt der Korvette verstrichen. Der Verabredung nach sollte sie nicht länger als zwölf Monate ausbleiben. Jeden Tag hoffte man also, sie am Horizonte auftauchen zu sehen, und die Batterie auf der Haifischinsel war schon instand gesetzt, den Gruß zu erwidern, den der Lieutenant Littlestone der auf der Spitze des Pik Jean Zermatt wehenden Flagge entbieten würde.

Es schien also, als ob es nicht sofort nötig wäre, sich auf eine Abwehr der Wilden einzurichten. Vielleicht hatten sich diese im Schreck über den Anblick der Elefanten überhaupt schon wieder eingeschifft und waren nach der australischen Küste oder irgendwelcher Insel in der weiteren Umgebung zurückgefahren. Dann brauchte in der Lebensführung der beiden Familien zunächst nichts geändert zu werden, außer daß man die Meeresfläche vor Felsenheim immer scharf im Auge behielt.

So wurden also nach Verlauf der wenigen aufregenden Tage die gewöhnlichen Arbeiten, vorzüglich aber die an der Kapelle, wieder aufgenommen.

Alle gingen hier kräftig ans Werk, da der Bau bei der Ankunft der »Licorne« fertig sein sollte. Die mit Seitenfenstern versehenen vier Mauern erhoben sich bereits bis zur Dachhöhe und im Hintergrunde erhielt die Chorhaube ihre Beleuchtung durch eine kreisrunde Öffnung. Wolston begann das Dachgerüst aufzustellen, das, dicht genug, jeden Platzregen auszuhalten, mit Bambus eingedeckt wurde. Die Ausschmückung des Innern der Kapelle hatten Frau Zermatt, Frau Wolston und Anna übernommen, und an deren gutem Geschmack konnte man nicht zweifeln.

Diese Arbeiten zogen sich bis zum 15. Oktober, bis zu dem Tage hin, wo die »Licorne« hatte wieder eintreffen sollen. Verspätete sie sich um acht oder vierzehn Tage, so war das im Hinblick auf die weite Fahrstrecke noch kein Grund zur Beunruhigung, höchstens wurde damit die Geduld der beiden Familien auf die Probe gestellt. Freilich konnte diese in Felsenheim bald niemand mehr so recht bewahren.

Am 19. hatte noch kein Kanonenschuß die Annäherung der Korvette gemeldet. Jack bestieg deshalb seinen Onagre und ritt nach dem Prospekt-Hill und nach dem Kap der Getäuschten Hoffnung hinaus. Vergebens! Das Meer war öde und leer bis zur äußersten Linie des Horizontes.

Auch am 27. wiederholte er diesen Ausflug, doch ebenso erfolglos wie vorher. Jetzt trat nun erklärlicherweise die Unruhe an die Stelle der Ungeduld.

»Oh, ich bitte euch«, mahnte der ältere Zermatt, der seine kleine Welt zu beruhigen suchte, wiederholt, »vierzehn Tage, selbst drei Wochen bilden doch hier keine so ernstliche Verspätung...«

»Zumal da wir gar nicht wissen«, setzte Wolston hinzu, »ob die ›Licorne‹ England wirklich zur verabredeten Zeit hat verlassen können.«

»Die Admiralität«, bemerkte Frau Zermatt sehr arglos, »muß sich aber doch beeilt haben, von der neuen Kolonie Besitz zu ergreifen.«

Wolston lächelte bei dem Gedanken, daß die britische Admiralität es je mit etwas eilig gehabt haben solle.

Immerhin behielt man außer der Überwachung des Meeres vor dem Kap der Getäuschten Hoffnung auch das Wasser vor dem Kap im Osten stets scharf im Auge. Mehrmals an jedem Tage richteten sich die Fernrohre nach der Elefantenbucht hinaus, wie man den Teil der Küste, wo das Lager der Wilden gewesen war, getauft hatte.

Bisher war keine einzige Piroge bemerkt worden. Waren die Wilden nicht wieder abgesegelt, so schien es mindestens, als ob sie ihren Lagerplatz nicht zu verlassen gedächten. Sollten sie aber dennoch an der Spitze des Kaps im Osten auftauchen und etwa nach der Rettungsbucht zusteuern, so konnte man sie doch mittels der Batterie der Haifischinsel und der Geschütze auf der Anhöhe bei Felsenheim jedenfalls zurückweisen. Besser war es allemal, sich gegen sie nach der Seite des Meeres als nach der des Landes hin zu verteidigen, denn die größte Gefahr drohte dann, wenn sie nach der Erstürmung der Schlucht der Kluse zur Wohnstätte der Ansiedler vordrangen.

Fielen so gegen hundert Wilde hier ein, so war ein Angriff auf Felsenheim voraussichtlich kaum abzuwehren. Vielleicht mußten die Ansiedler dann nach der Haifischinsel flüchten, wo sie sich bis zum Eintreffen der englischen Korvette eher zu halten vermochten.

Die »Licorne« erschien aber nicht, das Ende des Oktobers, des zwölften Monats seit ihrer Abfahrt, kam schon heran. Jeden Morgen hofften der ältere Zermatt, Ernst und Jack durch den Donner von Geschützen geweckt zu werden. Das Wetter war prächtig. Der leichte Dunst über dem Horizonte verschwand gleich beim Aufgang der Sonne. So weit, wie das Auge nach dem offenen Meere hinausreichte, suchten alle ängstlich nach der »Licorne«.

Noch am 7. November aber mußten sie sich, bei einem nach dem Prospekt-Hill unternommenen Ausfluge, leider überzeugen, daß noch immer kein Segel zwischen den beiden Kaps blinkte. Vom Kap der Getäuschten Hoffnung her erwartete man die Erfüllung der sehnlichsten Wünsche ... vom Kap im Osten her konnte das schlimmste Unheil kommen.

In tiefem Schweigen standen alle auf dem Gipfel des kleinen Hügels – gebannt unter die Herrschaft eines Gefühls, in dem sich Furcht und Hoffnung zu gleichen Teilen mischten.

COLLECTION JULES VERNE

1. Von der Erde zum Mond
   Direkte Fahrt in 97 Stunden 20 Minuten
2. Reise um den Mond
3. Reise um die Erde in 80 Tagen
4. Reise zum Mittelpunkt der Erde
5. Fünf Wochen im Ballon
6./7. Zwanzigtausend Meilen unter dem Meer
8. Abenteuer von drei Russen und drei Engländern in Süd-Afrika
9./10. Abenteuer des Kapitän Hatteras
11./12./13. Die Kinder des Kapitän Grant
14./15./16. Die geheimnisvolle Insel
17./18. Das Land der Pelze
19. Eine schwimmende Stadt
    Die Blockadebrecher
20. Eine Idee des Doktor Ox
    Meister Zacharius
    Ein Drama in den Lüften
    Eine Überwinterung im Eis
    Eine Mont-Blanc-Besteigung
21. Der Chancellor
    Tagebuch des Passagier J. R. Kazallon
22./23. Der Kurier des Zaren
    Michael Strogoff
24. Schwarz-Indien
25./26. Reise durch die Sonnenwelt
27./28. Ein Kapitän von 15 Jahren
29./30./31. Die Entdeckung der Erde
32. Die fünfhundert Millionen der Begum
33. Die Leiden eines Chinesen in China
34./35. Die großen Seefahrer des 18. Jahrhunderts
36./37. Das Dampfhaus

38./39.	Der Triumph des 19. Jahrhunderts
40./41.	Die Jangada
42.	Die Schule der Robinsons
43.	Der grüne Strahl
44./45.	Keraban der Starrkopf
46.	Der Südstern oder das Land der Diamanten
47.	Der Archipel in Flammen
48./49./50.	Mathias Sandorf
51.	Robur der Sieger
52.	Ein Lotterie-Los
53./54.	Nord gegen Süd
55./56.	Zwei Jahre Ferien
57.	Kein Durcheinander
58./59.	Die Familie ohne Namen
60./61	Mistreß Branican
62.	Das Karpatenschloß
63.	Claudius Bombarnac
	Notizbuch eines Reporters
64./65.	Der Findling
66./67.	Meister Antisers wunderbare Abenteuer
68./69.	Die Propeller-Insel
70.	Vor der Flagge des Vaterlandes
71.	Clovis Dardentor
72./73.	Die Eissphinx
74./75.	Der stolze Orinoco
76./77.	Das Testament eines Exzentrischen
78./79.	Das zweite Vaterland
80.	Das Dorf in den Lüften
81.	Die Historien von Jean-Marie Cabidoulin
82./83.	Die Gebrüder Kip
84./85.	Reisestipendien
86.	Ein Drama in Livland
87.	Der Herr der Welt
88.	Der Einbruch des Meeres
89.	Der Leuchtturm am Ende der Welt
90./91.	Der Goldvulkan
92./93.	Reisebüro Thompson & Co.
94.	Die Jagd nach dem Meteor
95.	Der Pilot von der Donau
96./97.	Die Schiffbrüchigen der Jonathan
98.	Wilhelm Storitz' Geheimnis
99./100.	Cäsar Cascabel